La balsa de la Medusa

Crítica de la estética idealista

Traducción de
Ricardo Sánchez Ortiz de Urbina

Peter Bürger
Crítica de la estética idealista

Visor

La balsa de la Medusa, 82

Colección dirigida por
Valeriano Bozal

Título original: *Zur Kritik der idealistischen Ästhetik*
© dieser Ausgabe Suhrkamp Verlag Frankfurt am Main 1983
© de la presente edición, Visor. Dis, S.A., 1996
Tomás Bretón, 55, 28045 Madrid
ISBN: 84-7774-582-X
Depósito legal: M-32.126-1996

Visor Fotocomposición
Impreso en España - *Printed in Spain*
Gráficas Rógar, S.A.
Navalcarnero (Madrid)

Indice

Introducción: El lugar teórico de la crítica de la estética idealista 11

I. La estética idealista como solución del problema sujeto-objeto 23

    1. El arte como manifestación del absoluto o como «juego de diversión». Una oculta controversia entre Schelling y Hegel 23
    2. La ciencia como arte: Goethe y las ciencias naturales . 34
    3. Modernidad y antimodernidad: el programa romántico de la «nueva mitología» 41
    4. Las aporías del sujeto-objeto en la estética de Georg Lukács 60
    5. Primera consideración intermedia: desdiferenciación o autonomía del arte 70

II. Sobre algunas categorías de la estética idealista 77

    1. Observación preliminar: argumentos a favor de una «referencia a las categorías tradicionales» 77
    2. ¿Salvación de la apariencia? 81
    Excurso I: Sobre el concepto de verdad en la estética . 104
    3. Del juicio de gusto a la obra de arte 112
    Excurso II: Crítica de la interpretación 123
    4. La producción artística: actividad del genio o «trabajo libre» 141

Excurso III: La estética del genio o el descubrimiento
de lo bárbaro en la poesía 156
5. La recepción contemplativa 161
Excurso IV: Sobre el antivanguardismo de Adorno 173
6. Segunda consideración intermedia: trabajo, forma,
expresión 183

III. Estética y moral 191

1. Observaciones previas 191
2. La elaboración del terror. Lo sublime en Moritz,
Kant y Herder 195
3. Acerca del origen de la subjetividad burguesa. La interpretación de la estética idealista por Kierkegaard 210
4. Del imperativo categórico a la «tragedia en lo ético».
La crítica kantiana del joven Hegel y sus implicaciones estéticas 224
5. Sueño y razón. Propuestas de una estética alternativa
en el último Herder 240
6. Consideración final 246

Siglas de las obras citadas con más frecuencia 253

Bibliografía 255

Indice de nombres 265

Indice de conceptos 269

Introducción

El lugar teórico de la crítica de la estética idealista

El presente estudio no es una historia de la estética idealista desde Kant hasta Adorno; el interés que le guía es el trato con el arte actual. Necesita, pues, una justificación el hecho de que el objeto de su reflexión sea la estética idealista y no el arte de nuestra época. Parto del supuesto de que es falso que la teoría pueda derivarse de la inmediatez de la experiencia estética. Tal inmediatez es una ilusión que sólo puede determinarse tras la eliminación de las mediaciones. Lo que parece inmediato en una experiencia estética singular está en realidad mediado por una determinada actitud frente al objeto. Estas actitudes son históricamente cambiantes (en el siglo XVIII por ejemplo era decisiva la cuestión del provecho moral de una obra, cosa que hoy se considera ajena al arte), y son adquiridas por los miembros de las capas privilegiadas en formación y bienes, en el curso de un proceso de socialización familiar y escolar[1].

---

[1] Ver sobre esto los trabajos de P. Bourdieu, sobre todo el estudio: *L'amour de l'art. Les musées et leur public* (París, Minuit, *1966)* redactado conjuntamente con A. Darbel, y que estudia empíricamente la conexión entre nivel de educación y competencia estética, así como P. Bourdieu, *La Distinction. Critique du jugement,* París, Minuit, 1979.

Una crítica de la estética idealista que pretenda ser actual tiene que poder explicar tanto su necesidad como su posibilidad. Parece necesaria porque, ahora como antes, las figuras mentales de la estética idealista determinan las actitudes dominantes en la objetivación artística, prueba de su *validez* duradera. Es posible, porque los *fundamentos legitimadores* de la estética idealista han sido conmocionados por los movimientos históricos de las vanguardias. Y con relación al hecho de que aún no se ha investigado suficientemente el papel de la estética idealista en cuanto núcleo normativo de la «institución arte» en la sociedad burguesa desarrollada[2], hay argumentos probables que tienen que ver con la cuestión de su validez. Es conocido que las teorías estéticas de Lukács y Adorno están conectadas con la tradición de la estética idealista, y los grandes manifiestos de la literatura comprometida —pienso en la *Novela experimental* de Zola o en *¿Qué es literatura?* de Sartre— parecen claramente contraproyectos que presuponen la autonomía estética, cuyo predominio es sometido sólo a insignificantes concesiones. Además se confirma que la estética idealista no sólo está activa en los dominios que tienen con ella una relación directa o indirecta[3]. Por ejemplo en la interpreta-

[2] Ch. Bürger sostiene que la estética autónoma define desde 1840 la enseñanza media alemana: «*Die Dichotomie von höherer und volkstümlicher Bildung*», en: *Germanistik und Deutschunterricht,* ed. por R. Schäfer, München, Fink, 1979, 74-102. Ver también, Ch. B., «Philosophische Ästhetik und Populärästhetik», en: *Zum Funktionswandel der Literatur,* ed. P.B. Frankfurt, Suhrkamp, 1983.

[3] La estética analítica que intenta desarrollar una gramática del discurso sobre el arte está claramente en la tradición de Kant. Con razón se ha incluido el estudio de Sibley, *Ästhetische Begriffe* en el libro *Materialien zu Kants Kritik des Urteilskraft* editado por J. Kulenkampff (Frankfurt, Suhrkamp, 1974). Un balance crítico de un «segmento de la estética analítica» lo da R. Bittner en en el postfacio de R. Bittner/ P. Pfaff (eds.), *Das ästhetische Urteil. Beiträge zur sprachanalytische Ästhe-*

ción de textos actúan de modo implícito elementos centrales de su teoría, es decir, funcionan como presupuestos no conscientes en el trato con las obras[4]. Tal interpretación parte del supuesto según el cual en la obra de arte lograda coinciden forma y contenido. La justificación teórica de este supuesto radica en el concepto de obra de la estética idealista: «unidad adecuada de contenido y forma», según la determinación hegeliana del arte clásico[5]. La dificultad que tenemos de pensar la obra de arte en términos de separación de forma y contenido, pese a la experiencia del arte moderno y de vanguardia, dice algo acerca de la validez de la estética idealista.

Ahora bien, hay en la actualidad fenómenos artísticos significativos que no pueden ser comprendidos adecuadamente en el marco establecido por la estética idealista. Ello indica que su pretensión de validez está alterada. Pienso no sólo en los *happenings* neovanguardistas de un Vostell y en las instalaciones evocadoras de Beuys, sino también en los trabajos expresivos de Klaus Kröger o Arnulf Rainer. En el

---

tik (Colonia, Kiepenheuer-Witsch, 1977). También las reflexiones del estructuralista checo Mukarowsky que contienen importantes planteamientos para una sociología de lo estético están en relación con representaciones tradicionales de la estética idealista. Así, p. e., cuando explica el «agrado», el hecho de que «la función estética está ligada ante todo a la forma de una cosa o una acción» y «la capacidad de aislamiento del objeto afectado por la función estética», como propiedades de la función estética. *Kapitel aus der Ästhetik* (Frankfurt, Suhrkamp, 1970).

[4] P. Szondi llama la atención sobre la relación de la estética idealista y la interpretación inmanentista, cuando comprueba que en Schelling «el análisis de la obra de arte debe resultar del conocimiento de lo que es el arte mismo» (*Poetik und Geschichtsphilosophie II*, ed. W. Fietkau, Frankfurt, Suhrkamp, 1974).

[5] G. W. F. Hegel, *Ästhetik, ed. F. Bassenge*. 2 vol., Berlín/Weimar, Aufbau Verlag, 1965, I, 296 s.; en lo que sigue, abreviado: Ä.

13

ámbito de la literatura actual se sustraen a la normas de la literatura idealista no sólo la literatura-documento y ese tipo de ensayos que podríamos titular literatura-información, que ante todo quieren ser útiles para productor y receptor, sino también un libro con una pretensión tan enfática de ser una «obra» como la *Estética de la oposición* de Peter Weiss. Si nos preguntamos por las causas de la mengua de validez de la estética idealista, nos encontramos con el ataque de los movimientos de las vanguardias históricas a la «institución arte»[6]. Si es cierto que los movimientos de la vanguardias han puesto en cuestión de forma radical el status de autonomía del arte en la sociedad burguesa —tesis de mi *Teoría de las vanguardias* que casi ninguno de mis críticos ha puesto en duda[7]— entonces habrá que preguntarse por sus consecuencias. El fracaso del intento de reducir el arte a la praxis de la vida, que yo he constatado, ha sido interpretado por algunos como anti-vanguardismo. Pero hoy ya no se trata en primer lugar de tomar partido a favor o en contra de las vanguardias, que son para nosotros historia;

---

[6] He introducido el concepto «institución arte» en la *Theorie der Avantgarde* (Frankfurt, 1974) para comprender la especificidad de las vanguardias históricas frente a los esfuerzos por una renovación de los medios artísticos. Tal concepto ha sido desarrollado histórica y sociológicamente en *Institution Kunst als literatursoziologische Kategorie*, en: P. B., Vermittlung, *Rezeption, Funktion* (Frankfurt, Suhrkamp, 1979, 173-199). Investigaciones sociológicas relacionadas con este concepto han aparecido en «Heften für kritische Literaturwissenschaft» (Suhrkamp). Sobre la discusión metodológica es importante, H. Sanders, *Institution Literatur und Theorie des Romans*, Frankfurt, Suhrkamp, 1981).

[7] Ver W. M. Lüdke (ed.), *Theorie der Avantgarde: Antworten auf Peter Bürgers Bestimmung von Kunst und bürgerlicher Gesellschaft* (Frankfurt, Suhrkamp, 1976); Ver también K. Barck (ed.), *Künstlerische Avantgarde. Annäherungen an ein unabgeschlossenes Kapitel*, Berlín, Akademie Verlag, 1979, especialmente la introducción.

se trata de pensar la nueva relación con el arte que las vanguardias han hecho posible, y de llevarla a la práctica. Tal relación no puede consistir precisamente en repetir de nuevo la pretensión de reducir el arte a la praxis de la vida; se trata más bien de transformar la radicalidad del proyecto vanguardista en la intensidad de una crítica que separe el momento de la verdad del de la no-verdad en las categorías de la estética idealista.

Para proceder a circunscribir el fondo teórico de tal intento, puede ser útil distinguirlo de otros tres enfrentamientos distintos con la estética idealista, los de Adorno, Benjamin y Gadamer. Como ninguno de los teóricos del arte del siglo XX, ha realizado Adorno la confrontación de las categorías de la estética idealista con la experiencia estética del arte moderno. Lo ha llevado a cabo del modo más coherente en su *Teoría estética*[8], que por ello se ha convertido en uno de los textos de teoría del arte más importantes de nuestra época. Pero el reconocimiento de la hazaña de Adorno no debe hacernos perder de vista que su estética es para nosotros histórica. Como se sabe, parte Adorno de la tesis según la cual al menos en la sociedad burguesa, en un momento determinado, sólo un material artístico puede considerarse como históricamente avanzado, tesis que ha demostrado en el desarrollo de la música desde el clasicismo vienés hasta Schönberg. Ahora bien, puede decirse que al menos después de las vanguardias históricas es imposible privilegiar *un solo* material artístico como hace Adorno. En la actualidad hay que partir de una coexistencia de *diferentes* situaciones del material artístico. La coexistencia de un arte «realista» y otro «vanguardista» es hoy día un hecho, frente al que no cabe objeción teórica alguna que sea legíti-

---

[8] Th. W. Adorno, *Ästhetische Theorie*, ed. Gretel Adorno/R. Tiedemann (Suhrkamp, Frankfurt, 1970). En lo sucesivo abreviado: ÄT.

ma. Por ejemplo, no se puede descalificar simplemente el neorrealismo en pintura con el argumento de que emplea un material artístico reaccionario. Tampoco son los rasgos estilísticos de *Estética de la oposición,* rasgos tomados de la novela realista, motivo suficiente para ser utilizados contra ese libro. Cuando esto ocurre se está aceptando un presupuesto esencial de la estética de Adorno, la tesis de una lógica inmanente del desarrollo del material artístico de un arte moderno que para nosotros ya es histórico. Esto no significa una objeción a toda construcción histórica (por el contrario es ella la que hace reconocible ante todo la realidad social) ni se declara caduca la construcción de Adorno; pero sí cobra importancia frente a la teoría de Adorno lo que tal teoría difumina o limita: el arte no canonizado y el arte comprometido políticamente, así como las actividades artísticas que sacrifican su carácter de obra a la expresión de la experiencia individual.

Lo que hoy día se reconoce como un límite de la estética de Adorno no debería llevar al supuesto equivocado de que con ello son ya perceptibles los contornos de una estética que reclama la actualidad. No es este el caso, por cuanto que los fenómenos aludidos caen en el campo de una teoría, cuya mera enumeración no tiene status alguno de teoría. Sólo si se logra determinar teóricamente los límites de la estética de Adorno, podría encontrarse el *lugar teórico,* desde el que se puede formular un crítica de la estética idealista que no sea una mera repetición de Adorno. Si es cierto que la disminución de la validez de la estética idealista se debe esencialmente a la conmoción de la institución arte por los movimientos históricos de las vanguardias, entonces cabe la sospecha de que en la relación de Adorno con las vanguardias, o mejor dicho, con el proyecto vanguardista de una superación del arte en la praxis de la vida, hay que buscar la clave teórica de la limitación de su estética. Una frase de su *Filosofía de la nueva música,* arroja una cruda luz sobre la comprensión que Adorno tenía de la vanguardia. «La liquidación del arte —de la obra cerrada de arte— se convierte en cuestión estética, y la indiferencia de los materiales ocasiona la renuncia a esa identidad de apariencia y contenido en que consistía la idea tradicional del arte»[9]. En la medida en que Adorno equipara el proyecto vanguardista de la «liquidación del arte», es decir, de la reducción del arte a la praxis vital, con la destrucción de la obra cerrada de arte, está interpretando el ataque a la institución arte como un ataque a una de sus categorías, por la que la cuestión del status de autonomía del arte se transforma en un problema interno a la estética. Pero esto significa que Adorno se sitúa frente a esa pretensión reduccionista de la vanguardia. A ello corresponde en la tardía *Teoría estética* la fuerza con la que insiste en la autonomía del arte. Y la autonomía, aunque es «algo ya devenido», sigue siendo para él «irrevocable» (ÄT 9,34). El esfuerzo teórico de Adorno en el campo de la estética está incansablemente dirigido a recoger el impulso vanguardista, pero, al mismo tiempo desterrándolo al interior de la estética. En la medida en la que se opone a la «pretensión superadora» de las vanguardias, puede hablarse de un antivanguardismo de Adorno (ver Excurso IV), Este antivanguardismo se revela rico en consecuencias, como era de esperar, en la crítica a las categorías de la estética idealista. Veremos cómo acomete Adorno tal crítica, para al final, obedeciendo al postulado de la autonomía, restituir las categorías idealistas en sus momentos esenciales (ver especialmente cap. II, 2).

Incluso la polémica entre Adorno y Benjamin de finales de los sesenta, reconstruida frecuentemente en términos

---

[9] TH. W. Adorno, *Philosophie der neuen Musik* (Frankfurt, Ullstein, 1972); en lo sucesivo abreviado: PhnM.

políticos[10], se puede interpretar estéticamente según la diferente posición de ambos teóricos frente a la pretensión superadora de los movimientos radicales de vanguardia. A diferencia de Adorno, no sólo Benjamin ha aceptado el «teorema de la superación», sino que lo ha convertido en el centro de sus esfuerzos teóricos. Su mérito consiste en haber repensado la crítica del concepto de arte que hemos recibido del siglo XIX. La posibilidad de hacerlo la debe a su proximidad a la vanguardia: eso es lo que demuestran las notas póstumas a su artículo sobre *La obra de arte...*[11]. Acoger la intención de Benjamin significa también reconocer que la realización de tal crítica, diseñada por él, ya no puede ser la de nuestro presente.

La distancia estética que constituye un momento esencial del arte en la filosofía idealista del arte, es entendida por Benjamin como un relación histórica con el arte que no puede pasar a su concepto. «Todo arte funda un alejamiento de la inmediatez de las cosas, hace que retroceda la concreción de los estímulos y tiende un velo entre nosotros y él, al igual que los finos vapores azulados que cubren las lejanas montañas», escribe Georg Simmel[12]. La definición benjaminiana de aura como «la aparición única de una lejanía, por cercana que esté» (GS I, 479), se remonta probablemente a Simmel; pero se diferencia de esa determinación de la distancia estética en que la entiende como señal del valor de culto de la obra de arte: «lo esencialmente lejano es lo inaccesible. De hecho la inaccesibilidad es una cualidad funda-

---

[10] Ver p. e. H. Lethen, «*Zur materialistischen Kunsttheorie Benjamins*», en: *Alternative* (56-57, 1967), 225-234.

[11] W. Benjamin, *Gesammelte Schriften*. 4 vol. Ed. R. Tiedemann/H. Schweppenhäuser, Frankfurt, Suhrkamp, 1972-1977; I, 1050, y 1045 s. En lo que sigue abreviado : GS.

[12] G. Simmel, *Philosophie des Geldes* (Berlín, Dunkler-Humblot, 1977), 537.

mental de la imagen de culto» (GS I, 480). En el concepto de valor de culto y su moderno sustituto, la autenticidad, apoya Benjamin polémicamente la idea de que ese tipo de relación con las obras de arte tiene lugar en la sociedad burguesa moderna. Ahora bien, es decisiva su tesis según la cual el modo aurático de recepción convierte a las obras de arte en objetos de inmersión contemplativa, pero que desaparece con el desarrollo de las técnicas de reproducción: «lo que se atrofia en la era de la reproducción técnica de la obra de arte es su aura» (GS I, 477). Benjamin intenta así fundamentar de modo materialista la pretensión de superación de los movimientos de la vanguardia. No voy a discutir aquí las limitaciones de tal intento[13], sino sólo observar que con la crítica del aura como modo institucionalizado de recepción, ha conseguido por lo menos hacer funcionar históricamente una categoría estética central. Pero cuando intenta obtener del nuevo medio del cine los fundamentos de una estética postidealista, como ocurre en su valoración de la recepción dispersa del espectador de películas, parece caer en el peligro de pasar al concepto contrario, y abstracto, de la contemplación (ver cap. II, 5). Ciertamente se tiene que aceptar que el intento de valoración de la recepción dispersa se alimenta sobre todo de su polémico enfrentamiento con la inmersión contemplativa. Las tesis de Benjamin quieren provocar, y no es adecuado entenderlas como un corpus de afirmaciones dogmáticas acerca de una estética materialista (aunque en ocasiones Benjamin se aproxima a tal interpretación). El carácter de provocación de las tesis del artículo sobre *La obra de arte...* se aclara porque en el mismo escrito Benjamin utiliza el concepto de aura con connotaciones positivas[14]. Es esto algo más que una simple contradicción y remite a una

---

[13] Para una discusión de la teoría del arte de Benjamin ver mi *Teoría de la vanguardia*, 35-44, con amplias indicaciones bibliográficas.

peculiaridad del pensamiento de Benjamin. De modo indefenso se entrega su pensamiento a posiciones encontradas, despreocupándose de la posibilidad de una mediación de los opuestos. Reconocer lo fructífero de tal pensamiento no significa abandonarse a él. Producto de una crisis, es también un fenómeno de expresión. El presente ensayo, que quiere reflexionar sobre la crisis, se atiene por eso a la dialéctica de las mediaciones que se dan en las cosas. Se apunta a un tipo de crítica que constituye también un momento de verdad de las categorías de la estética idealista[15].

Hans Georg Gadamer, a su vez, en la primera parte de su libro *Verdad y método* ha criticado la subjetivización del arte a partir de Kant, con el fin de renovar la pretensión de verdad que tiene el arte[16]. Como quiera que nuestro libro se presenta como una crítica de la estética idealista y también mantiene la pretensión de verdad del arte, conviene aclarar sus diferencias con la concepción de Gadamer. En primer lugar hay que observar que su hermenéutica conservadora, que con razón ha criticado Jürgen Habermas en su *Lógica de las ciencias sociales,* hace imposible que Gadamer lleve a cabo un concepto dialéctico de crítica que rechace los momentos de la tradición que históricamente se han revelado no verdaderos[17]. Como para Gadamer no se puede,

---

[14] La ambivalencia de Benjamin acerca del fenómeno del aura es algo bien conocido en la investigación. Ver J. Habermas, «*Bewusstmachende oder rettende Kritik, die Aktualität Walter Benjamins*», en: *Kultur und Kritik* (Frankfurt, Suhrkamp, 1973), 322 s.

[15] Sobre el concepto de crítica dialéctica que aquí se utiliza, ver la introducción y la sección sobre crítica de las ideologías en: P. Bürger, *Vermittlung, Rezeption, Funktion,* 9-17 y 150, 164 s.

[16] H. G. Gadamer, *Wahrheit und Methode. Grundzüge einer philosophischen Hermeneutik,* Tübingen, Mohr 1965, 39 s.

[17] J. Habermas, *Zur Logik der sozialwissenschaften. Materialien* (Frankfurt, Suhrkamp, 1970), 283 s.

en último término, cuestionar el valor de la tradición, tiene que apropiarse, mediante su comprensión, de aquellas tradiciones que rechaza, como en este caso la subjetivización de la estética en la herencia kantiana. Esto trae como consecuencia que Gadamer introduce su propia concepción de una «ontología de la obra de arte» sólo rompiendo con la tradición de la estética de Kant. El hecho de que el hermeneuta conservador, para quien el primer mandamiento es la conservación de las tradiciones, sólo pueda realizar su pensamiento en pugna con una poderosa tradición, es una paradoja que hace llamar la atención sobre un dilema teórico fundamental del conservadurismo. Por una parte, el conservadurismo se confiesa como pensamiento que conserva la tradición, pero por otra parte quiere volver a una sociedad premoderna caracterizada por la valoración autoritaria de las normas[18]. Ambas pretensiones no son conciliables, pues la segunda supone la ruptura de la tradición de la modernidad.]

Tal contradicción se revela en la argumentación de Gadamer, según la cual la crítica de la «abstracción de la conciencia estética»[19] que se produce en observaciones aisladas, sólo se puede formular sobre el fondo de una ontología de la obra de arte. «Mi tesis es, pues, que el ser del arte no se puede determinar como objeto de una conciencia estética, porque más bien el comportamiento estético es más de lo que él sabe de sí mismo. Es una parte del proceso óntico de la representación y pertenece esencialmente al juego en tanto que juego»[20]. Según esta tesis no se atribuye a la conciencia estética momento alguno de verdad; pues lo impide

---

[18] Gadamer habla de la «pretensión de la existencia humana a la continuidad y unidad de la autocomprensión» (*Wahrheit und Methode*, 92).
[19] *Ibíd.*, 81 s.
[20] *Ibíd.*, 111.

el «ser del arte». La dificultad en la que se enreda Gadamer es la siguiente: tiene que explicar la conciencia estética dominante (conformada por la institución arte) como mera apariencia, para dejar sitio a una teoría del ser del arte, que explicita en último término según el modelo de la ceremonia del culto[21]. Pero el arte se ha emancipado de su «existencia parasitaria en el ritual» (GS I, 481). Gadamer sabe muy bien que la historia no da marcha atrás; sin embargo busca interpretar la experiencia del arte en la acción del culto. Seguramente es legítimo establecer la contabilidad de pérdidas del proceso de emancipación del arte; pero no debe basarse en un saber suprahistórico. Gadamer está en su derecho cuando, con el ejemplo del retrato o de los poemas-dedicatoria, muestra lo que sacrifica la abstracción de la conciencia estética, la relación explícita con la realidad de la obra de arte. Pero ésta no puede ser reclamada retrocediendo a un «ser del arte»; puesto que no se puede criticar la configuración histórica de la conciencia oponiéndole una supuesta verdad intemporal, sino buscando profundizar conceptualmente en el surgimiento de la nueva figura de la conciencia.

---

[21] *Ibíd.*, 121.

1

La estética idealista como solución del problema sujeto-objeto

1. El arte como manifestación del absoluto o como «juego de diversión». Una oculta controversia entre Schelling y Hegel

Entre los cultivadores de la filosofía idealista sólo Schelling, y sólo en una fase determinada de su evolución, ha hecho del arte el centro, o mejor dicho, la piedra clave de su sistema filosófico. Su *Sistema del Idealismo trascendental*, publicado en el 1800, termina con un capítulo acerca del arte en cuanto «órgano general de la filosofía». Aunque esta posición central del arte en el pensamiento idealista constituye sólo un episodio, ilumina claramente los problemas de la estética idealista, y no sólo en la época de su gestación. Mencionemos brevemente que Lukács se remite con frecuencia a la *Filosofía del arte de Schelling*, y que la *Estética* de Adorno conserva una esencial impronta de las concepciones de Schelling[1].

En el centro de la filosofía de Schelling encontramos el concepto de intuición intelectual. No podemos explorar aquí el origen de tal concepto, deudor no sólo de Kant sino

---

[1] R. Bubner lo ha señalado en: *Kann Theorie ästhetisch werden?*, en: Lindner/Lüdke (eds.), *Materialien zur ästhetischen Theorie Adornos*, (Frankfurt, Suhrkamp, 1980).

también de Espinosa y del pietismo suabo², pero puede ser útil analizar el estado de la cuestión en Kant para poder reconocer lo que hay de específico en la propuesta de la filosofía de la identidad del joven Schelling. En la segunda parte de la *Crítica del juicio* trata Kant del problema de la teleología, es decir, de la explicación por fines. La explicación completa de los fenómenos de la naturaleza, nos dice, sólo es posible en la medida en la que podamos imitarlos mediante un experimento; «pues sólo se concibe completamente lo que se puede hacer y llevar a cabo según conceptos»³. Ese tipo de explicación dada en la relación de las causas y el efecto, que puede ser comprobada experimentalmente, recibe en Kant el nombre de explicación mecánica. Se deduce de ahí que ni los organismos ni la globalidad de la naturaleza pueden ser explicados como mecanismos: «ninguna razón humana puede en absoluto... esperar comprender la producción ni de una sola hierbecilla por causas meramente mecánicas» (KdU 77, 528). Para que podamos comprender los organismos o la totalidad de la naturaleza, tenemos que considerar la totalidad como fin, y desde él dar cuenta de las partes. Kant insiste con energía en que la teleología de ninguna manera ofrece la demostración de la realidad de los supuestos fines, sino sólo su pensabilidad. Con ello separa las conclusiones demasiado directas de la teleología de las de la teología: «objetivamente, pues, no podemos exponer la proposición: hay un ser primero, inteligente, sino sólo subjetivamente para el uso de nuestro jui-

---

² Ver sobre esto W. Wieland, *Die Anfänge der Philosophie Schellings und die Frage nach der Natur*, en: Frank/Kurz (eds.), *Materialien zu Schellings philosophischen anfängen* (Frankfurt, Suhrkamp, 1975), 237-279, aquí: 250 s.

³ I. Kant, *Kritik der Urteilskraft*, *Werke*, ed. por Weischedel, vol VIII, Darmstadt, Wiss. Buchgesellschaft, 1968, 68,498; en lo sucesivo abreviado KdU. La última cifra se refiere a la página de esta edición.

cio en su reflexión sobre los fines de la naturaleza, que no pueden ser pensados según otro principio si no es el de una causalidad intencionada de una causa suprema» (KdU 75, 515)[4]. La existencia de Dios no es para Kant una certeza objetiva, sino sólo una máxima de la razón práctica (KdU 87, 517, observación).

El esfuerzo de Kant por comprender la extensión de la capacidad humana de conocimiento le conduce a oponer a la limitación del conocimiento humano, una capacidad de conocimiento abierta, puramente hipotética, de un nivel superior, de la que sin embargo dice expresamente que no le corresponde al hombre. Llama a tal facultad, entendimiento intuitivo, o también intuición intelectual (KdU 77, 524 y 527). Frente a la capacidad humana de conocimiento, a los conceptos del entendimiento con los que conexiona las apariencias dadas en la intuición sensible, la intuición intelectual sería una facultad unitaria, que corresponde a la cosa en sí y no al fenómeno. La captación de tal «fundamento real de la naturaleza» resolvería la contradicción existente entre la explicación mecánica y la teleológica.

Kant se encuentra aquí con el problema de los límites de una explicación mecánica de los fenómenos naturales. Ello le conduce a introducir la explicación teleológica junto a la mecánica, para los organismos y para la totalidad de la naturaleza). Pero entonces limita la pretensión de validez de tal tipo de explicación. Pues el fin es una *Idea*, es decir, un principio regulador de la razón, sobre cuya existencia objetiva no podemos hacer enunciados afirmativos ni negativos. Esto sólo nos sería posible si tuviéramos un entendimiento intuitivo o una intuición intelectual, es

---

[4] El concepto de «causalidad intencional» lo opone Kant al de «causalidad mecánica», entendiendo por él la explicación teleológica.

decir, una facultad que conectase inmediatamente con la cosa en sí, con el fundamento real de la naturaleza. Así pues, la explicación teleológica actúa allí donde no podemos seguir con una explicación mecánica. Por lo que hay que ser siempre conscientes de que no podemos verificar la objetividad de los fines otorgados a la naturaleza.

Para Kant la intuición intelectual, la captación inmediata del «fundamento real de la naturaleza» sin la mediación de los conceptos, es una facultad de la que el hombre no dispone; es una facultad en la que puede pensar sólo en la medida en la que sea consciente de las limitaciones de su capacidad de conocer. Para Schelling, por el contrario, la intuición intelectual es el órgano especulativo del filosofar. La define como «un saber que no comporta demostraciones, conclusiones ni mediación de conceptos en general», y como «un saber que produce también su objeto»⁵. La intuición intelectual es la facultad que produce, y reconoce, el absoluto, el sujeto-objeto.

La prueba de que efectivamente se da tal capacidad, la encuentra Schelling en el arte. «Esta objetividad de la intuición intelectual, universalmente reconocida y en modo alguno impugnable, es el arte mismo. Pues la intuición estética es precisamente la intuición intelectual objetivada. Sólo la obra de arte me refleja lo que de otro modo no es reflejado por nada, eso absolutamente idéntico, que ya se ha escindido en el yo» (StI VI, 3, 270). Así pues en el sistema de Schelling el arte cumple una función extraordinaria. Sólo en él es captable el absoluto, la unidad del sujeto y el objeto, de la historia y la naturaleza, de la libertad y la necesidad.

---

[5] F. W. J. Schelling, *System des transzendentalen Idealismus* (1800), ed S. Dietzsch, Leipzig, Reclam Universal, 1979, 36; en lo sucesivo abreviado: StI.

«Por eso el arte es lo supremo para el filósofo, porque, por así decir, le abre el santuario donde arde en eterna y originaria unión, en una llama única, lo que en la naturaleza y en la historia está separado y lo que ha de escaparse siempre en la vida y en la acción, así como en el pensamiento» (StI VI, 3, 272).

Vamos a intentar reconstruir el problema que el sistema de Schelling busca resolver. Al igual que Kant, Schelling no parte de las objetivaciones estéticas sino que busca atribuir a éstas un lugar en su sistema y proceder así a su análisis conceptual. El punto de partida de su filosofía es más bien la superación de las contradicciones que se oponían bruscamente en la filosofía kantiana en tanto que reino de la libertad y reino de la necesidad. Tras esto hay experiencias históricas que el joven Hegel, en la época de su colaboración en Jena con Schelling acertó a expresar con más claridad: «cuando el poder de unificación desaparece de la vida de los hombres, y las oposiciones han perdido su relación y acción recíproca vitales y adquirido autonomía, entonces surge la necesidad de la filosofía»[6]. Lo que aquí llama Hegel la desaparición en la vida del poder de unificación, puede certificarse sociológicamente como el fin de la sociedad tradicional, caracterizada por los vínculos naturales que ligaban a los hombres. La decadencia de la sociedad tradicional hace del individuo un ser aislado, cuya acción ya no está inmersa en una totalidad con sentido. Schelling emplea a menudo el concepto de fragmentación. «El hombre es un eterno fragmento, pues o bien su acción es necesaria, y entonces no es libre, o bien es libre, y entonces no es necesaria y conforme a la ley» (StI V, 1, 256). La libertad

---

[6] G. W. F. Hegel, *Differenz des Fichteschen und Schellingschen Systems der Philosophie* (1801), en: *Werke (Theorie Werkausgabe)*, vol. II, Frankfurt, 1970,22. En lo sucesivo abreviado: HW.

de acción que exige para sí el individuo aislado no se concilia con la necesidad (el sometimiento a la legalidad natural). [Schelling resuelve el problema entendiendo la historia como manifestación del absoluto, es decir, de la unidad de la libertad y la necesidad. Sin embargo, sólo «la historia como totalidad es una revelación de lo absoluto, progresiva y que se descubre sucesivamente» (StI IV, 3c, 251). Pero esto significa que «la huella de la providencia» no puede mostrarse en un suceso histórico aislado y, además, que, a la vista de la infinitud de la historia, la revelación inscrita en ella no es algo descifrable por nosotros, pues «la historia misma es una revelación, nunca ocurrida del todo, de ese absoluto» (*ibíd.* 252). Schelling busca por eso un lugar en el que lo absoluto se nos manifieste, y lo encuentra en el arte.]

En el arte se da la unidad de la acción libre y la acción necesaria en tanto que es acción *nuestra*. La producción artística constituye un tipo de acción que no tiene lugar en la actividad consciente, sino que ocurre en la unidad de la acción consciente y la inconsciente. Tal unidad no es experimentable por la conciencia del productor (lo que supondría la separación de lo unido), sino que sólo se descifra a partir del producto, cuya plenitud lleva la huella de esa unidad. «Eso invariablemente idéntico (e. d. lo absoluto, la unidad de lo consciente y lo inconsciente) que no puede llegar a conciencia alguna, y que sólo se refleja en el producto, es para lo productor precisamente lo que el destino es para lo que actúa, es decir, un oscuro poder desconocido que añade plenitud u objetividad a la obra fragmentaria de la libertad» (StI VI, 1, 262). En la intuición estética (concepto que en Schelling no es algo contemplativo, sino que incluye la producción), propia del genio, se supera la contradicción de lo consciente y lo inconsciente, de la libertad y la necesidad. La obra de arte expresa reconciliación porque en ella se resuelven todas las contradicciones. En la obra de arte accede el hombre a la «autointuición pura», que por ello se acompaña del «sentimiento de una paz infinita» (*ibíd.* 261).

La teoría estética de Schelling no responde a la intención de conceptualizar un ámbito determinado de la praxis humana, sino a la voluntad de poder pensar como algo *unido* el mundo escindido en un reino de la necesidad y un reino de la libertad. En esa contradicción entre libertad y necesidad refleja la filosofía la alienación del individuo frente a una naturaleza exterior objetivada (investigable según leyes mecánicas y utilizable técnicamente) y una comunidad política igualmente extraña y solidificada[7]. Si para Schelling es el arte el lugar en el que esa contradicción encuentra su reconciliación real, entonces podrá decirse de su teoría estética que trata en primer término del problema del sentido de la existencia humana. El arte se convierte en objeto de interés filosófico porque en él parece estar dibujada la solución de los problemas de los que se ocupa la filosofía.

Si bien el arte es «lo supremo para el filósofo, porque, por así decir, le abre el santuario» (StI VI, 3, 272), queda, no obstante, lastrado con una extraordinaria pretensión, a saber, la de ser revelación de lo absoluto. Esto comporta consecuencias en la concepción del arte: por una parte el artista se convierte en genio, en hombre de excepción al que el absoluto se desvela; por otra parte se llega necesariamente a una abrupta separación entre la «verdadera obra de arte» y «el producto que sólo simula el carácter de obra de arte» (StI VI, 2, 265). Al elevar el arte a paradigma de la reconciliación en el que encuentran solución todas las

---

[7] Ver sobre esto J. Habermas, *Können komplexe Gesellschaften eine vernünftige Identität ausbilden?*, en: *Zur Rekonstruktion des historischen Materialismus* (Frankfurt, Suhrkamp, 1976) esp. 101 s.

contradicciones, no sólo queda estilizado el artista como un superhombre, que al producir accede a lo absoluto, sino que al mismo tiempo se establece la dicotomía entre arte verdadero y no verdadero, arte alto y bajo[8]. No se trata de diferencias cualitativas, de que se logre una mayor o menor plenitud de las obras concretas de arte, sino de que la producción artística se divide en dos regiones: una, la más amplia, queda separada del arte (porque en ella «el producto no es otra cosa sino la reproducción fiel de la actividad consciente del artista y por lo tanto sólo objeto de su reflexión, no de su intuición», *ibíd.* 265); la otra, por el contrario, sale de la praxis humana en tanto que manifestación de lo absoluto. Schelling, como consecuencia de esta argumentación, llega a afirmar que «propiamente sólo hay una obra de arte absoluta, que puede existir en diferentes ejemplares» (StI VI, 3, 271). Tal concepción del arte por parte de Schelling hace ver cómo la pretensión metafísica que se otorga al arte ponen al artista y a su obra en una oposición extrema a la praxis vital diaria, al hacerlos vehículo de la revelación del absoluto.

Aún hay que poner algo más de relieve: la intuición estética en tanto que intuición intelectual objetivada se presenta como un conocimiento no conceptual en contraposición al conocimiento propio del entendimiento al que le

---

[8] Un testimonio temprano de la dicotomía de la literatura, forzada por la estética idealista, es la polémica entre Gottfred August Bürger y Schiller: «Evidentemente la dicotomía de la literatura se convierte históricamente en problema en el momento en el que surge una determinada representación de lo literario entre varias praxis coexistentes, con pretensión de dominio. Se utiliza entonces la trivialización como una estrategia de delimitación, con cuya ayuda la Institución traza las fronteras de su validez. La Institución establece lo que vale como arte y excluye como no artístico lo que contradice su función» (Ch. Bürger, *Introducción...* en: Ch. B./P. B./Schulte-Sasse (ed.), *Zur lit. wiss.*, 3; Frankfurt, Suhrkamp, 1982, 23.

está vedado el acceso al absoluto porque sólo puede captar lo escindido y no la identidad originaria. «Sólo el entendimiento subordina; en la razón y en la imaginación todo es libre y se mueve en el mismo éter, sin empujarse ni rozarse. Pues todo lo que es para sí es también el todo»[9]. El arte, como intuición estética que es, es concebido como un modo superior de conocimiento en comparación con «el punto de vista subordinado» del entendimiento (PhdK 30, 37). La relación entre la ciencia y el arte la define pues Schelling diciendo que «el arte es el modelo de la ciencia» (StI VI, 2, 268). En consecuencia alberga la esperanza de que «la filosofía, del mismo modo que ha nacido y ha sido alimentada por la poesía en la infancia de la ciencia... después de su plenitud vuelva a fluir en el océano universal de la poesía en forma de muchas corrientes aisladas» (StI VI, 3, 273). La esperanza de un «regreso de la ciencia a la poesía» (*ibíd.*) está unido a la idea de «una nueva mitología». El modelo dialéctico mental de unidad, disociación y nueva unidad, que está en la base del pensamiento de Schelling, se hace sin embargo problemático si la nueva unidad se piensa según el modelo de lo originario. Se está así a la puerta, en sentido literal, de un giro reaccionario de la dialéctica, cuyas contradicciones devienen fundamento de la nostalgia de lo originario.

Si se sitúa el arte en el lugar en el que se manifiesta lo absoluto, es decir, la verdad en su sentido enfático, entonces arte y filosofía tienen el mismo objeto. Con lo que se plantea la cuestión de cómo se diferencian arte y filosofía. O bien se reconoce al arte la primacía, como hace Schelling, y entonces se atribuye a la filosofía (y a la ciencia) la tarea de devenir arte; o bien se parte del privilegio de la fi-

---

[9] F. W. J. Schelling, *Philosophie der Kunst*. Wiss. Buchgesellschaft, Darmstadt, 1974, 30;37; en lo que sigue abreviado: PhdK.

losofía, como hace Hegel, y entonces el arte se convierte en un modo de captación de la verdad históricamente superado. Es interesante observar que ya Hegel en su escrito de la época de la colaboración con Schelling, *Diferencia de los sistemas de filosofía de Fichte y Schelling*, se inclina a conceder al arte un papel distinto del de su compañero de armas.

«Cuanto más progrese la cultura, cuanto más diversificado sea el desarrollo de las manifestaciones de la vida, en las que prospere la desunión, tanto mayor será el poder de la escisión, tanto más firme su santidad climática, tanto más extraña será para el todo de la cultura, y más insignificantes los esfuerzos de la vida por renacer en la armonía. Estos pequeños intentos, en relación con el todo, que se han dado contra la nueva cultura, y las más importantes y bellas conformaciones del pasado o del extranjero han podido despertar sólo esa antención cuya posibilidad sobra cuando la más profunda y seria relación del arte vivo no puede ser comprendida. Con el alejamiento del sistema global de las relaciones vitales se ha perdido el concepto de su conexión total y se ha caído en conceptos de superstición o de mero entretenimiento lúdico. La máxima perfección estética –tal como se ha configurado en una determinada religión, en la que el hombre se eleva por encima de todas las escisiones, viendo desaparecer en el reino de la gracia la libertad del sujeto y la necesidad del objeto– sólo ha podido ser enérgica hasta un cierto nivel de cultura o en pueblos bárbaros. La cultura progresiva se ha escindido así, situándose al lado, y como el entendimiento ha llegado a estar seguro de sí mismo, ambas prosperan con cierta tranquilidad una junto a otra, aunque separadas en ámbitos bien diferenciados, de manera que en cada campo no tiene significado alguno lo que ocurre en el otro» (HW II, 22).

La cultura ha quedado afectada, según Hegel por la escisión, es decir, con la decadencia de la sociedad tradicional puesta de manifiesto en la filosofía ilustrada. Esa expresión de «santidad climática» (de la escisión) se debe referir al hecho de que la Ilustración ha prosperado sobre todo en Francia y en Inglaterra. Inmediatamente antes del pasaje citado leemos: «en la medida en la que se sitúa espacialmente, la escisión es climática; en la forma de reflexión fija, como un mundo de esencias pensantes y pensadas en contraposición a un mundo de realidad, esa escisión se da en el noroeste» (*ibíd.*). [Los «esfuerzos de la vida para renacer en la armonía» aluden a los intentos de superar la escisión e interpretar la vida como totalidad con sentido (por ejemplo en el clasicismo de Weimar). Tales esfuerzos apenas han podido despertar la atención, porque el arte, al menos en las capas cultas, no se entiende ya como parte de un paradigma religioso de reconciliación.] Luego siguen unas reflexiones en las que [Hegel se distancia de la concepción del arte de Schelling: la edad de la «cultura» disuelve el paradigma de la reconciliación basado en la mitología; la mitología (para Schelling el material del arte) sucumbe a la crítica racionalista que la desenmascara como superstición, mientras que el lado formalista del arte se convierte en objeto de «juego de entretenimiento». La perfección estética permanece ligada a una etapa del desarrollo social en la que la «cultura», es decir, la racionalidad que aporta las oposiciones al mundo, no había llegado aún a su pleno desarrollo. Dicho de otro modo: el arte sólo puede cumplir su misión de reconciliar libertad y necesidad, sobre la base de una religión. Pero precisamente esa unidad de arte y religión es la que ha sido destruida por la cultura progresiva (por la crítica ilustrada de los mitos y de la religión). El resultado es la yuxtaposición de arte y cultura del entendimiento, pero un arte que ya no puede pretender funcionar como paradigma de reconciliación.]

Hegel comparte con Schelling un concepto enfático de arte, el de la reconciliación de libertad y necesidad, pero se diferencia de él en que se toma en serio la acción histórica de la Ilustración. Esta ha disuelto el fundamento mitológico del arte, que por ello sólo persiste junto a la cultura del entendimiento como «juego entretenido». La tarea de superar la escisión queda así atribuida a la filosofía: «superar las oposiciones solidificadas es el único interés de la razón» (HW II, 21).

En tanto que opuesta a la concepción del joven Hegel, la absolutización del arte como manifestación de lo absoluto, llevada a cabo por las mismas fechas por Schelling, constituye un momento regresivo. La cuestión radica en que Schelling, a diferencia de Hegel, no acepta el momento de verdad de la crítica ilustrada[10]. Los peligros resultantes de esto afectan ante todo a la definición del arte, al que se atribuye una función que ya no puede cumplir en una sociedad moderna dominada por la escisión. No se necesita compartir el discurso hegeliano que califica el arte como «juego de entretenimiento», para aceptar la solidez de su crítica indirecta a la concepción de Schelling.

2. La ciencia como arte: Goethe y las ciencias naturales

A primera vista puede parecer quizás absurdo aludir a los trabajos de Goethe sobre las ciencias naturales en una crítica de la estética idealista. Digámoslo con más precisión: del estudio del concepto goethiano de ciencias naturales deben ante todo derivarse tesis sobre el lugar de la concepción goethiana de la ciencia natural en el marco de nuestra problemática. El racionalismo de la Ilustración temprana había atacado a la poesía como un modo de comunicación no legitimado racionalmente. En una sociedad

---

[10] Ver el rechazo por Schelling de «las explicaciones populares de la mitología, de tipo histórico y psicológico» (*PhdK* 39; 57).

en la que todos los fenómenos debían someterse al cálculo de medios y fines, un lenguaje que se plegaba sin necesidad a la coacción de las formas heredadas, tenían que parecer disfuncional. Autores que como Voltaire y d'Alembert intentaban mediar entre las formas tradicionales y los imperativos de la racionalidad finalista de la naciente sociedad burguesa, lo hacían al precio de la renuncia a una teoría coherente[11]. En cierto sentido se puede entender el estudio goethiano sobre las ciencias naturales como el intento de terciar en la *yuxtaposición* de saber intelectual y arte, de la que hablaba Hegel en el pasaje citado, a favor de una dominancia del arte. El intento de Goethe se encamina nada menos que a cultivar la ciencia en el espíritu del arte. Cuando los comentaristas han subrayado que «el objetivo de Goethe en su teoría de los colores se diferencia ya en su punto de partida del de las ciencias exactas de la naturaleza»[12], se dice algo cierto; pero tal fórmula no deja reconocer la extraordinaria provocación que la investigación natural goethiana constituye para las ciencias de la naturaleza. Goethe no se contenta en efecto con delimitar su «objetivo» del de las ciencias naturales, sino que polemiza con sus representantes más reconocidos (por ejemplo contra Newton) y formula principios metodológicos que contradicen los de la ciencia nomológica. Tratemos de esto con más detalle.

El procedimiento de las ciencias nomológicas (empírico-analíticas) se puede caracterizar de modo muy simplifi-

---

[11] Véase sobre esto mi artículo: *Institution Literatur und Modernisierungprozess,* en: P. B. (ed,), *Zum Funktionswandel der Literatur,* Frankfurt, Suhrkamp, 1983.
[12] Rike Wankmüller, *Goethes Methode,* en: Goethe, *Werke* (Hamburger Ausgabe), vol XIII. Hamburgo, 1958, 615. Cuando no se indique otra cosa las referencias que siguen remiten a esta edición.

cado como el aislamiento de un fenómeno tanto de las condiciones objetivas de su aparición como de las condiciones subjetivas de observación. Para observar exactamente un fenómeno, busca el científico separarlo de las condiciones que pudieran influir en él y organiza su observación de manera que pueda ser repetida por cualquier sujeto investigador. Goethe se revuelve tanto contra el aislamiento del fenómeno como contra la separación de la experiencia científica de la experiencia vital e individual del investigador. En un manuscrito de enero de 1798 distingue entre fenómenos empíricos, científicos y puros. Fenómenos empíricos son los dados en la experiencia diaria. Pueden ser elevados a fenómenos científicos «situándolos en otras circunstancias y condiciones diferentes de aquellas en las que habían sido conocidos primero». «El fenómeno puro es el resultado de todas las experiencias y ensayos. No puede ser nunca aislado, sino que se muestra en una serie continua de manifestaciones. Para exponerlo, el espíritu humano determina lo que titubea empíricamente, excluye lo accidental, separa lo impuro, desarrolla lo embrollado y descubre lo desconocido» (XIII, 25). Tampoco el «fenómeno puro» es para Goethe, pues, algo aislado, sino que se da en una «serie continua de apariencias». No se diferencia fundamentalmente del fenómeno empírico, «que cualquier hombre conoce en la naturaleza», sino sólo por una clarificación (o purificación) sucesiva de la experiencia. Es notable que Goethe describe la actividad del sujeto investigador con conceptos que parecen caracterizar más bien un proceso moral. En sus fórmulas se da la exigencia de instar al investigador a entablar una especie de relación comunicativa con la naturaleza, es decir, considerarla como una totalidad viva y no como un mecanismo. Cuando Goethe no quiere preguntarse «por las causas», sino por «las condiciones bajo las que los fenómenos se manifiestan», se expresa el rechazo de una ciencia natural con el objetivo de dominar la naturaleza (la concepción de las relaciones causa-efecto es el medio de sometimiento de la naturaleza). Goethe apuesta por el contrario por una especie de contemplación de la riqueza y multiplicidad de la naturaleza: «se buscará, en consecuencia, su eterno retorno bajo mil circunstancias distintas, la *intuición* y *aceptación* de su uniformidad y variabilidad, se reconocerá su determinación, afianzándola de nuevo por el espíritu humano». (XIII, 25).

Del modo más claro se revela el rechazo de Goethe de las ciencias empírico-analítias en su artículo *El ensayo como mediador entre sujeto y objeto*. Afirma aquí que «un ensayo e incluso una combinación de ensayos nada demuestran, pues nada es más peligroso que querer demostrar un enunciado cualquiera inmediatamente mediante ensayos, ya que los mayores errores han nacido por no ver el peligro y la insuficiencia de tal método» (XIII, 15). Lo que Goethe rechaza aquí es efectivamente el proceso demostrativo de las ciencias empírico-analíticas: éstas comprueban una hipótesis forzando a la naturaleza en un experimento a confirmar la hipótesis o a declararla inexacta. Pero para ello es necesario aislar el fenómeno en el ensayo. Ahí precisamente se separa la consideración totalizante de Goethe. Su interés se dirige hacia la conexión de los fenómenos. Pues «en la naturaleza viva no sucede nada que no esté en conexión con el todo» (XIII, 17). En consecuencia su concepción del ensayo desborda la de las ciencias empírico-analíticas, pero por eso mismo es menos precisa. Entiende por ensayo toda repetición intencionada de una experiencia (ver XIII, 14). Pero eso es sólo el punto de partida del investigador que busca lo complejo. Lo decisivo es la conexión, pues sólo mediante ella nace una experiencia de «clase superior» (XIII, 18). Por todo ello es importante comprobar que el comportamiento de Goethe, encaminado a la observación de complejos de partes y todos, no se sitúa al lado de las ciencias analíticas, sino decididamente contra ellas: «con los otros métodos, cuando lo que afirmamos lo demostramos con ensayos aislados y argumentos, el juicio se obtiene a menudo subrepticiamente, si no se quiere quedar en la duda» (XIII, 19).

La actitud totalizadora de Goethe se manifiesta también en su negativa a separar el sujeto de la observación científica del sujeto de la experiencia mundana general. Esto se puede ver ya en el mismo título de los cuadernos morfológicos publicados desde 1817 por Cotta: *Sobre la ciencia natural en general, especialmente sobre la morfología. Experiencias, consideraciones, consecuencias ligadas a los sucesos de la vida*. Goethe une en este escrito reflexiones metodológicas generales con fragmentos autobiográficos (por ejemplo el informe sobre su primer encuentro con Schiller, *acontecimiento feliz*). De modo programático enfrenta la totalidad de la experiencia vital individual a la parcelación de actividades en una sociedad organizada por la división del trabajo. En las observaciones tituladas *Otras condescendencias*, tematiza el problema:

«Se trataba del conjunto de las actividades de modo separado; la ciencia y las artes, la conducción de los negocios, la artesanía, y todo lo pensable, se movía en círculos cerrados. Cada acción tenía su propia seriedad, y por eso cada uno trabajaba para sí y a su manera, ajeno al vecino, y todos extraños entre sí. Apenas había contacto entre arte y poesía, y no había que pensar en una influencia mutua viva, la poesía y la ciencia aparecían como los máximos antagonistas» (XIII, 117).

No podemos examinar aquí la cuestión de en qué medida la superación de la necesaria división social del trabajo llevada a cabo por Goethe mismo, ha contribuido al culto goethiano de determinadas capas cultas burguesas en los siglos XIX y XX; aquí nos interesa la cuestión de las categorías con las que Goethe piensa la unidad de poesía y ciencia postulada por él. Se trata de la categoría del pensamiento intuitivo. En un comentario a la *Crítica del Juicio* de Kant cita el pasaje sobre el entendimiento intuitivo que tan importante era también para Schelling: «Podemos pensar en un entendimiento que, no siendo discursivo como el nuestro, sino intuitivo, vaya de la intuición del todo como tal a lo especial, es decir, del todo a las partes» (cit. XIII, 30). Aunque Goethe reconoce que en ese pasaje Kant «parece señalar al entendimiento divino», ve en él una confirmación de su método de investigación de la naturaleza: «mediante la intuición de una naturaleza creadora nos haríamos merecedores de participar espiritualmente de sus productos» (*ibíd.*). La fórmula indica claramente que Goethe busca también como científico una relación de comunicación con la naturaleza. El momento de verdad que se da en ese pensamiento no debería ser hoy difícilmente reconocible ante el hecho de que la industria empieza a tocar los límites de la explotación de la naturaleza. El objetivo de los movimientos ecológicos puede caracterizarse como el intento de superar la relación de explotación del hombre y la naturaleza, y lograr así una relación cuasi-comunicativa entre ambos.

Sin embargo, el momento de verdad del pensamiento goethiano (puesto de relieve por el mismo desarollo histórico) no debe ocultar la provocación que supone querer explicar la ciencia por los principios de la estética idealista: «como tanto en el saber como en la reflexión no puede darse una totalidad, porque a aquél le falta lo interior y a ésta lo exterior, tenemos que pensar necesariamente la ciencia como arte, si es que esperamos de ella algún tipo de totalidad» (XIV, 41). El problema está en la producción de una totalidad, cuya necesidad depende de una cosmovisión y no es primariamente asunto de poder disponer de una naturaleza objetivada. Históricamente la necesidad de totalidad nace con la destrucción de la sociedad tradicional. El individuo burgués, desligado de múltiples ataduras, se encuentra aislado como individuo («quizás nunca como ahora han estado los individuos aislados y separados», XIV, 42). La estética idealista (y la producción artística correspondiente) puede entenderse como el esfuerzo epocal por superar el aislamiento y la desesperación que de él resulta. Como no puede encontrarse el sentido de la existencia humana ni en las relaciones vitales ni en las representaciones religiosas, debe crearse un ámbito social en el que pueda producirse un sentido: la institución arte. Idéntica función de creación de totalidades con sentido atribuye Goethe a las ciencias de la naturaleza. Las ciencias no deben explicar causalmente fenómenos aislados, y dominar así la naturaleza, sino incitar mediante la intuición a la «participación espiritual» de sus productos. La ciencia de la naturaleza es una cosmovisión: «se olvida que la ciencia se ha desarrollado a partir de la poesía, no se ha considerado que, tras un cambio súbito de los tiempos, ambas pudieran reencontrarse amigablemente, para ventaja mutua, en una posición superior» (XIII, 107). La cercanía a la concepción de Schelling es evidente. No hay duda de que Goethe piensa ese «encuentro» de la poesía y la ciencia bajo el signo de un pensamiento totalizador, es decir, bajo el signo de la poesía. La unión de poesía y ciencia, buscada por los primeros románticos en oscuros aforismos, ha sido objeto de un esfuerzo concreto de años por parte de Goethe, quien no ha rehuido la discusión con los adversarios. Nos es difícilmente imaginable cómo hubiera sido nuestro mundo si se hubiera impuesto la concepción goethiana de la ciencia de la naturaleza. Pero el esfuerzo desesperado de Goethe de practicar la ciencia como arte nos hace ver la contraposición entre una ciencia encaminada a la dominación de la naturaleza tras el triunfo de la sociedad burguesa, y un arte que asume la tarea de responder las cuestiones acerca del sentido de la existencia humana.

3. Modernidad y antimodernidad: el programa romántico de la «nueva mitología»

«Si hay una verdad universal, reconocible por todos, no queda otro camino para llegar a ella que el que cada uno diga y defienda lo que le parece verdad. De la libre manifestación de opiniones diferentes y de la libre discusión tiene finalmente que resultar, en la medida en que esta raza limitada y miope sea capaz de tal conocimiento, la verdad pura como algo inteligible y bienvenido para todos, como un producto lleno de sentido, aceptado voluntariamente por todos y como algo que dominará pacíficamente sobre todos»[13].

Georg Forster formula con estas palabras el proyecto ilustrado de la humanidad. Parte del hecho de la discusión libre y pública. Y establece dos supuestos: que no haya ninguna otra cosmovisión obligatoria para todos, y que en los participantes en el proceso de discusión no haya intereses particulares sino que tengan exclusivamente ante los ojos la búsqueda de la verdad. El primer supuesto no es muy problemático, porque desde la Ilustración las ideologías religiosas han perdido ampliamente su vigencia, al menos entre las capas burguesas cultivadas. La segunda suposición afecta a un problema fundamental de la sociedad burguesa, a saber, la fundamentación y, sobre todo, la implantación de una moral que no se apoye en poderes ajenos. A finales del siglo XVIII este problema es ya una experiencia concreta que pueden hacer los ilustrados gracias a la incipiente comercialización de la literatura. En esa época se levantan voces que expresan su desilusión por el número creciente

---

[13] G. Forster, *Fragment eines Briefes an einen deutschen Schriftsteller über Schillers Götter Griechenlands* (1789), en: Werke, ed. G. Steiner, vol. I, Aufbau-Verlag, Berlín/Weimar, 1968, 35.

de editores y autores que no se dedican al proceso colectivo de búsqueda de la verdad, sino a la consecución de sus intereses económicos. En otras palabras: la discusión no tiene lugar en un espacio libre de coacciones, sino bloqueado por intereses particulares que buscan someter el mercado literario. La consecuencia es que el proceso de la Ilustración no se desarrolla en la línea esperada por los ilustrados[14].

El déficit en la búsqueda de sentido que de esa situación se origina es recogido y reelaborado por la teoría filosófica. El progreso de las ciencias y la organización de la vida social ha conducido a una diferenciación de disciplinas especializadas y dominios de actividad que han hecho que el individuo ya no pueda experimentar el complejo del todo social. En la medida en la que la religión ya no aborda esa experiencia total, surge la necesidad de una nueva unidad en la que ciencia y experiencia, entendimiento y sensibilidad ya no estén separados. La filosofía idealista posterior a Kant puede entenderse como una respuesta a la experiencia moderna de disociación[15]. El joven Schelling reconstruye la experiencia de esa nueva época conforme a un esquema triádico. Al estado de naturaleza (filosófico) en el que «el hombre estaba aún unido consigo mismo y con el mundo en torno», sigue la escisión. «Tan pronto como el

---

[14] Investigaciones históricas sobre la crisis del concepto ilustrado de literatura en: Ch. Bürger/P.Bürger/Schulte-Sasse (eds.). *Aufklärung und literarisch Öffentlichkeit* (Frankfurt, Suhrkamp, 1980).

[15] Siguiendo a H. R. Jauss intenta H. Freier demostrar que «el desarrollo de la filosofía como sistema (la cuestión de la unidad de la filosofía) puede leerse como una respuesta a la Querelle (el debate sobre el carácter modélico de la antigüedad en la Francia del 1700). (*Die Rückkehr der Götter. Von der ästhetischen Überschreitung der Wissensgrenze zur Mythologie der Moderne*, Metzler, Stuttgart, 1976. Esta interpretación histórica me parece va más allá de la experiencia de la Ilustración, y no diferencia suficientemente dos conceptos diferentes de lo moderno, el de la Querelle y el de la filosofía idealista.

hombre entra en contradicción con el mundo exterior... se da el primer paso a la filosofía. Con esa escisión empieza la reflexión; separa primero lo que la naturaleza había unido para siempre, separa luego el objeto de la intuición y el concepto de la imagen, y finalmente (al convertirse él mismo en objeto) se separa de sí mismo». Este estadio de reflexión acerca de la escisión es para Schelling una «enfermedad del espíritu del hombre»; en su superación trabaja la «verdadera filosofía»: «parte de la escisión originaria (a saber, la reflexión), para reunir mediante la libertad lo que estaba originaria y necesariamente unido en el espíritu humano, es decir, para superar para siempre esa separación»[16]. De la misma manera se expresa Hegel en su trabajo sobre la *Diferencia...* que antes hemos citado: «La escisión es la fuente de la necesidad de la filosofía, y en cuanto cultura de la época, es el aspecto dado y no libre de su figura» (HW II, 20). Sin embargo, ya en el período de la colaboración de Hegel con Schelling se diferenciaba de él en subrayar lo histórico en ese proceso de búsqueda de la filosofía. Pues por «cultura de la época» Hegel entiende la Ilustración, que ha hecho del entendimiento que pone las oposiciones, el principio de la crítica.

Si la tarea de la filosofía consiste en «superar las oposiciones consolidadas» (HW II, 21), todo depende entonces de cómo se aborda esa tarea, si se mantiene la escisión como un momento o si se aniquila. No intento explicitar la diferencia del pensamiento de Schelling y Hegel en este punto[17], sino el

---

[16] F. W. J. Schelling, *Ideen zu einer Philosophie der Natur als Einleitung in das Studium dieser Wissenschaft* (1797, 1803), en: *Schriften von 1794-1798*, Wiss. Buchgesellschaft, Darmstadt, 1975, 336-338.

[17] Es lo que hace desde la perspectiva de Hegel, G. Lukács (*Der junge Hegel...*) y desde la perspectiva de Schelling, M. Frank (*Der unendliche Mangel an Sein. Schellings Hegelkritik und die Anfänge der Marxschen Dialektik*, Frankfurt, Suhrkamp, 1975).

problema de la utopía de la nueva unidad. Sólo una utopía que permita el antagonismo (la oposición) me parece conciliable con los principios de la sociedad moderna, mientras que el intento de eliminar las oposiciones amenaza con la regresión. A este respecto es relevante una diferencia que se percibe entre Hegel y Schelling: mientras que Hegel insiste en la necesidad de la escisión («pues la escisión necesaria es un factor de la vida que siempre se configura por contrastes»), Schelling quiere «superarla para siempre» (con lo que «superación» no tiene el sentido hegeliano, sino el de «aniquilación»).

El escrito llamado *Más antiguo programa de sistema del idealismo alemán,* que probablemente está inspirado por Schelling[18], es tanto un proyecto de una filosofía como un programa político. El autor parte de la crítica corriente en el último tercio del siglo XVIII contra el estado del absolutismo ilustrado, que, manteniendo las formas de dominación feudal, quería reformar la sociedad desde arriba en la línea de los principios racionales. Radicaliza tal crítica acudiendo a fórmulas tomadas de una concepción enfática de la libertad y concluye exigiendo el fin del estado: «todo estado trata a los hombres libres como elementos mecánicos y eso no debe hacerse, luego debe *cesar*» (HW I, 234). Pero junto a este pathos de libertad anarquizante hay una no menos pregnante reivindicación de una nueva unidad ideológica: la «mitología de la razón».

«Si no hacemos estéticas, es decir, mitológicas, las ideas, ningún interés tienen para el *pueblo*; y viceversa, si la mitología no es racional, el filósofo tiene que avergonzarse

---

[18] Ver sobre esto X. Tilliettes en su réplica a la atribución del texto a Hegel por O. Pöggeler (*Schelling als Verfasser des Systemprogramms?*, en: M. Frak/G. Kurz (eds.), *Materialien zu Schellings philosophischen Anfängen,* 193-211.

de ella. Así, finalmente, tienen que darse la mano ilustrados y no ilustrados; la mitología tiene que hacerse filosófica y hacer racional al pueblo, y la filosofía tiene que hacerse mitológica para hacer sensibles a los filósofos. Entonces reinará entre nosotros eterna unidad. Ya no habrá nunca mirada desdeñosa ni ciego temblor del pueblo ante sus sabios y sacerdotes. Sólo entonces nos espera igual cultura de todas las fuerzas, de lo singular y de todos los individuos. Ninguna fuerza será ya oprimida. ¡Entonces reinará la libertad universal y la igualdad de los espíritus!. Un espíritu más alto, enviado del cielo, tiene que fundar entre nosotros esta nueva religión, que será la última y más grande obra de la humanidad» (HW I, 236).

Esta cita nos indica que se trata de un proyecto político. Se trata nada menos que de la creación de «la libertad universal y la igualdad de los espíritus». El proyecto es en su intención ilustrado: el pueblo debe hacerse racional. Sin embargo, en la manera en que está pensada la realización del proyecto, se diferencia radicalmente este *Proyecto de sistema...* del de la Ilustración, pues se espera que la realización de su objetivo tenga lugar no por una ampliación de la capacidad racional autónoma, sino por una nueva mitología. En la medida en la que ésta es concebida como unidad tanto de las actividades espirituales como del entendimiento y la sensibilidad, el proyecto utópico del *Programa de sistema del idealismo alemán* desborda las metas de la Ilustración.

«Finalmente, la idea que lo une todo, la idea de belleza, tomada la palabra en el más alto, y platónico, sentido. Estoy convencido de que el más alto acto de la razón, por cuanto que ella comprende todas las ideas, es un acto estético, y de que *la verdad y el bien sólo en la belleza están hermanados*» (HW I, 235).

Esto tiene implicaciones por lo que respecta al status de lo estético en el conjunto de la realidad. El *Programa de sis-*

tema... no pretende situar el arte junto a la ciencia y la moral como una esfera propia, sino que más bien la nueva mitología debe funcionar como centro real de referencia de los dominios diferenciados de acción, ligándolos en una imagen unitaria del mundo. El papel de la nueva mitología se corresponde así con el papel de la religión cristiana en la Edad Media. Es al mismo tiempo fundamento y piedra angular de la ciencia y la moral, «suelo nutricio» y «cielo», para decirlo con palabras de Schlegel (KS, 497). Esta posición tenía que hacer necesariamente de la nueva mitología el centro de todo pensamiento y toda acción, en la medida en la que éstos siempre proceden de ella y a ella revierten.

No hay duda alguna de que el autor del *Programa de sistema...* no piensa en la nueva mitología como algo forzado, sino como algo aceptado libremente. El estado coactivo que es algo mecánico y que «trata a los hombres como ruedecillas mecánicas», debe precisamente cesar. En su lugar aparecerá la mitología como lazo comunitario que «no actúa desde fuera, vigilando sólo el abuso de la libertad, y por lo tanto sólo prohibiendo... sino que debe ser activa en el interior de cada hombre, como su propia voluntad»[19]. Pero esto significa: los hombres no se relacionan entre sí mediante procesos de discusión que ponen a prueba la racionalidad y legitimidad de las normas de acción, sino por medio de una religión vivida estéticamente[20]. Tendría uno

---

[19] D. Jähnig, *Schelling, die Kunst in der Philosophie,* vol. I, Pfullingen, Neske, 1966, 245.

[20] La esperanza que así se expresa en una nueva cosmovisión universal u obligatoria explica la consecuencia de la aproximación a la Iglesia Católica que, como se sabe, llevaron a cabo la mayoría de los románticos. Si, como explica Schelling en la *Filosofía del arte,* la mitología no es obra de un individuo ni de la especie (en tanto que «conexión de individuos»), sino que más bien supone la «coincidencia armónica» de los individuos en una comunidad (en la terminología de Schelling:

que preguntarse sin embargo si el intento de realizar esta utopía en las condiciones de una sociedad moderna no produce necesariamente resultados que contradicen su intención. ¿No hay el peligro de que parezca legítima la aplicación de medios coactivos externos cuando fracasa la aceptación voluntaria de esa nueva visión del mundo?

No sólo se demuestra ese peligro en experiencias históricas, como el «terror blanco» al comienzo de la restauración en Francia. También es perceptible en los proyectos utópicos de los románticos alemanes que pusieron sus esperanzas históricas en torno a 1800 en una renovación de la religión. Los intérpretes del escrito de Novalis *La cristiandad o Europa* han destacado con razón que la glorificación del modo de vida impregnado religiosamente de la Edad Media, no tendía simplemente a la restauración de unas relaciones pasadas, sino que se hacía con vistas al futuro. Si eso es cierto habrá que preguntarse por la cualidad de la utopía proyectada por Novalis. Las oposiciones de valores son a este respecto unívocas: se valoran positivamente los campos semánticos *Fe y Amor,* y por el contrario negativamente los de *Saber y Tener*[21]. La fe cristiana como lazo de unión y paz entre los hombres y el modo de vida tradicional de las comunidades primitivas son contrapuestas a la ciencia moderna y a la vida económica resultante del capi-

«exige necesariamente para su posibilidad una especie que es como un individuo»), entonces la sociedad burguesa moderna se caracteriza por la carencia de una mitología. Únicamente la Iglesia Católica puede valer como ejemplo de comunidad ligada por una mitología: «la cultura moderna, opuesta a la griega, no tiene nada semejante a la mitología griega, aunque instintivamente busca algo semejante en la formación de una iglesia universal» (*PhdK* 42; 58 s.).

[21] Novalis, *Die Christenheit oder Europa. Ein Fragment (1799),* en: Werke, *Tagebücher und Briefe...* ed. J. Mähl/R. Samuel. 2 vol. Wiss. Buchgesellschaft, Darmstadt, 1978, vol. II, 732-750; La abreviatura NW se refiere a esta edición.

talismo y el comercio. Por ello se percibe el sometimiento de la ciencia por la Iglesia como una medida legítima para el mantenimiento del antiguo orden: «con razón se opone el sabio jefe de la Iglesia a las prácticas osadas de las instituciones humanas a costa del sentido sagrado y a los descubrimientos inoportunos y peligrosos en el dominio del saber» (NW II, 733). Si fracasa la fuerza unificadora de la fe, son legítimos los medios coactivos, incluso los de la Inquisición (NW II, 740). Por una parte pretende Novalis la restauración de las relaciones interhumanas cuya destrucción percibe a la luz de la crítica social de Rousseau; por otra parte opone al presente la imagen de un pasado en el que la unidad sólo se mantenía con ayuda del poder. Sin embargo no sólo la imagen idealizada del pasado está impregnada de poder, sino también el «gran tiempo de reconciliación» cuyo comienzo Novalis profetiza: «despierta desde el sueño matinal de la niñez desamparada, una parte de la especie ejercita sus primeras fuerzas con serpientes que rodean la cuna y quieren privarle del uso de sus miembros» (NW II, 745). No cabe duda de quiénes son esas serpientes en la cuna del Hércules romántico: son los ilustrados cuyo odio a la religión difama «la fantasía y el sentimiento, la ética y el amor al arte, el futuro y el pasado» (NW II, 741).

El momento de verdad de la exposición de Novalis radica ahí: no renuncia al poder, con ayuda del cual únicamente puede imponerse la nueva unidad de la comprensión del mundo prevista por él, después de que las ideologías religiosas han perdido su vigencia obligatoria. Sin esa concesión la utopía sería engañosa: una imagen idealizada del pasado hasta el límite de la caricatura se impondría como esperanza del futuro. Por ello una crítica a la utopía de Novalis no se limitará a poner de relieve sus momentos manifiestamente reaccionarios, sino a explorar más bien sus contradicciones inmanentes. La cuestión más grave es que Novalis reproduce precisamente el tipo de pensamiento contra el que se dirige su polémica. Al oponer de modo fijo creencia y conocimiento, sentimiento y entendimiento, permanece apegado al «modo moderno de pensar» (NW II, 741) que aborrece. Más aún: mientras que los más significativos ilustrados como Diderot y Rousseau estaban muy lejos de considerar el sentimiento y el entendimiento como opuestos infranqueables, ese es el caso en el discurso escrito de Novalis. La superación de la Ilustración por el romanticismo, tantas veces evocada irreflexivamente, siguiendo sólo las autoconcepciones de los románticos, debería someter a examen su contenido.

El alegato a favor del entusiasmo, la fantasía, y el sentimiento, oculta el hecho de que el pensamiento romántico tiene que ser caracterizado como abstracto en una perspectiva determinada, precisamente porque establece la confrontación de los opuestos sin mediaciones. Ello comporta consecuencias en lo que se refiere a sus relaciones con la realidad. Mientras que Novalis rechaza totalmente la actualidad configurada por el capitalismo mercantil («presión de la vida de negocios», NW II, 734) y la ciencia («el saber impositivo», NW II, 740) y no ve en ella momento alguno de progreso, no acierta a situar en la realidad la renovación anunciada. Su expectativa de renovación no se basa en tendencias históricas concretas, sino en la esperanza escatológica «de que ha llegado el tiempo de la resurrección» (NW II, 743). Esta carencia de mediaciones con la realidad constituye por una parte la fuerza utópica de este pensamiento, pero por otra parte lo catapulta fuera de la realidad. Precisamente por ello es un pensamiento predestinado, contra su intención, a ser el complemento ideal de una sociedad organizada por el capitalismo y administrada por la tecnocracia.

En tanto que en *El más antiguo programa de sistema del idealismo alemán* y en el escrito de Novalis *La cristiandad o*

49

Europa, la nueva mitología entendida como renovación de la religión cristiana, constituye el núcleo del proyecto social, en el *Discurso sobre mitología* de Friedrich Schlegel no ocurre lo mismo. Schlegel emprende una restricción decisiva de ese concepto al situar la creación de una nueva mitología en el contexto de una renovación de la poesía. «¿Deberá también la fuerza del entusiasmo en la poesía quedar rota y aislada cuando ha luchado con cansancio contra el elemento opuesto, para enmudecer finalmente? ¿Deberá lo más alto y santo quedar sin nombre y sin forma, entregado en la oscuridad al azar?²². El romántico se sabe individuo aislado, y teme que su lucha contra el "elemento opuesto" (las resistencias inmanentes a la poesía o el mundo ordenado racionalmente) acabe siendo inútil. el aislamiento radical priva a los pensamientos de su forma, convirtiendo ésta en algo accidental. Pues la forma supone siempre un punto de referencia, y se trata de conseguir tal referencia. Falta, afirmo, a nuestra poesía, un apoyo central, como lo era la mitología para los antiguos» (KS, 497).

A diferencia de Novalis y de Schleiermacher, cuyo escrito *Sobre la religión supone el Discurso sobre mitología*, al que intenta superar²³, Schlegel no elige como modelo de pensamiento unificador la religión cristiana, sino la antigua mitología. Con ello no sólo enlaza con el pasado «clasicista»²⁴, sino también y sobre todo con la tradición de Winckelmann y Herder quienes hicieron de la unidad de individuo y sociedad en la antigua polis instrumento crítico

---

²² F. Schlegel, *Kritische Schriften*, ed. W. Rasch, Hanser, München, 1964, 496; en lo sucesivo se abrevia: KS.

²³ H. Timm insiste en la competencia de Schlegel con Novalis y Schleiermacher, *Die heilige Revolution. Das religiöse Totalitätskonzept der Frühromantik...* Syndikat, Frankfurt, 1978, 162 s.

²⁴ Ver especialmente el artículo *Über das Studium der griechischen Poesie*, en: KS, 113-230.

contra la sociedad feudal y absolutista del propio presente. Si se compara la idea de Schlegel de una nueva mitología con el ideal griego del joven Herder, se observará un notable desplazamiento del problema. Herder considera que el desarrollo del arte y la literatura está estrechamente ligado al desarrollo de la vida social. Denomina al drama griego como «flor natural del tiempo». «Cuando desapareció la libertad griega, su espíritu comunitario republicano, su facilidad para actuar con placer y alegría, ¿qué iba a florecer?»[25]. [Herder explica la decadencia cultural del presente mediante la conexión de desarrollo cultural y desarrollo social, dando así una dimensión política a su crítica de la cultura. Solo una sociedad liberada del absolutismo feudal sería capaz de producir una cultura popular.]

Schlegel, por el contrario, desliga totalmente el problema de la unidad de la cultura de la dimensión política de la sociedad. Ciertamente afirma que el idealismo, que para él es la fuente de la nueva mitología, «no es prácticamente sino el espíritu de la revolución» (KS, 498), pero por revolución no entiende la revolución francesa sino una revolución cultural: «la gran revolución afectará a todas las ciencias y todas las artes» (*ibíd.*). Dos fragmentos de sus *Ideas* nos informan acerca del valor que Schlegel otorga a la revolución mundial que se inició en Francia poco antes del cambio de siglo:

«Os asombráis de la época actual, de la lucha gigantesca que fermenta, de las conmociones, y no sabéis los nuevos nacimientos que esperan... ¿No tienen que venir todos los movimientos del centro, y dónde está el centro? La respuesta es clara, y todos los fenómenos señalan una gran resurrección de la religión, una metamorfosis universal» (KS, 95).

---

[25] J. G. Herder, *Ursachen des gesunknen Geschmacks bei den verschiedenen Völkern, da er geblühet* (1773), en: *Sämtliche Werke*, ed. Suphan vol. V, Reimer, Berlín, 1831, 616 y 620 s.

«Nada necesita más del tiempo que un contrapeso espiritual contra la revolución y el despotismo que se aplica sobre los espíritus con la presión del supremo interés mundial. ¿Dónde buscar y encontrar tal contrapeso? La respuesta no es difícil; indiscutiblemente en nosotros, y quien capta ahí el centro de la humanidad, habrá encontrado también el centro de la cultura moderna y la armonía de todas las ciencias y artes, hasta ahora separadas y enfrentadas» (KS, 93).

Para Schlegel no es la revolución francesa el acontecimiento histórico de la época; a sus ojos es sólo la señal externa (conmoción) que apunta a una renovación espiritual. Incluso el aforismo, tantas veces citado, que sitúa la revolución junto a la Doctrina de la ciencia de Fichte y el *Wilhelm Meister* de Goethe como «las mayores tendencias de la época» no dice otra cosa. No se trata para Schlegel del reconocimiento de la revolución, sino de la relativización de su significado. La continuación del fragmento no deja lugar a dudas: «Quien se ofenda por tal yuxtaposición, quien no pueda tomar en serio una revolución que no sea ruidosa y materialista, no se ha elevado a la perspectiva amplia de la historia de la humanidad. Incluso en nuestras menesterosas historias de la cultura... algún libro pequeño, del que la multitud ruidosa no tuvo noticia en su tiempo, juega un papel mucho mayor que todas esas acciones» (KS, 48).

Las oposiciones están claramente establecidas: no trata Schlegel de la revolución «ruidosa y materialista» ni de la «estruendosa multitud» que la dirige, sino de una revolución distinta, espiritual. Es un «contrapeso contra la revolución política», que, con una estrategia que recuerda a de Maistre, reprocha al funcionamiento de los polémicos conceptos ilustrados, el despotismo, no a causa del predominio del terror, sino por los «interses» que comporta. No tenemos que oponernos aquí a la tesis que defiende el progresismo del primer romanticismo de Jena, aunque se suele exponer de modo impreciso, sino sólo mostrar que la idea de Schlegel de una nueva mitología exhibe características restricciones frente a la imagen de Grecia de Herder y también frente a las ideas del *Programa de sistema del idealismo alemán*. En lugar de un proyecto utópico social, se propone el programa, extremadamente vago por cierto, de una revolución espiritual. Mientras que el autor del *Programa de sistema* garantiza la exageración utópica de su esperanza, haciendo depender de la aparición de un «nuevo mesías» su realización, Schlegel exige a todos colaborar en la configuración de la «nueva mitología»: «ha llegado el tiempo en que seriamente debemos colaborar en la creación de una nueva mitología» (KS, 497). Por una parte se reconoce la pérdida de la vigencia de la ideología religiosa tradicional (sin la que no podría pensarse en el surgimiento de una nueva mitología), y por otra parte se manifiesta el sueño del intelectual y su fantasía de poder (como en el pasaje antes citado del papel histórico que cumplen algunos pequeños libros). Es una postura que puede definirse como moderna (en sentido sociológico), pues supone la Ilustración, y no concibe al intelectual ya como alguien que trabaja en instituciones establecidas (como por ejemplo la Iglesia) sino como el que crea la institución con cuya ayuda espera ejercer el poder.

No hay duda alguna de que la idea de un marco orientado en un sentido estético-religioso se opone al principio moderno de la autonomía de la razón. Sin embargo, el papel de la nueva mitología se diferencia radicalmente del de la religión en la sociedad tradicional, en que supone la experiencia de la escisión. Schlegel hace culminar la paradoja de una mitología moderna al proponerse él y sus amigos como sus productores. Al unir el pensamiento tradicional con la idea moderna de productividad del sujeto, aparece una especie de teoría positiva de la mentira religiosa.

Me parece importante destacar este momento moderno de la postura de Schlegel, su conexión con la tradición ilustrada, a fin de que se reconozca mejor su acentuación antimoderna. Esta antimodernidad se revela ante todo en el concepto de mitología que excluye una discusión racional de las normas y valores (como en la cita de Forster que antecede a este capítulo). Mientras que los resultados del pensamiento ilustrado están siempre sometidos a la crítica, esto no ocurre con la nueva mitología que pretende prescindir del marco del conocimiento posible. Efectivamente una mitología es criticable sólo cuando su vigencia comienza a perderse. Por otra parte ese carácter antimoderno se revela también en la suposición de que la unidad cultural de una sociedad, caracterizada por la creciente división del trabajo, podría producirse mediante una cosmovisión unitaria.

El concepto clave del fragmento citado es el de medio, justo medio, al que corresponden en los *Discursos sobre mitología* los de: apoyo firme, suelo materno, punto firme, unidad interior y centro (ver KS, 497 s.). No hay duda de que la experiencia de la escisión mencionada al principio evoca la añoranza de la unidad. En la medida en que el pensamiento conceptual por oposiciones, «la fría argumentación», el «juego con conceptos vacíos», como dice Schleiermacher[26], es responsabilizado de la pérdida de la unidad ideológica, la polémica contra la Ilustración en torno a 1800 se inscribe en el arsenal convencional de una crítica de la modernidad de orientación tradicional. Es más importante sin embargo la cuestión del lugar de ese punto medio y firme. La respuesta no es unívoca. Por una parte ese punto central es la nueva mitología, ese dominio elevado que ha de desarrollarse a partir del idealismo (ver KS, 497). Pero

---

[26] F. Schleiermacher, *Über die Religion. Reden an die gebildeten unter ihren Verächtern,* Reimer, Berlín, 1831, 6 y 18.

también el centro está en el individuo. «Un artista es aquel que tiene su centro en sí mismo» (KS, 94). En los fragmentos de las Ideas, antes citados, el punto medio buscado está en la religión, pero también «en nosotros». También aquí se revela Schlegel como el individualista moderno, que no sólo defiende «los derechos de la individualidad», sino que subraya la originalidad como «auténtico valor y virtud del hombre» (KS, 502), y, al mismo tiempo, como el antimoderno que busca la unidad en una nueva mitología. El romántico quiere al mismo tiempo mantener el individualismo moderno y conseguir en la mitología y la religión el punto de referencia que funda la unidad.

Tales contradicciones no son accidentales, y tienen un significado sistemático. Schlegel evita construir sus discursos según los principios de la consistencia (es suficiente yuxtaponer sus definiciones de la mitología para hacerse cargo de ello). En su lugar, aplica diferentes procedimientos de producción de sentido, de los cuales el más importante es el señalado en otro lugar: «si unís los extremos, ya tenéis el verdadero medio» (KS, 97). Esta conexión de los extremos produce ante todo efectos retóricos del tipo: «el orden máximo es pues el del caos» (KS, 497). No se resuelven las contradicciones al hilo de distinciones conceptuales, sino que se conectan conceptos muy distanciados entre sí. Este procedimiento permite suscitar sorprendentes combinaciones y constelaciones; es poéticamente productivo. Ahora bien, no deberían valorarse sus resultados como producto del pensamiento. Esos resultados son literalmente «accidentales», y sólo una posterior reflexión podrá establecer su cualidad[27].

---

[27] Ver sobre esto el análisis, hasta ahora inigualado, del teórico del estado, el conservador Carl Schmitt, al que en todo caso habría que reprochar que no reconoce la productividad poética romántica. (*Politische Romantik*, Berlín, Duncker-Humblot, 1919, 1968, cap. II: *Die Struktur des romantischen Geistes*).

Frente al interés por el primer romanticismo, hoy claramente perceptible, hay que advertir del error de suponer que la unión de los extremos que Friedrich Schlegel propugna y practica, constituya una solución de los problemas sociales que la crítica contemporánea de Rousseau formuló por primera vez, y que la sociología, desde Max Weber, reconoce con el concepto de racionalización. Al sometimiento de cada vez mayores dominios de la vida social a las normas de actuación de un pensamiento que calcula con arreglo a las relaciones fin-medios, no se puede hacer frente ni con la polémica tradicional contra la Ilustración ni con la apelación a una nueva mitología o religión. Para evitar malentendidos: también yo tengo la convicción de que el romanticismo es actual en un sentido no trivial. La crisis ecológica del presente nos hace receptivos a una crítica del modelo de dominio racional de la naturaleza, que reconoce la conexión de la dinámica del progreso y la destrucción radical de la naturaleza, y que al mismo tiempo ocasiona miseria, una miseria de otro tipo que la constatada por los teóricos de los movimientos laborales en el siglo XIX. Con ello, la dimensión práctica del pensamiento especulativo reclama la salvación de la naturaleza. La idea de un trato cuasi comunicativo con la naturaleza que es común a los trabajos sobre ciencias de la naturaleza de Goethe y a la filosofía romántica de la naturaleza, adquiere, a la vista de la previsible catástrofe ecológica, una significación práctica. Las desoladas perspectivas que se derivan de la acumulación de potencialidades de aniquilación, proporcionan de nuevo a los valores comunicativos una dimensión histórica, ligada a la esperanza en la supervivencia de la humanidad. De la utopía del «gran tiempo de reconciliación», del «tiempo santo de la paz eterna» (NW II, 745-750) de Novalis, se exhala una poderosa fascinación, precisamente por la amenaza real bajo la que vivimos.

El interés por el romanticismo, comprobable desde hace una década, no es sólo comprensible, sino legítimo, y podría contribuir a que en ese proceso de apropiación, nuestro propio presente fuera mejor conocido. Si, no obstante, no siempre se logra esto, podría deberse ante todo a que el esfuerzo por salvar lo romántico, a menudo y sin querer, se trueca en apología[28]. Cuando el intérprete se limita ampliamente a rastrear motivos románticos, proponiéndolos como solución de problemas actuales, pierde la oportunidad de iluminar nuestro presente. Ni la repetición de la polémica romántica contra el frío pensamiento[29] ni la profundización en los temas de la pobreza, la noche y la muerte conducen más allá de la concepción tradicional que la ciencia de la literatura tiene del romanticismo[30], precisamente porque se renuncia a criticarlo[31].

Incluso esos nuevos trabajos que poseen el mérito indiscutible de reconstruir el pensamiento del primer romanticismo en el contexto de la filosofía idealista, y que remiten a un horizonte de problemas circunscrito con nombres como los de Marx, Adorno y Heidegger, adolecen, pese a

---

[28] Ver p. e. el ensayo, ya algo superado, de R. Faber, de presentar a Novalis como «representante» de una «izquierda romántica» (*Novalis: Die Phantasie an die Macht*, Stuttgart, Metzler 1970, 56.

[29] Un ejemplo. «Quizás se impone el tecnócrata que siempre tiene a mano su regla de cálculo y su Descartes, quizás pensamos que una síntesis de teoría sistemática y de Marx "lo" lograría...». J. E. Seiffert, *Asteion: eine vergessene republikanische Kunst*, en: G. Dieschner/R. Faber (eds.), *Romantische Utopie. Utopische Romantik*, Gerstenberg, Hildesheim, 1979, 55.

[30] Ver *ibíd.*, 119-134 el artículo de N.W. Bolz, *Die Öffnung der Geschichte. Zur Subjekt-Objekt-Beziehung in der Frühromantik*.

[31] Que una crítica dialéctica no sólo no excluye la comprensión del romanticismo, sino que más bien la posibilita, lo muestra por ejemplo el artículo de W. Heise, *Weltanschauuliche Aspekte der Frühromantik*, en: Weimarer Beiträge 24 (1978), 4. 21-46.

su alto nivel de reflexión, de una cierta falta de distancia frente a su objeto[32]. El lector de tales trabajos tiene a veces la impresión de que la propia capacidad combinatoria empuja a sus autores a poner en conexión pensamientos muy distantes entre sí, en un plano sumamente abstracto. He aquí un ejemplo de esta peculiar actualización del pensamiento romántico de la identidad: «Esta esfera de comprensión sin coacción (por ejemplo en Habermas), ¿es, en el contexto diferente de la teoría social contemporánea, algo distinto de un concepto inspirado en las ideas del *Más antiguo programa de sistema del idealismo alemán?*»[33]. No hay duda de que hay constelaciones de problemas características de una formación social; no hay duda de que desde Rousseau y Herder la racionalidad del entendimiento está en el centro de la crítica de la cultura. Sin embargo, vale la pena reconocer las constelaciones de problemas especialmente históricas y las soluciones específicas. La idea habermasiana de una comunicación exenta de dominación está más próxima a los ilustrados que a la tesis romántica de una nueva mitología, que para él constituye sin duda un intento problemático de desdiferenciación.

No se trata aquí ni de anatematizar el discurso sobre el caos, la noche y la muerte, ni de entregar a los viejos y nuevos fascistas «la nostalgia mítica de los europeos del siglo XX» (Frank). Lo decisivo es el *cómo* hablar de todo eso: si, conjurando los miedos y las nostalgias, los duplicamos (y trabajamos así para los que saben aprovecharse hábilmente de tales «poderes»), o si los iluminamos, aprendiendo por

---

[32] Ver p.e. J. Hörisch, *Die fröhliche Wissenschaft der Poesie. Der Universalitätsanspruch von Dichtung in der frühromantischen Poetologie*, Frankfurt, Suhrkamp, 1976.

[33] M. Frank, *Die Dichtung als neue Mytologie. Motive und Konsequenzen einer frühromantischen Idee*, en: Recherches germaniques 9 (1979), 122-140; aquí: 131.

ejemplo a distinguir entre leyenda cautivadora y cuento desmitificador[34]. La esperanza de recobrar la unidad perdida sobre el fundamento de una concepción del mundo obligatoria para todos, sólo puede cumplirse al precio de una regresión (que el discurso de Novalis en la *Cristiandad o Europa* concede). [Si no nos engañamos, no faltarán en el próximo futuro profetas de nuevas religiones de unidad. Junto con Nietzsche les servirá de punto de referencia el primer romanticismo.] Por el contrario, nosotros tenemos sólo la fuerza paciente de la crítica que deslinda la legítima nostalgia de las falsas promesas de su cumplimiento. Es propio de los prejuicios inherentes a una apropiación del mundo con los medios del pensamiento la suposición de que las aporías encontrarían su «solución» necesariamente en un plano superior. Se proyecta así la unidad en el cielo de la concepción del mundo, en lugar de reconocer su realización como un problema práctico[35]. [La producción artística, que ya no se entrega a la ilusión de una pureza estética, sino que introduce en la obra la realidad con toda su extrañeza, puede esperar la gestación de modelos de tal unidad. Lo que nos amenaza como algo irracional y extraño se convertirá ahí en algo accesible, sobre lo que podamos, hablando, entendernos. Si la concepción del mundo fabricada es la falsa síntesis de una subjetividad moderna y una nostalgia cuasi arcaica de unidad, la sobria producción de arte será el proyecto de síntesis, continuamente renovado, que se sabe mediado y limitado históricamente, de muchas maneras.]

---

[34] Ver E. Bloch, *Zerstörung, Rettung des Mythos durch Licht*, en: Verfremdungen I, Frankfurt, Suhrkamp, 1962, 152-162.

[35] Para una crítica de la socialización de las ideologías, ver A. Lorenzer, *Das Konzil der Buchhalter...* Europäische Verlagsanstalt, Frankfurt, 1981, 117 s.

4. Las aporías del sujeto-objeto en la estética de Georg Lukács

También los pensamientos tienen su hora histórica. La Estética de Heidelberg de Georg Lukács confirma, por ejemplo, la necesidad histórica del ataque de las vanguardias al status de autonomía del arte[36]. Mientras que los dadaistas organizaban en Zürich sus primeras acciones contra la institución arte, emprende una vez más Lukács en Heidelberg el intento de asegurar teóricamente la autonomía de lo estético. Al pensar consecuentemente, hasta el final, como nadie lo hizo antes que él, las aporías de la autonomía estética, pone de manifiesto y confirma indirectamente la necesidad histórica de la protesta vanguardista.

El propósito de Lukács consiste en mostrar que lo estético constituye una esfera autónoma; habla también de forma de validez, delimitándola tajantemente tanto de la esfera teórica como de la práctica y de la realidad diaria. Parte de las ideas de Kant, puesto que el sistema kantiano posibilita una neta separación de esferas, en el sentido de formas de validez autónoma. Pero le parece que Kant se ha quedado a medio camino. El hecho de que Kant considere «el objeto estético en conexión con otros objetos», es, para Lukács, señal de una «orientación teórica» en la determinación de los objetos (HÄ, 104). Puesto que: «esa conexión de todos los objetos pensados es lo específico de un mundo de objetos constituidos teóricamente» (HÄ, 106). Por el

---

[36] La abreviatura HÄ se refiere a: G. Lukács, *Heidelberger Ästhetik (1916-1918)*, ed. G. Markus/F. Benseler (Lukács, *Werke*, 17), Darmstadt/Neuwied, Luchterhand, 1974. El capítulo *Die Subjekt-Objekt-Beziehung in der Ästhetik 1917* del mismo Lukács se ha publicado en la revista «Logos». Una exposición de motivos centrales del primer Lukács en el contexto de la filosofía contemporánea, en la recopilación de Agnes Heller y otros discípulos del Lukács tardío: *Die Seele und das Leben. Studien zum frühen Lukács*, Frankfurt, Suhrkamp, 1977.

contrario, la determinación decisiva del objeto estético la da su «aislamiento» (HÄ, 105). Esta determinación es también desconocida por Kant cuando trata de establecer puentes con el dominio de lo ético, en su concepción de la belleza como símbolo de lo ético, o en su doctrina de lo sublime (ver luego capítulo III, 2).

A esta crítica de Kant le corresponde una definición de la obra de arte como «estructura cerrada en sí misma» (HÄ, 12). Lukács formula este aislamiento de la obra de arte con la máxima radicalidad: «La realidad... con la posición de lo estético, no es sólo puesta entre paréntesis –utilizando la expresión de Husserl– sino que se la declara radicalmente un no-ser» (*ibíd*.). Obra de arte y realidad están, por lo tanto, «en una completa falta de relación entre sí» (*ibíd*.). La inmanencia de la obra de arte es así tan fuerte, que «ni siquiera se acentúa polémicamente la realidad excluida» (HÄ, 109)³⁷. De este aislamiento radical se derivan todas las demás determinaciones de lo estético: con arreglo a esa inmanencia de su configuración se exige que todo comportamiento referido a ella «no vaya más allá de su contemplación, en tanto que vivencia inmediata, y, permaneciendo en sí de modo inmanente, no desborde el objeto de la contemplación a la búsqueda de otros objetos» (HÄ, 2).

La problemática a la que Lukács contesta, sólo puede rastrearse en el texto de su Estética. Por decirlo rápidamente: se trata del problema de la alienación, de la escisión entre el mundo vivido y la naturaleza objetivada por la ciencia y por la técnica. Así, descubre Lukács «un anhelo subjetivo hacia una realidad adecuada al sujeto», como

---

³⁷ La idea de que el arte es la antítesis de la sociedad, que Lukács rechaza por la pureza de la inmanencia artística, es llevada por Adorno al centro de su estética: «Lo asocial del arte es una negación determinada de una determinada sociedad» (*ÄT*, 335).

«motivo trascendental del nacimiento de lo estético» (HÄ, 101). En cierto sentido, se trata de una reasunción del problema central de la filosofía idealista clásica, que concibe la sociedad burguesa escindida entre lo particular y lo universal, entre el individuo y la especie, entre la libertad y la necesidad y entre el sujeto y el objeto. Ciertamente Lukács, frente a la filosofía del idealismo, realiza un desplazamiento del problema. La separación de sujeto y objeto es interpretada, por así decirlo, de modo subjetivo. No se enfrentan ahora libertad y necesidad, acción moral y naturaleza legal, sino que en esa esfera encuentra el sujeto una realidad que le es adecuada, es decir, una realidad que no le resulta extraña. Tal esfera se da, para Lukács, en lo estético.

Para que el sujeto pueda experimentar el objeto estético como algo que le es absolutamente adecuado, tienen que coincidir la forma vivencial del sujeto y la forma de la obra de arte, y, además, el sujeto tiene que estar totalmente entregado a la exigencia interior de su vivencia. La primera de estas condiciones se cumple por obra del genio, definido como la armonía preestablecida de la forma vivencial y de la forma estética (HÄ, 114). En este punto podría proponerse una crítica inmanente. En el concepto de genio reaparece evidentemente el problema del sujeto-objeto, para cuya solución había sido introducido por Lukács. Y en la harmonía preestablecida entre forma técnica y forma de la vivencia, la unidad de lo exterior y lo interior está sólo afirmada, pero de ninguna manera demostrada. Esto ocurre también cuando Lukács dice del genio «que, como consecuencia de esa notoria armonía preestablecida, ha incorporado lo "objetivo", lo "exterior" como su posesión más íntima y subjetiva» (HÄ, 115). Incorporar es el modo más primitivo de trato que un sujeto puede tener con un objeto. La aplicación de tal concepto indica que Lukács se ahorra otro que aquí tendría su lugar: el de trabajo. Ciertamente cuando se concibe el proceso artístico de creación como un proceso de trabajo, difícilmente puede hablarse de una construcción en términos de sujeto-objeto. El artista se objetiva en su trabajo y, al menos parcialmente, se reencuentra en su obra, permaneciendo ésta como un objeto que se le enfrenta. Lukács, cuya meta es desarrollar un concepto no metafísico de lo estético[38], recae, con el concepto de genio, en la tradicional metafísica del arte. No es posible otra cosa porque no puede darse la estrutura sujeto-objeto en un sentido distinto del metafísico.

La segunda exigencia, en la línea de esa orientación del sujeto hacia su vivencia, la encuentra Lukács en la diferenciación entre el sujeto de la experiencia estética y el sujeto de la experiencia de la realidad diaria. La transformación del «hombre entero» de la realidad vivencial en el «hombre total», el «sujeto normativo de la estética», la concibe Lukács como una especie de proceso de estilización. El «hombre total» significa una reducción de las posibilidades vivenciales del hombre a unos órganos internos de recepción del mundo, determinados y homogeneizados (que no son mis órganos sensoriales ni mis «facultades anímicas»), por cuya reducción puede ser plenamente vivenciado un mundo totalizado y referido a tales órganos» (HÄ, 100). La superación de la alienación no le es posible al sujeto en la experiencia de la realidad diaria, porque la contingencia de lo real ya no está apoyada por un cosmos metafísico. Se necesita, por lo tanto, una «ruptura con la totalidad del ser» (HÄ, 57), para llegar a participar en una vivencia que responda a sus «exigencia inmanentes». Dicho de otra manera: la vivencia estética, en tanto que vivencia no alienada, es sólo posible en un sujeto (el hombre «total», «enteramente»), que se aparta de la realidad contingente y se con-

---

[38] Ver sobre esto la crítica de Lukács al concepto de intuición intelectual de Schelling (*HÄ*, 116 s.).

centra en la posibilidad de una pura vivencia. Lukács caracteriza así la vivencia estética como aquella que, mediante un aislamiento radical frente a la experiencia diaria, reproduce la alienación contra la que se dirige.

Lo soberbio de la *Estética de Heidelberg* lukacsiana radica en la coherencia con la que se piensa hasta el fin la autonomía estética. [«Si se debe preservar la inmanencia completa de la vivencia pura, ese no poder ir más allá del objeto es valorado en su posición como el único existente» (HÄ, 106). Aquí resuenan no sólo pensamientos de Schelling en el sentido de que propiamente hablando sólo hay una única obra de arte, sino que también y ante todo se corta la posibilidad de poder decir algo acerca de la obra concreta de arte. Como «el sentido de la vivencia en cuanto tal radica en no poder ir más allá de sí», resulta imposible decir nada ni sobre la obra de arte ni sobre la vivencia misma, puesto que cualquier afirmación posible abandonaría la inmanencia vivencial, falseándola necesariamente] (ver HÄ, 61). De ahí se sigue que los actos concretos de recepción son incomparables entre sí: «como la forma estética comprende un *contenido vivencial* único y, por ello, *adecuadamente inmediato por principio*, de manera que esa configuración no puede eliminar ni perturbar la vivencia de modo abstracto, y, sin embargo, tiene pretensiones de "universalidad", tal universalidad sólo puede cumplrse con la condición de que los actos subjetivos realizados normativamente, por principio, y en cuanto a los contenidos que corresponden a la norma vigente, están separados entre sí y con relación a la forma y contenido vivenciados, de modo diferenciado e incomparable» (HÄ, 123 s., subrayado mío). No puede formularse de modo más tajante la aporía de una autonomía estética llevada hasta el límite. Ni la vivencia (el acto de «plenitud») puede compararse con la obra («el contenido y forma vivenciados»), ni las vivencias pueden compararse entre sí. Y sólamente esa «diferencia no comparable», así establecida, debe garantizar la universalidad de la experiencia, que no consiste sino en que el sujeto encuentra en la vivencia estética el objeto que le es apropiado. En consecuencia, llega Lukács al final del capítulo sobre la relación sujeto-objeto al siguiente resultado: «la estética tiene una estructura verdaderamente heraclítea, de manera que nadie puede bañarse en ella dos veces» (HÄ, 130). Se confirma así la incomparabilidad de los actos «cumplidos». A ello corresponde una concepción de la obra como «punto nodal de comportamientos heterogéneos» y mero «esquema de vivencia realizables» (HÄ, 129). Sobre la obra de arte sólo puede afirmarse que es obra de arte.

Si es cierto que el esteticismo, precisamente por su intención de exponer puramente lo estético, priva a las obras de contenido, se deberá ver entonces en la *Estética de Heidelberg* de Georg Lukács una especie de paralelo teórico con el esteticismo. Mediante el aislamiento absoluto, tanto de la obra como de la vivencia estética, se extingue el contenido concreto de las obras. Incluso la pregunta por él aparece ilegítima. La pretensión extraordinaria, asignada a la obra de arte, de superar la oposición sujeto-objeto, y por ende la alienación, se consigue sólo al precio de convertirla en mero esquema de una experiencia posible. La radicalización de la autonomía artística, emprendida por Lukács, muestra que la hipóstasis de la obra conduce a su disolución en la recepción. La estética de la recepción es una de las aporías de la estética idealista, y no su superación.

Casi cincuenta años después de escribir la *Estética de Heidelberg*, publica Lukács la primera parte de su monumental *Estética*[39]. Precisamente porque ésta se presenta

---

[39] Cito en lo que sigue según la edición de F. Feher en colaboración con el autor: G. Lukács, *Ästhetik*, 4 vol. Darmstadt/Neuwied, Luchterhand, 1972. La estética de Lukács no ha sido discutida hasta ahora

como una estética sistemática marxista, sorprende la continuidad con los antiguos ensayos basados en la filosofía kantiana y en el vitalismo. No sólo el planteamiento de la *Estética* posterior está diseñado en los esbozos de Heidelberg, sino que también están las categorías con cuya ayuda Lukács formula sus soluciones. En ambos trabajos se trata de «la peculiaridad de lo estético» (tal es el subtítulo de la *Estética*), y en ambos se esfuerza Lukács por delimitar la esfera de lo estético frente a la vida diaria (la realidad vivencial en la anterior terminología) por una parte, y frente a la esfera de lo científico (forma de validez teórica) por otra. Más asombrosa aún que la cercanía de los planteamientos es la de las propuestas de solución[40]. Con ello no queremos negar las importantes diferencias que median entre ambos trabajos, que se deben a eventuales propuestas epistemológicas, pero en esa gran continuidad destaca el teorema central del sujeto-objeto. Ahora bien, no se trata de que un

como merece. Para una valoración de la obra tardía, ver N. Tertulian, *Georges Lukács. Etapes de sa pensée esthétique,* Sycomore, París, 1980, 179-278); por el contrario W. Koepsel expone su balance desde el punto de vista de Adorno: *Die Rezeption der Hegelschen Ästhetik im 20. Jahrhundert,* Bonn, Bouvier, 1975, 145-250.

Puede considerarse un intento de desarrollar la estética del Lukács tardío la *Kritische Theorie des ästhetischen Zeichens* de H. H. Holz, Bertelsmann, Kassel, 1972, I.I-I.86. Apelando a la antropología de H. Plessner y al concepto de modo de Hegel, define Holz la obra de arte como una «exposición no limitada por predicaciones determinadas, como en las descripciones de las ciencias positivas, sino que expresa el modo de aparecer de una cosa» (*ibíd.* I.21).

[40] He aquí algunos ejemplos: A la autoposición absoluta de la obra de arte (HÄ, 111) corresponde en la estética última su «ser para sí» (III, 65) ; a la coincidencia de valor estético y realización del valor (HÄ, 113) corresponde la tesis según la cual lo individual en la obra no admite mayor perfección (III, 54). También reaparece el teorema del hombre «entero» de la experiencia diaria en el hombre «total» de la vivencia estética (HÄ, 99 y II, 194).

fragmento de teoría idealista se haya deslizado de modo desapercibido en el discurso del Lukács maduro, sino que más bien sostiene explícitamente que las categorías de la filosofía idealista encuentran en el arte su objeto apropiado. Su tesis es que «categorías y sus conexiones que, en tanto que principios formativos de la realidad objetiva, tenían que conducir a su distorsión idealista, poseen, aplicados a la estética –mediante las apropiadas delimitaciones y reservas–, una justificación determinada y relativa» (III, 66). La identidad de sujeto y objeto que Lukács critica en su libro sobre Hegel como «fantasía»[41], se presenta en la Estética como la categoría apropiada para la comprensión de la obra de arte (III, 68). Como quiera que Lukács apela así explícitamente a una categoría idealista, y una de las más cargadas metafísicamente, tiene poco sentido tacharle de idealista, y habrá más bien que intentar comprender su pensamiento.

Partiendo de la idea materialista según la cual en el proceso de trabajo, sujeto y objeto están ya mediados, se pregunta por la forma peculiar del objeto estético. Para contestar a tal pregunta distingue entre trabajo y producción artística: «Mientras que en el trabajo se trata de una relación práctica del sujeto con la realidad objetiva, de manera que la unidad del acto es sólo el principio unificador del proceso mismo de trabajo, y por ello su cumplimiento hace perder su significación para recobrarla en una nueva ocasión, recibe esa unidad en el arte su propia objetivación; tanto el acto mismo como la necesidad social que lo sucita, tienden al mantenimiento, fijeza y eternización de esa relación del hombre con la realidad» (II, 95).

En el trabajo, la unidad de sujeto y objeto está sólo presente como «principio mantenedor» en el proceso

---

[41] G. Lukács, *Der junge Hegel*, 424.

mismo, sin adquirir objetividad propia; lo que es precisamente el caso en el acto estético. Mientras que en el producto del trabajo no hay unidad sujeto-objeto, tal categoría sí afecta a la obra de arte. Se puede entonces decir que, según Lukács, las obras de arte son aquellos productos de la actividad humana en los que la unidad de sujeto y objeto, que en otros casos sólo afecta al proceso, se mantiene y se objetiva.

Esta teoría sólo es comprensible en conexión con las experiencias modernas de la alienación. En la medida en la que la creciente división del trabajo hace imposible la realización del hombre en el trabajo, surge la necesidad (primero en las capas distinguidas por sus bienes y su cultura) de experimentar la propia existencia como algo dotado de sentido, asegurando así la unidad del yo y el mundo. Si se prolonga este pensamiento se va a parar a la equivalencia funcional de arte autónomo y religión, o, en otras palabras, se llega a una explicación histórica de la estética idealista. Para que el arte, en tanto que unidad representada del hombre y el mundo, y, por lo tanto, como esquema de reconciliación, pueda actuar, tiene que haber perdido la religión, al menos en parte, su pretensión de validez. Sin embargo, Lukács no pretende comprender históricamente la función del arte en la sociedad burguesa, sino resolver el problema sistemático de la peculiaridad de lo estético. Esto le lleva a convertir la cuestión de la unidad de la experiencia humana, que, por las razones indicadas, anima el pensamiento en la época de la transición de la sociedad feudal a la burguesa, en una «necesidad intemporal de lo estético» (II, 94). A esa tendencia a ampliar constelaciones de problemas históricos a cuestiones humanas universales, corresponde el discurso de la misión «desfetichizadora» del arte (II, 234 s.). Supone que el concepto de fetichismo, aplicado por Marx a una formación histórica determinada, se amplía suprahistóricamente[42]. El arte asume así un «papel de regulador, de médico de ciertas enfermedades del progreso» (III,17). Aun cuando se sustituya esa poco feliz terminología, y se hable de efectos secundarios no deseados del progreso en lugar de enfermedades, tal concepción sigue siendo problemática en muchos sentidos. Tan comprensible es que Lukács vea en la crítica a la racionalidad, virtualmente contenida en la crítica a la alienación, una amenaza al proceso de modernización, como que el peligro de irracionalismo apenas pueda desterrarse, minimizando la alienación que conforma la vida real de la mayoría de los hombres en la moderna sociedad industrial, y, frente al proceso de racionalización (Lukács habla de desantropomorfización)[43], se equipare la comprensión dialéctica con progreso y humanización (I, 106). Donde la racionalidad se cierra a experiencias que dan acceso a la vida del hombre, se fomenta el poder ciego de lo irracional. Por lo que respecta a la función del arte señalada por Lukács, se incluye el concepto idealista de la reconciliación. Pero, mientras que la categoría idealista supone la escisión del hombre moderno, en Lukács –de acuerdo con su tendencia a la generalización histórica– queda este fundamento histórico de la categoría en el trasfondo. Casi está uno tentado de decir que el concepto idealista de reconcilia-

---

[42] Procedimiento que recuerda a Georg Simmel quien reformula el teorema marxista de la ruptura de las relaciones de producción por las fuerzas productivas, desde el punto de vista del vitalismo como la «lucha de la vida contra la forma» : *Der Konflikt der modernen Kultur,* 1918, en: *Das individuelle Gesetz...* ed. M. Landmann, Frankfurt, Suhrkamp, 1968, 148-173; aquí: 150.

[43] Lukács habla de desantropomorfización porque una «captación de la realidad objetiva verdaderamente científica sólo es posible mediante una ruptura radical con la intuición personal y antropomorfa» (I, 61).

ción queda rebajado al inespecífico de compensación. Es compensación un concepto no específico porque de ninguna manera puede sólo el arte neutralizar los «efectos secundarios» del proceso de modernización.

El pensamiento, seductor a primera vista, según el cual, las categorías de la filosofía idealista no tendrían su campo de validez en la realidad, sino en el arte, no nos saca del campo delimitado por la estética idealista. Por más que Lukács determine con más precisión de lo que se ha hecho antes las categorías estéticas concretas (por ejemplo en la aplicación a la obra de arte del concepto de ser para sí), sigue permaneciendo en el campo de la institución arte. No quiere aceptar que tal marco ha sido sacudido por el desarrollo histórico. Lukács, en quien una generación entera de marxistas hegelianos ha aprendido los principios de la crítica dialéctica, no ha aplicado ese proceso a las categorías de la estética idealista. La razón de ello está ante todo en su negativa a entender los movimientos artísticos modernos y vanguardistas como desarrollos históricos que también modifican el concepto mismo de arte.

5. Primera consideración intermedia: desdiferenciación o autonomía del arte

La nueva mitología no se ha incorporado a la realidad. Antes bien, la idea de reconciliación que está en su base ha sido asumida en la estética idealista y, al mismo tiempo, neutralizada. Schelling define la mitología como «el conjunto de la poesía divina» (PhdK 37; 49) y a los dioses como «las configuraciones unitarias de lo universal y lo singular... consideradas realmente» (PhdK 27; 34). Esto corresponde a la definición de la obra simbólica de arte de la estética idealista, que se descubre así como la teoría de un mundo divino ausente. En la medida en la que en la obra de arte simbólica «lo universal no significa lo particular, ni lo particular significa lo universal» (PhdK 39, 55), se concibe como el esquema de una experiencia que funda la unidad. Así asume la estética idealista la idea de la identidad de la nueva mitología. Pero al mismo tiempo la neutraliza, rompe su arista antimoderna, al renunciar a la idea de la validez obligatoria universal, haciendo del individuo aislado el único y legítimo portador de la experiencia estética.

Nuestra crítica a los conceptos de la intuición intelectual y la nueva mitología, podrían conducir a la siguiente reflexión: hemos distinguido entre el ansia legítima de unidad que para la subjetividad moderna es algo tan constitutivo como el pensar del entendimiento, y la falsa esperanza de realización en el terreno de una sociedad moderna organizada según la división del trabajo, sin tener que pagar el precio de la recaída en la coacción del pensamiento y la fe. Cuando tal crítica encuentra los peligros inherentes al concepto de la nueva mitología, y cuando además esos peligros pueden ser históricamente reales en el marco de las condiciones de la época, porque están anclados en la estructura de la subjetividad burguesa, entonces se presenta la idea de si no constituiría la creación de una institución autónoma del arte la solución del problema. No habría de funcionar la institución arte como en la sociedad tradicional lo hacía la religión, que abarcaba e impregnaba todas las actividades, sino como una institución junto a las otras. Su función consistiría en satisfacer imaginariamente la nostalgia de unidad del moderno individuo burgués. En la obra simbólica de arte, como sostienen las tesis de la estética idealista, las contradicciones que experimenta dolorosamente el sujeto moderno y que remiten en último término a la separación del hombre y la naturaleza, se reconcilian de un modo que no tiene consecuencias inmediatas para la praxis diaria de los individuos.

Si se parte de que la realización de esa ansia de unidad no es pensable en el marco de una nueva mitología sin una regresión, entonces aparecerá la institucionalización de una esfera autónoma del arte como la única solución practicable, en la medida en la que trabajará los problemas consecuentes al proceso de modernización (el sufrimiento del individuo por la unidad ausente), de manera que el proceso mismo de modernización no sea así amenazado. Y en la medida en la que se tenga por real el peligro de una recaída en comportamientos premodernos (por ejemplo en la experiencia del nacionalsocialismo en Alemania), se tenderá a aceptar la institución arte dominante. Tal es la postura teórica de Jürgen Habermas, quien critica la intención vanguardista de una reconducción del arte a la praxis de la vida, que ya se daba en la tradición del primer romanticismo, como una falsa superación de la autonomía del arte, porque sospecha que se da ahí el peligro de regresión. «Cuando la revuelta surrealista rompe las vasijas de una esfera cultural desarrollada tenazmente, se desparraman los contenidos; no queda nada fuera de un sentido desublimado ni de una forma desestructurada, y no se ejerce una acción liberadora»[44].

[44] J. Habermas, *Die Moderne, ein unvollendetes Projekt*, en: Die Zeit, 39 (19-9-1980), 48. Ver también mi polémica con las tesis de Habermas: *The significance of the Avantgarde for contemporary Aesthetics. A reply to J. Habermas*, en: New German Critique, 22 (invierno 1981), 19-22, así como el informe de A. Huyssen en el mismo número (*ibíd.* 23-40). En su *Theorie des kommunikativen Handelns* (Frankfurt, Suhrkamp, 1981) ha precisado Habermas las consecuencias teóricas de su teoría de la modernidad, según las cuales al arte devenido autónomo corresponde la intensificación cada vez mayor de la experiencia estética: «la subjetividad se libera aquí de las convenciones de la percepción diaria y de la actividad según fines, de los imperativos del trabajo y de la utilidad» (Vol. II, 584).

Las afirmaciones de Habermas son también una contestación a las conclusiones excesivas que Herbert Marcuse sacó en 1969, bajo el influjo del movimiento estudiantil americano y los sucesos del mayo francés, de su crítica de la cultura burguesa, formulada ya en los años treinta[45]. Apelando al primer surrealismo, propone Marcuse que la praxis estética que se ha configurado como un ámbito especial dentro y contra la sociedad burguesa racionalmente organizada, pueda convertirse en principio de organización de una praxis social no alienada. Marcuse mismo renunció ciertamente ya en 1973, ante los momentos regresivos del movimiento estudiantil, a sus esperanzas en una revolución cultural bajo la enseña de la sensibilización universal, y ha insistido en *Contrarrevolución y revuelta* de nuevo en la necesidad de una esfera autónoma del arte. Manifiesta ahora su temor de que, con el intento de absorber el arte en la praxis de la vida diaria, pudieran ser nivelados los últimos restos de una crítica radical a la sociedad vigente. «La abolición de la forma estética, la idea de que el arte puede convertirse en componente de una praxis revolucionaria y prerrevolucionaria...tal idea es falsa y represiva»[46]. Habermas comparte la postura del último Marcuse sobre la autonomía estética, cuando escribe: «El intento radical de superación del arte justifica irónicamente aquellas categorías con las que la estética clásica circunscribió su dominio de objetos»[47].

---

[45] Ver H. Marcuse, *Über den affirmativen Charakter der Kultur (1937)*, en: *Kultur und Gesellschaft I*, Frankfurt, Suhrkamp, 1965, 56-101; así como H. Marcuse, *Versuch über die Befreiung* (Suhrkamp). Frankfurt 1969.

[46] H. Marcuse, *Konterrevolution und Revolte*, Frankfurt, Suhrkamp, 1973, 126.

[47] J. Habermas, *Die Moderne*, 48.

A primera vista parece seductora la idea de regresar a la estética idealista como consecuencia de una crítica al pensamiento a favor de la unidad del primer romanticismo y de la desdiferenciación de arte y praxis vital de las vanguardias. Sin embargo, ello suscita por lo menos dos importantes problemas. Por una parte puede canalizar la crítica de la alienación formulada por Rousseau, pero no la convierte en punto de arranque de una acción rica en consecuencias prácticas. Por otra parte, con una simple vuelta a la estética idealista no se aprovecha la presión del potencial de las vanguardias por una transformación de la institución arte. Tal potencial no queda históricamente juzgado por el hecho del fracaso de la pretensión superadora de las vanguardias. De la misma manera que la solución de los problemas actuales en torno a una naturaleza expoliada en sus recursos naturales hasta la destrucción, no se deduce de la polémica romántica contra el pensamiento intelectual, tampoco después de las vanguardias puede la estética idealista pretender imperturbable la validez normativa en la producción y la recepción del arte.

Apelar a la pretensión de superación del arte de las vanguardias no puede significar hoy ni la creación de una nueva mitología, de una cosmovisión estética con validez universal, ni hacer de lo que en el curso del desarrollo histórico se ha separado como lo estético, el principio de la conducción práctica de la vida, como querían los surrealistas. Ambos intentos carecen de las mediaciones de la sociedad moderna. Sin embargo, sí mantienen un momento de verdad que no conserva la institución arte dominante: la necesidad de una ruptura reflexiva de la autonomía artística. Las aporías en las que se enreda la búsqueda de la pureza de lo estético han quedado de manifiesto en la *Estética de Heidelberg* de Lukács. Pero esto significa que hoy el arte vive de la relación con los dominios de lo teórico y lo moral-práctico, sin por ello desembocar en la ordenación teórica o moral. Siguiendo una oposición de conceptos, tomada de Ernst Bloch, podríamos decir: en lugar de una superación inmediata (según el modelo romántico y surrealista), se impone una superación mediata[48]. La tensión entre autonomía estética y pretensión de superación, en la que actualmente está el arte, no se resuelve sin pérdida inclinándose tajantemente a uno u otro lado. Tiene que ser gestada en la producción, en la recepción y en la reflexión teórica.

---

[48] Bloch distingue entre «montaje inmediato» y «montaje mediato» (*Erbschaft dieser Zeit,* Frankfurt, Suhrkamp, 1977, 221-228).

II

Sobre algunas categorías de la estética idealista

1. Observación preliminar: argumentos a favor de una «referencia a las categorías tradicionales»

El discurso sobre el arte se sitúa hoy ante un dilema que, esquemáticamente, se puede caracterizar del modo siguiente: por una parte sigue constituyendo la estética idealista, si no como totalidad sí con algunos de sus teoremas, el horizonte normativo de la crítica y la teoría de la literatura y de las artes (en los casos en que no tienen una orientación puramente historicista o positivista); por otra parte, predomina entre los que se ocupan de la estética filosófica la tesis que preconiza el fin de la estética. Emplean el argumento de que la estética considera el arte como la actualización del absoluto en el medio de la apariencia sensible, y por lo tanto no se adapta al arte moderno[1]. Sin embargo Adorno ha intervenido expresamente en favor de una «refe-

---

[1] Ver W. Oelmüller, *Einleitung*, en: F. Th. Vischer, *Über das Erhabene und Komische...*, Frankfurt, Suhrkamp, 1967, 34 s., así como la nota por la que J. Ritter terció en la discusión (Phil. Hahrbuch 1970, 426) a la que se adhiere G. Oesterle en su *Entwurf einer Monographie des ästhetisch Hässlichen*, en: *Zur Modernität der Romantik*, ed. D. Bänsch, Stuttgart, Metzler, 1977; 219.

rencia a las categorías tradicionales», porque «sólo la reflexión sobre tales categorías permitirá llevar la experiencia artística a la teoría. La transformación de esas categorías, producida y expresada por esa reflexión, hará que la experiencia histórica ingrese en la teoría» (Ät, 393). Evidentemente se le presenta a Adorno un proceso en el que la experiencia artística y la teoría estética se iluminan mutuamente. Como quiera que las reflexiones que siguen van a desarrollarse en parte en polémica con Adorno, me parece importante subrayar esta base común: la influencia actual de la estética idealista. Sería un error considerar la estética idealista sólo como solución metafísica del problema de la relación sujeto-objeto en la filosofía que va de Kant a Hegel; realmente dice cosas sobre su objeto, el arte. Pero lo hace de manera distorsionada, ya que considera el arte como paradigma de la reconciliación de las contradicciones reales. Por lo mismo surge la necesidad de una crítica de las categorías centrales de la estética idealista[2], y en eso vamos más allá de Adorno. Tal crítica necesita encontrar un lugar histórico en el que anclarse. Y yo creo haberlo encontrado en los movimientos de las vanguardias. Me parece un intento menos enriquecedor el opuesto de pensar el arte a partir de modo inmediato de la praxis artística contemporánea.

Quisiera empezar explicando las razones por las que me parece que todavía tiene sentido plantear la reflexión estética a partir de las categorías de la estética idealista. El argumento utilizado por los defensores de la tesis contraria dice así: la estética idealista considera la obra de arte como re-

---

[2] Para la crítica de la categoría de intuición ver P. Bürger, *Zur Geschichtlichkeit von Anschauung/Anschaulichkeit als ästhetische Kategorie*, en: W. Oelmüller (ed.), *Kolloquium Kunst und Philosophie I: Ästhetische erfahrung*, Paderborn, Schöningh, 1981, 41-49; otras posturas en: *Anschauung als ästhetische Kategorie* (1980).

presentación sensible del absoluto, como reconciliación de las contradicciones; y como el arte moderno ya no es eso, sino más bien ruptura, contradicción, protesta, no puede ser entendido adecuadamente con los conceptos de la estética idealista. Tal argumento reduce la estética idealista a su condición de paradigma de la reconciliación, pero con ello se alude sólo a uno de sus momentos. Y la necesidad de criticar ese momento no implica que la estética idealista en su conjunto sea incapaz de comprender la praxis artística actual. Pero además hay que añadir que la estética idealista no es mera reconciliación sino que establece una relación entre las contradicciones reales de la sociedad burguesa y el arte, y ahí radica su fuerza. Desde las primeras formulaciones de la estética de la autonomía por Karl Philipp Moritz y por Schiller, se concibe el arte como crítica de la alienación. Si se abandona la estética idealista se pierde esa relación. Y, finalmente, me parece una suposición errónea que se pueda decidir como obsoleta una tradición todavía vigorosa[3]. Tales declaraciones no impiden que regrese lo que se supone expulsado. No sólo las manifestaciones sobre el arte de los propios artistas confirman la asombrosa capacidad de resistencia de las categorías de la estética idealista. Desde que las anti-obras de las vanguardias han entrado en los museos no se puede negar la relativa estabilidad de la institución arte. No se puede polemizar con la tradición a partir del gesto que pretende un comienzo nuevo y absoluto. Si se acepta que la estética idealista constituye el mundo normativo de la institución arte, tendrá que admitirse que

---

[3] Cuando O. K. Werckmeister defiende la tesis según la cual la estética filosófica es en último término el resultado de una experiencia artística personal de sus autores, justificando así su aversión por ellos, me parece que sobreestima ese momento subjetivo, sin duda real, *Von der Ästhetik zur Ideologiekritik,* en: *Ende der Ästhetik,* Frankfurt, Fischer, 1972, 57-85.

toda discusión con esa institución tendrá que darse como crítica de las categorías de la estética idealista[4].

Dos posiciones, encontradas, se han ocupado sobre todo en nuestro siglo de las categorías de las estética idealista: mientras que teóricos como Lukács se han atenido a ella de forma ininterrumpida, otros han propugnado su abandono (ver Excurso I). El presente ensayo intenta, a su vez, su transformación por la crítica. Una teoría estética apeada del cielo de la metafísica idealista del arte no hipostasiará la obra como el lugar de revelación del absoluto, pero tampoco la convertirá en un esquema vacío de experiencias individuales de recepción. En lugar de la unidad inmediata de lo particular y lo universal pondrá la relación articulada de ambos. En consecuencia no entenderá la producción estética como actividad del genio sino como un tipo de trabajo social. Y también someterá a crítica la concepción tradicional de la recepción como contemplación. Si se penetra en la confrontación aislada entre el receptor y la objetivación artística, quedará libre el camino de las mediaciones sociales que actúan en el acto de recepción. Una recepción no limitada a la interioridad subjetiva podrá determinarse como utilización colectiva, no en el sentido de un uso utilitario a corto plazo sino en el de una apertura del mundo[5].

---

[4] Una tentativa que no ha merecido mucha atención, de abandono total de los fundamentos de la estética idealista es la realizada por G. della Volpe en su *Crítica del gusto* (Milán, Feltrinelli, 1966; trad. cast.: Barcelona, Seix-Barral, 1966). Desmarcándose claramente de la estética irracional de Croce, insiste en el carácter conceptual del «discurso poético» a fin de determinar, con el apoyo de lingüistas, especialmente de Hjelmslev, el carácter particular de tal tipo de discurso. Me parece sin embargo que con el criterio de independencia con relación al contexto, recurre inconscientemente a las ideas de la estética autónoma.

[5] W. Heise da en *Zur Fragestellung* (en: J. Kuczynski, *Bild und Begriff. Studien über die Beziehungen zwischen Kunst und Wissenschaft.*

2. ¿Salvación de la apariencia?[6]

Adorno ha desarrollado en su *Teoría Estética* la dialéctica de la apariencia. En primer lugar determina la apariencia como el carácter esencial del arte (ÄT, 122-134); constata en un segundo paso la «crisis de la apariencia» (ÄT, 154 s.), y, finalmente, se pronuncia enfáticamente por su salvación (ÄT, 163 s.). Quiero indicar primero en qué se distingue mi ensayo del de Adorno: 1. Frente a Adorno, no se trata para mí de proceder a una determinación de la esencia del arte, sino de preguntar: ¿cómo podemos hoy pensar el arte después de las vanguardias históricas? 2. La crisis de la apariencia, certificada con razón por Adorno, hace que su sal-

---

Berlin/Weimar, Aufbau/Verlag, 1975, 424-446) argumentos en favor de una rehabilitación de la categoría de la utilización en el campo de la recepción artística. Por el contrario, en un libro colectivo, publicado también bajo la dirección de E. Pracht, igualmente en la RDA, *Ästhetik heute*, la «relación estética» se define, por contraste con la «utilidad instrumental inmediata», distinta según los autores de una «utilización no materialmente objetiva», es decir, «una utilización espiritual y comunicativa», como «relación relativamente independiente de una finalidad». En L. Kühne (*Gegenstand und Raum. Über die Historizität des Ästhetischen*, Dresde, VEB Verlag der Kunst, 1981) puede encontrarse una crítica de tal postura. Hay en la RDA un debate sobre la introducción de la categoría de la utilización en estética. Mientras que los autores formados en la tradición idealista siguen apegados al concepto kantiano de independencia de un fin, otros quieren sustituirlo por el de utilización.

[6] Ver sobre el mismo tema: G. Figal/ H.G. Flickinger, *Die Aufhebung des schönen Scheins. Schöne und nicht mehr schöne Kunst im Anschluss an Hegel und Adorno*, en: Hegel-Studien (1979), así como H. H. Ewers (*Die schöne Individualität. Zur Genesis des bürgerlichen Kunstideals*, Stuttgart, Metzler, 1978). Partiendo de los *Grundrissen* de Marx, Ewers trata de utilizar la apariencia como una categoría de la crítica de la sociedad y entiende el ideal artístico como la «forma más extrema, ya insuperable, de la autonomía a la que ha accedido la superficialidad de la sociedad burguesa» (*ibíd.* 264).

vación sea mucho más difícil de lo que está dispuesto a admitir. Su argumento, según el cual el arte es apariencia o no es nada, pretende forzar la salvación de la apariencia. Sospecho que esa lógica del «o bien... o bien» no es la apropiada. 3. La categoría de la apariencia es, en Adorno, de una extremada riqueza de determinaciones. Se relaciona con casi todos los conceptos centrales de su estética; y por eso hay un riesgo de que pierda precisión. Si queremos discutir la utilidad de tal categoría, deberemos investigar su desarrollo contradictorio en las diferentes formulaciones que ha revestido a lo largo de la estética idealista y ponerlas en relación con las actuales experiencias sociales y estéticas.

La *Crítica del Juicio* de Kant se distingue de las posteriores, y numerosas, fórmulas de la estética idealista, entre otras cosas, porque no plantea determinar en primer término una clase delimitada de objetos estéticos, sino que traslada el problema al lado del sujeto contemplador o juzgante. Schiller, en sus Cartas de *Kallias*, recoge la propuesta kantiana y dice que lo estético es un «modo de juzgar», caracterizado por una «actitud como si» por parte del espectador. Eso es lo que significa la fórmula, tantas veces citada, de «la belleza como libertad en la apariencia»[7]. La libertad, es decir, la autodeterminación, no pertenece en sentido estricto ni a los «seres naturales» ni a los productos humanos, sino que sólo les es «atribuida», «prestada». La contemplación estética es aquella que se enfrenta a un objeto como si estuviera determinado por sí mismo: «puesto que lo que importa aquí es que un objeto aparezca libre, no que lo sea realmente; de este modo esa analogía de un objeto con la forma de la razón práctica no significa libertad real sino

---

[7] F. Schiller, *Sämtliche Werke*, ed. G. Fricke/H.G. Göpfert, vol. V, München, Hanser, 1967, 400; las citas siguientes remiten a esta edición.

sólo *libertad en la apariencia, autonomía en la apariencia*» (V, 400).

Si se busca en el texto de Schiller dónde sitúa lo estético, en el objeto o en el espectador, se observará una curiosa oscilación. Por una parte se concibe lo estético como un «modo de juzgar»; pero en otros lugares parece que Schiller argumenta desde el objeto (ver las explicaciones sobre la «naturaleza de un jarrón», V, 412). Esta oscilación indica que Schiller no quiere situar lo estético ni en el contemplador ni en el objeto, sino entre ambos. La categoría de la apariencia tendría entonces la función de concebir lo estético como algo que se constituye *entre el contemplador y el objeto*. «La libertad en la apariencia no es por lo tanto otra cosa que la autodeterminación en una cosa, en tanto que ella se manifiesta a nuestra intuición» (V, 401). La fórmula inhabitual «autodeterminación en una cosa» se puede interpretar como equivalente verbal de la idea según la cual la «autodeterminación no pertenece ni al objeto ni le es meramente atribuida, sino que es percibida en él por el espectador. El hecho de que precisamente Adorno emplea con frecuencia el sintagma «en las obras de arte», estaría en conexión inmediata con su preocupación por la salvación de la apariencia[8]. Así, consecuentemente, se esboza una estética de la instantaneidad, como hace Adorno recogiendo motivos benjaminianos, cuando determina las obras de arte como epifanías y como *aparición* (ÄT, 125, 129 s.).

Si se reconstruyen las ideas del texto de Schiller de la manera indicada, se percibirá, tanto su momento de verdad como su momento de no-verdad, que ha puesto de manifiesto el desarrollo de la institución arte en la sociedad

---

[8] Ver por ejemplo: «El instante de la expresión en las obras de arte» (ÄT, 123); también: «el instante de la aparición en las obras» (ÄT, 124); «la conciencia preartística en las obras de arte» (ÄT, 126).

burguesa. Determinar lo estético como algo que se constituye entre el objeto y el espectador y que, por ello, no puede ser atribuido a ninguno de ambos lados, representa seguramente un paso importante para una concepción dialéctica del fenómeno estudiado. Pero hay que ver también el alto precio que Schiller paga por esta intuición. Podría hablarse a este respecto de una automistificación del «esteta». La actividad estética la determina Schiller de modo negativo como «la abstracción completa de toda causa determinante» (V, 402). Exige del espectador contemplar las cosas de manera diferente a la que son: «No hay ningún objeto en la naturaleza, y mucho menos en el arte, que esté libre de finalidad y de reglas, ninguno *que se determine por sí mismo*. Todos se determinan por otro y, al estar causados por otro, no tienen autonomía» (*ibíd.*). Con otras palabras: la actitud estética disimula siempre algo. Con arreglo a la dialéctica sujeto-objeto que subyace a la teoría de la apariencia de Schiller, lo mismo debe exigirse de la obra de arte. «El producto bello puede y debe obedecer a una regla; pero tiene que *aparecer libre de reglas*» (*ibíd.*). No sólo se disimula la regla por parte del productor (lo que revela el clasicismo de Schiller, aunque la cuestión tenga un interés teórico menor), sino el hecho de que el producto artístico es algo fabricado. Se disimula el *trabajo*. Y por parte del receptor se disimula la actividad de apropiación. Ahora bien, como la obra es el resultado de un trabajo, la apropiación no puede consistir en el acto inmediato, tal como aparece al receptor familiarizado con la estética[9]. Puesto que supone una competencia estética.

---

[9] Sobre esto ha insistido Pierre Bourdieu: «las personas cultivadas son los indígenas de las esferas superiores de la cultura y tienden por ello a una especie de etnocentrismo, que podría llamarse etnocentrismo de clase». (*Elemente zu einer soziologischen Theorie der Kunstwahr-*

Como quiera que la reflexión actual muestra, en su discurso sobre la apariencia estética, la ocultación del trabajo por parte del productor y del receptor en tanto que momento ideológico, no hace con esto más que seguir lo que ha dejado conocer el desarrollo del arte en la sociedad burguesa, sobre todo desde las vanguardias históricas. El trabajo del productor se revela en el montaje. Cuando el artista integra en su cuadro deshechos de la vida diaria –billetes de transporte, botones, tapas de cajetillas– renunciando provocadoramente a la elaboración de los elementos de la obra, hace aparecer precisamente así su carácter de cosa fabricada. Difícilmente puede decirse que parezca algo dado naturalmente. Que la ilusión de la inmediatez de la experiencia estética oculte el proceso de trabajo por parte del receptor es algo que ha puesto en claro el hermetismo del arte moderno. Cuanto más se aleja la pintura de la representación figurativa, y la literatura del modo narrativo tradicional, tanto más requiere la apropiación de las obras de una socialización estética especial[10].

En sus *Cartas sobre la educación estética del hombre* ha desarrollado Schiller una teoría de la apariencia estética que difiere esencialmente de la expuesta en las cartas de *Kallias*. En *Kallias* se trata de un planteamiento sistemático, formulado en conexión con Kant. Schiller se interroga sobre la relación de lo estético y la razón teórica y práctica (ver carta 2.ª, V, 396 s.). Como hemos visto se introduce la apariencia como una categoría de mediación entre el obje-

---

nehmung, en: *Seminar: Literatur und Kunstsoziologie,* ed. P. Bürger, Frankfurt, Suhrkamp, 1978, 418-457, aquí 421.

[10] Habría que estudiar esta socialización estética no como parte de una didáctica separada de la ciencia del arte o de la literatura, sino, por medio de las distinciones que ella crea y que son específicas de una clase social, como parte de la historia de la función que cumplen las artes.

to (estético) y el espectador. En las cartas *Sobre la educación estética* procede Schiller de otro modo. No hay ahora un planteamiento sistemático sino otro en el plano de la teoría de la cultura. Se concibe la experiencia como el primer paso en el camino de la cultura, como «una entrada en la humanidad».

«De este modo, en tanto que la necesidad de realidad y el apego a lo real no son sino consecuencias de la indigencia, la indiferencia por lo real y el interés por la apariencia constituyen una verdadera ampliación de la humanidad y un paso decisivo a favor de la cultura» (carta 26.ª, V, 656).

Sólo cuando se han satisfecho las necesidades primarias de la conservación y la reproducción de la vida, aparecen las necesidades secundarias (culturales), «la alegría sentida en la apariencia, la inclinación por el adorno, y el *juego*». Sólo entonces «despliega la imaginación su capacidad, sin trabas». «En el momento en el que el hombre es capaz de distinguir la apariencia de la realidad y la forma del cuerpo, también será capaz de proceder a su separación» (V, 657 s.). Y esa separación, esa constitución de un «mundo de apariencia» es lo que Schiller se propone.

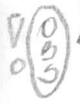

«Como toda existencia real procede de la naturaleza en tanto que poder ajeno, pero toda apariencia deriva originariamente del hombre en tanto que sujeto que imagina, no hace éste más que usar de su derecho absoluto de propiedad cuando separa la apariencia de la esencia, procediendo según sus propias leyes. Puede, con irrestricta libertad, unir lo que la naturaleza separó, sólo con realizarlo mentalmente, y separar lo que la naturaleza unió, por simple efectuación de su entendimiento. Nada hay para él sagrado sino su propia ley, con la única condición de tener en cuenta la frontera que separa su propio dominio de la existencia de las cosas y el dominio de la naturaleza» (V, 658).

La libertad sin restricciones de la imaginación sólo está sometida a una condición: la de no sobrepasar su propio «dominio». La autonomía del arte en tanto que apariencia debe garantizarla su libertad; para ello tiene que separarse de la «existencia». Schiller se lamenta expresamente de que «no hemos separado suficientemente la existencia de la apariencia, asegurando así *para siempre* sus límites» (V, 661, subrayado mío).

La teoría estética desarrollada aquí por Schiller descansa en una oposición fundamental. Por una parte está la realidad, el cuerpo, la naturaleza en tanto que poder ajeno; por otra parte está la apariencia, la forma, el hombre y la libertad. La categoría de la apariencia, que en las cartas de *Kallias* actúa de mediadora entre el espectador y el objeto (estético), se desplaza enteramente del lado del sujeto, cuya libre productividad señala. Si en las cartas de *Kallias* se diseña un determinado tipo de mediación entre sujeto y objeto, si bien bajo la ocultación del trabajo, ahora ambas partes quedan simplemente una junto a otra. El hecho de que Schiller subraye tan enérgicamente la frontera existente entre ambos mundos los deja enfrentados en una rígida oposición[11].

La propuesta de Schiller de calificar las necesidades culturales como secundarias, introduce una teoría acerca de la relación entre ambos tipos de necesidades, una teoría funcional de la cultura. Pero es imposible desarrollar tal teoría en el marco establecido por Schiller. Como el esfuerzo teórico se dirige sobre todo a asegurar la autonomía de la apariencia, resulta difícil pensar que la apariencia produzca un efecto en la realidad. Por lo que respecta a la función social del arte, Schiller entra en contradicción con sus propios supuestos.

---

[11] Para una crítica de ello ver H. Marcuse, *Über den affirmativen Charakter der Kultur*, en: *Kultur und Gesellschaft I,* Frankfurt, Suhrkamp, 1965, 56-101.

«La humanidad ha perdido su dignidad, pero el arte la ha salvado y la conserva en piedras llenas de significado; la verdad sobrevive en la ilusión y a partir de la copia restableceremos el modelo» (Carta 9.ª; V, 594).

Mientras que Schiller, en su teoría de la apariencia estética, la separa y delimita –no sin cierta aprensión– tanto de la verdad teórica como de la verdad de las costumbres, porque no quisiera que ninguna de estas verdades se sintiese amenazada, ahora la «ilusión» del arte se remite a un concepto enfático de verdad. Y, si bien en los textos citados marca expresamente las fronteras con la realidad, sin permitir mediación alguna entre los mundos de la apariencia y de la existencia, aquí se atribuye al arte la tarea de intervenir en la realidad conformándola. Sin duda tiene este texto unas resonancias, podríamos decir, proféticas. No se entiende el arte en el sentido en el que la Ilustración entendía su papel de intervención. Sin embargo, hay que subrayar que Schiller relaciona la apariencia estética, la ilusión, con un concepto de verdad que supone unas relaciones interhumanas diferentes de las que predominan. Es imposible conectar esto con la emancipación esteticista de iluminaciones fulgurantes, aunque vacías, que pudieran desarrollarse a partir del concepto de apariencia de las cartas de *Kallias*. Imposible también pensar en esto de modo conjunto con el enfoque de oposición no dialéctica con el que Schiller trata la relación entre apariencia y realidad en la 26.ª carta de la *Educación estética*.

El problema central de la teoría schilleriana de la apariencia estética lo hacemos consistir pues en su oposición abrupta a la realidad, de donde resulta esa idealidad abstracta que caracteriza la idea del arte en la sociedad burguesa y que el propio desarrollo del arte ha sometido a una crítica radical. Pero también hemos visto que tal teoría no se compadece con otros motivos del pensamiento de Schiller que no defienden una separación estanca entre apariencia estética y realidad, sino que sitúan a ambos en una relación mutua productiva. Ahora bien, en una teoría de la apariencia estética sólo pueden formularse tales motivos si se entiende la apariencia como un momento de la realidad. Ese es el caso de Hegel. Mientras que evidentemente Schiller se apoya en la separación kantiana de apariencia y cosa en sí (al menos en la estructura de su argumentación), Hegel dice: «la apariencia es en general la verdad del ser y una determinación suya más rica» (*Enciclopedia* I, 131, adición), enfrentándose así a la tesis de que algo pueda ser «sólo apariencia». En la medida en que para Hegel la esencia no se encuentra detrás, o más allá, de la apariencia, se ratifica ésta como un momento de la esencia. «Así la *apariencia* es esencial a la esencia; no habría verdad si no apareciese, si no fuese *para* algo o alguien» (*Estética* I, 19).

Pese a esta revalorización de la apariencia, Hegel considera necesario discutir el reproche tradicional que se hace al arte de ser ilusión. Lo hace retorciendo el argumento, considerando el mundo empírico como ilusión, puesto que en él no se encuentra «la verdadera realidad».

«Sin duda la realidad esencial aparece también en el mundo ordinario exterior e interior, aunque bajo la figura de un caos de azares, deformada por las sensaciones inmediatas y sometida a la arbitrariedad de situaciones, incidentes, caracteres, etc. El arte retira del contenido verdadero de las apariencias lo ilusorio y aparencial de ese mundo malo y efímero, y le confiere una realidad espiritual más alta» (*Estética* I, 20).

Como quiera que en el mundo empírico la esencia no se manifiesta de modo puro sino mezclada con lo inesencial, pero ofreciéndose al mismo tiempo como lo real y verdadero, el mundo es ilusión. El arte, por el contrario, no engaña; se da a conocer como apariencia, pero una apariencia «que abre un camino de sentido y señala hacia algo espiritual que en ella se representa» (*ibíd.* 20 s.). La apa-

riencia estética se determina pues en Hegel como algo sensible que remite a algo espiritual.

«Así lo sensible en la obra de arte, en comparación con las cosas naturales que existen de modo inmediato, se eleva a la mera *apariencia,* y la obra de arte se encuentra a *medio camino* entre la sensibilidad inmediata y el pensamiento ideal. *No es aún* pensamiento puro pero, pese a su carácter sensible, *ya no es* simple existencia material, como las piedras, las plantas o los seres vivos, sino que lo sensible mismo de la obra de arte es algo ideal que, a diferencia del pensamiento ideal, se presenta exteriormente como cosa» (*Estética* I, 48).

En la obra de arte lo sensible «está elevado a la apariencia» en la medida en que no es algo inmediato, sino referido a algo espiritual. La fórmula de Hegel puede entenderse como el intento de otorgar a lo sensible de la obra de arte un valor teórico, determinando al mismo tiempo el modo en el que la obra de arte remite a una significación. Sin embargo, nosotros no podemos hacer nuestro, sin más, este concepto de apariencia estética. En nuestra reconstrucción hemos conservado el discurso hegeliano de esencia, verdad y realidad verdadera. Tales conceptos significan para Hegel algo muy determinado, ligado a su filosofía del absoluto. En otras palabras, el famoso *dictum* hegeliano según el cual «lo bello es la apariencia sensible de la Idea» (*Estética* I, 117), define el arte como una manifestación de lo absoluto. Pues para Hegel la Idea mienta lo verdadero en tanto que absoluto, el sujeto-objeto. No hay duda de que hoy día no podemos aceptar este concepto hegeliano de verdad, ligado indisolublemente a su sistema. Pero considero problemático que de esta constatación debamos concluir que tenemos que renunciar totalmente a cualquier concepto de verdad en estética. Las consecuencias de tal renuncia son perceptibles por ejemplo en la estética de la recepción de Iser: el arte pierde toda referencia a algo sustancial y deviene ficción vacía[12]. En lugar de renunciar totalmente a un concepto de verdad, se debería intentar determinarlo de modo nuevo. Si el elemento metafísico del concepto hegeliano de verdad reside en la identificación de sujeto y objeto, podría pensarse en otro concepto de verdad que tenga por verdadero la contradicción de sujeto y objeto. La filosofía de Hegel procede a la reconciliación de las contradicciones reales de su tiempo mediante el pensamiento. Deberemos partir no sólo de la quiebra del sistema hegeliano tal como nos lo enseña la historia de la filosofía, sino ante todo de la experiencia de vivir en una sociedad con crecientes contradicciones, para intentar poner la verdad en el acto de conocimiento de las contradicciones y no en su reconciliación.

¿Qué significa todo esto para la categoría de la apariencia estética? Se pierden necesariamente importantes elementos significativos, propios de la estética idealista, a saber, reconciliación, armonía, ocultación del trabajo; en su lugar aparece la ruptura como categoría estética central. En Schiller, tras la categoría de la apariencia está el acto artístico de la idealización. La misma idea se encuentra aún en Hegel, cuando opone la apariencia del arte al mundo empírico. Tal oposición ha perdido su justificación, al menos desde que son la publicidad y la industria cultural los que «idealizan» el mundo. Por lo mismo la verdad se concreta en el mantenimiento de la contradicción y encuentra en la ruptura su adecuada expresión estética.

* * *

---

[12] Ver Ch. Bürger, *Rezeptionästhetik oder die Erlösung von der Geschichte*, en: *Tradition und Subjektivität* (Frankfurt, Suhrkamp, 1980), 22-44; aquí 29 s.

Adorno ha sabido desarrollar mejor que nadie la dialéctica de la categoría de la apariencia estética[13]. la reconstrucción siguiente no pretende seguir todas las ramificaciones de la teoría adorniana de la apariencia (ello nos llevaría necesariamente a una discusión sobre toda su estética), y se limita a discutir algunos aspectos. En primer lugar, hay que aclarar por qué Adorno de modo tan decidido insiste en la salvación de la apariencia, y, en segundo lugar, hay que confrontar su concepto de la apariencia con el resultado de nuestra discusión de las teorías de Schiller y Hegel, teniendo en cuenta el desarrollo del arte desde la época idealista.

En su *Ensayo sobre Wagner* critica Adorno, junto con el concepto de fantasmagoría, el cumplimiento de la aparien-

---

[13] H. Scheible ha llamado con razón la atención sobre la importancia de la categoría de la apariencia estética en Adorno. Su tesis de que tal categoría tiene un carácter feudal, o al menos preburgués, merece una discusión detallada. Escribe: «la apariencia estética por la que lo puramente fáctico se sintetiza como un todo con sentido tiene, como secularización del orden divino, algo de preburgués» (en: B. Lindner/W. M. Lüdke, eds., *Materialien zur ästhetischen Theorie*, 354). Es un hecho innegable que en la sociedad del absolutismo feudal se introdujo la apariencia como instrumento de dominación por el poder central, con una función de estabilización de las desigualdades sociales. En esa época la apariencia está estrechamente ligada a la vida política y social. Sólo cuando la nobleza pierde poco a poco su poder y el absolutismo es abatido por la Revolución Francesa, queda disponible la categoría para una nueva utilización. Los intelectuales burgueses se esfuerzan por responder a las incertidumbres de una época trastornada, forjando totalidades significativas; pues, a diferencia de las sociedades tradicionales en las que el sentido está siempre disponible, la sociedad burguesa tiene que crearlo. Así se produce el retorno a la categoría «feudal», sin embargo reinterpretada, puesto que contrasta con la realidad social. Ver sobre esto las reflexiones de H. Schlaffer sobre la fascinación de la burguesía con las formas de vida de la nobleza (*Der Bürger als Held...* Suhrkamp, Frankfurt, 1973, especialmente 141 s.).

cia. «Disimular la producción tras la manifestación del producto es la ley formal de Richard Wagner... Como el fenómeno estético no permite mirar las fuerzas y condiciones de su producción real, su apariencia sin lagunas suscita su pretensión de ser. Así el cumplimiento de la apariencia es al mismo tiempo la realización del carácter ilusionista de la obra de arte en tanto que realidad *sui generis*»[14].

Este texto, de finales de los años treinta, formula una crítica de la apariencia estética. Como fantasmagoría, no sólo disimulan las obras de arte las huellas de su producción, sino que ascienden a la ilusión, en tanto que «realidad absoluta de lo irreal» (*ibíd.* 95). Adorno explica esto por el carácter de mercancía que también afecta a la óperas wagnerianas. «De la misma manera que los bienes de consumo expuestos en la época de Wagner no dejaban ver a la masa de compradores, de modo seductor, su aspecto fenoménico... así también las óperas de Wagner se convierten en mercancías en su fantasmagoría. Sus cuadros adquieren el carácter de escaparates» (*ibíd.* 95).

La disimulación del hecho de ser producida es sin duda una característica de la obra de arte anterior a la ópera de Wagner. La confesión epistolar de Goethe sobre su trabajo con *Ifigenia* («lo terrible es que el rey de Táuride debe hablar como si ningún tejedor se muriese de hambre en Apolda») es un testimonio de la dificultad de acceder al mundo aparente de la humanidad clásica frente a la experiencia de la real miseria social[15]. Schiller justificó teóricamente la ocultación del trabajo artístico. No sólo se hace necesaria para nosotros la crítica de la disimulación del trabajo por el hecho de que nuestra experiencia estética esté configurada

---

[14] Th.W. Adorno, *Versuch über Wagner* (München/Zürich, Knaur Taschenbuch), 1964, 90.
[15] Carta a la Sra. von Stein de 6 de marzo de 1779.

por obras que dejan ver su carácter de productos, sino también porque las obras mismas que han incorporado la ruptura, no se adaptan al aparente cierre armónico del arte anterior, sino que también reaccionan contra la experiencia social de una armonía social meramente supuesta. La crítica de la ocultación del carácter de producto permite simultáneamente descubrir lo que hay de históricamente obsoleto en la categoría de la apariencia estética.

La crítica de Adorno al carácter fantasmagórico de la música de Wagner afecta a momentos del arte burgués que se integraron en la política cultural del fascismo. En esa medida constituye un paralelo a la crítica que hace Benjamin al aura. La diferencia decisiva radica en que Adorno busca en la obra de arte la apariencia estética en tanto que ilusión (por lo que se esfuerza en investigar lo fantasmagórico hasta en la técnica musical), mientras que Benjamin la comprueba en la actitud institucionalizada del receptor. Sin duda sería insuficiente leer el capítulo de Adorno sobre la fantasmagoría como una explicación de la crítica benjaminiana del aura; puesto que más bien es una réplica a Benjamin.[16] Adorno se refiere más bien a la crítica de los procedimientos artísticos, más que al marco de condiciones de la producción y recepción del arte. No obstante es evidente la comunidad de ambos trabajos que ponen de relieve en la apariencia estética el momento de la ilusión.

[16] Por una parte vuelve Benjamin con su definición del aura como «aparición única de una lejanía por cerca que esté» a la definición de la fantasmagoría de Adorno como cruce de cercanía y lejanía; por otra parte contiene la categoría de fantasmagoría, referida a la obra, otros momentos que no se encuentran en la categoría del aura. Que efectivamente pudiera tratarse en el trabajo de Adorno de una réplica, lo sugiere el hecho de que Adorno valora negativamente el concepto de valor de exhibición que en Benjamin tiene connotaciones positivas (ver W. Benjamin, GS I, 482 s. y Adorno, *Versuch über Wagner*, 95 s).

Cuando Adorno acomete de nuevo en su *Teoría estética* el problema de la apariencia, lo hace en primer lugar en la perspectiva de salvar la apariencia. Según eso, la crítica a la fantasmagoría cede el paso a la crítica a las vanguardias que se rebelan contra la apariencia. Su argumento fundamental reza así: «como consecuencia de esa rebelión, las obras de arte están a punto de recaer en la pura coseidad, como un castigo a su *hybris* de querer ser más que arte» (ÄT, 157 s.). No cabe duda de que cuando Adorno habla de recaída en la mera coseidad señala acertadamente un problema de la neovanguardia. Los objetos de la vida diaria que encontramos en exposiciones y museos no designan a menudo sino la mera voluntad de instauración. Fuera del marco institucional que las eleva a obras de arte, recaen en la coseidad, o mejor: aparecen como simples cosas.

Ya en su minuciosa carta a Benjamin, con la que contesta a su artículo sobre *La obra de arte...*, había tomado partido Adorno contra el radicalismo de la crítica de Benjamin al arte aurático; y al mismo tiempo aseguraba que el tema de la «liquidación del arte» inspiraba desde hacía muchos años sus investigaciones estéticas[17]. La solución que finalmente formula en su *Teoría estética* rechaza claramente la «rebelión contra la apariencia» de las vanguardias. Ello sucede de diferentes maneras: en primer lugar extrapolando esta rebelión desde su localización histórica en el presente a su status de fenómeno intemporal («la rebelión contra la apariencia, la insatisfacción del arte consigo mismo constituye un momento de su pretensión de la verdad, de modo intermitente, desde tiempo inmemorial» ÄT, 168). En segundo lugar, cuando la antítesis entre expresión y aparien-

---

[17] Carta de Adorno del 18-3-1936 a Benjamin, en: Th.W. Adorno, *Über Walter Benjamin*, ed. R. Tiedemann (Frankfurt, Suhrkamp, 1970, 126 s.).

cia (la primera considerada como experiencia no estética, la segunda como ley artística de la forma) se resuelve de manera que la expresión del arte que se rebela contra la apariencia se convierte en su soporte (ÄT, 169); con lo que se procede a una igualación de contrarios como en la filosofía de la identidad. Por último, somete la crítica del aura a una acerba metacrítica:

«La alergia al aura, a la que hoy día ningún arte se sustrae, es inseparable de la inhumanidad rampante. Esta novedosa cosificación: la regresión bárbara de las obras de arte a la literalidad del caso estético y el pecado de fantasmagoría, están inextricablemente enlazados. Desde que la obra de arte se afana por su pureza, con un fanatismo que la hace vagar sacando hacia afuera lo que ya no puede ser arte, tela o simple materia sonora, se convierte en su propio enemigo, en continuación directa y falsa de la racionalidad de los fines. Tal tendencia culmina en el *happening*. Lo que hay de legítimo en la rebelión contra la apariencia como ilusión y lo que de ilusorio hay en ella, la esperanza de que la apariencia estética pueda salir del pantano tirando de sus propios cabellos, están fundidos entre sí» (ÄT, 158).

La crítica del aura era en Benjamin parte del intento de renunciar en la teoría del arte a conceptos tales como genialidad, valor de eternidad y misterio, utilizados por la política cultural fascista. El reproche planteado por Adorno contra la «alergia al aura» tiene una enorme fuerza porque denuncia que la crítica vanguardista del aura sucumbe en aquello mismo a lo que se opone. El argumento que emplea Adorno a favor de su tesis es, a mi entender, la aplicación del principio básico de la lógica dialéctica, según el cual un concepto se convierte en su opuesto. Sólo esto le autoriza a decir que la «literalidad bárbara» (la crítica radical del aura de la obra de arte) y «el pecado de fantasmagoría» están inextricablemente enlazados. Cierto que toda crítica depende de lo que critica, y eso vale también para la crítica del aura. Pero la afirmación de Adorno va más allá: equipara lo criticado con la crítica. No se buscaría entonces la mediación en las cosas sino que se les encasquetaría la dialéctica como un principio abstracto. Si esto es así, se podría decir: en el ataque de los movimientos radicales de las vanguardias al status de autonomía del arte sólo ve Adorno una falsa superación de la apariencia estética, y no el lugar histórico de ruptura a partir del cual pueden pensarse las contradicciones del arte en la sociedad burguesa.

Nos encontramos aquí con lo que, de manera provocadora, se podría llamar el antivanguardismo de Adorno. Pienso en su rechazo al intento de la vanguardia. Como quiera que no puede entender este intento como una etapa necesaria en el desarrollo histórico del arte burgués, sino que sólo ve en él barbarie, termina siempre su crítica a las categorías de la estética idealista con su salvación. Esto es también evidente en la categoría de la apariencia. Cierto que en la *Teoría estética* ÄT, 156) retoma las ideas de su crítica de la fantasmagoría, pero no cuajan cuando se trata de salvar la apariencia. Tal salvación se da bajo la enseña del teorema idealista según el cual el arte es la manifestación del absoluto: «a través de la apariencia que lo anuncia, las obras de arte no se convierten literalmente en epifanías, por difícil que sea a una genuina experiencia estética no confiar en que en las auténticas obras de arte no esté presente lo absoluto. Es inherente a la grandeza de las obras de arte despertar tal confianza» (ÄT, 159). Se recupera aquí la estética idealista en sus más osadas fórmulas, sin contar con todo lo que ha conmocionado tales tesis desde sus primeras propuestas por Schelling[18]. Se com-

---

[18] No cambia gran cosa esta cuestión con la crítica que Adorno hace a Hegel, crítica extraña y descentrada, en la que le reprocha al mismo tiempo su platonismo y el no reconocimiento del origen intelectual de la apariencia (ÄT, 165).

prende tal posición como una reacción de Adorno a la pretensión de superación expresada por las vanguardias. Frente a las tendencias de una disolución del arte en la acción (dadaísmo), en la expresión (expresionismo) y en la revolución de lo cotidiano (surrealismo), Adorno cuida de que «la frontera no sea transgredida» (ÄT, 169). De ahí procede su salvación irrestricta de la apariencia estética, de ahí procede el hecho de que su estética esté centrada en una teoría de la obra de arte.

La posición dominante que ocupa la obra de arte en la estética de Adorno se hace patente en el empleo de la figura de la personificación, que hace con extraordinaria frecuencia: las obras de arte son castigadas por su «*hybris* de ser más que arte»; se afanan por su pureza (ÄT, 158); es «inherente a las obras de arte... despertar la confianza; al mismo tiempo la apariencia es «su pecado cardinal»; la obra de arte se hace «semejante a su propio ideal objetivo» (ÄT, 159). Todas estas citas muestran el esfuerzo de Adorno por presentar todo lo que ocurre en la obra de arte como procedente de ella. Incluso la confianza de que en ellas está presente lo absoluto, se atribuye a las obras de arte, y no al marco de condiciones institucionales que regulan el trato con las obras de arte. Así junto a la producción se incorpora a la obra de arte también la recepción, convirtiéndose de este modo en un nudo de contradicciones que la teoría puede ir señalando en una aproximación indefinida, sin resolverlas jamás.

Por eso mismo, incluso la apariencia es concebida en la *Teoría estética* más como una marca esencial de la obra que como algo que se constituye entre el objeto artístico y el receptor. En la teoría de Adorno el arte como institución permanece oculto. De ahí proceden sus limitaciones, hoy fácilmente reconocibles. No se puede salvar la estética idealista como un todo, ni concebir las obras de arte como epifanías, sino como productos humanos con los que tenemos una determinada relación caracterizada por el hecho de que para nosotros su aspecto sensible remite a una significación. Si es cierto que esa estructura relacional es designada por Hegel con la categoría de apariencia, habla poco sin embargo de mantenerla en ese sentido. Su acción consistiría entonces en mantener la relación con la verdad en lugar de reducir el arte a estímulos aislados como propondría el esteticismo.

* * *

Ultimamente ha emprendido Karl Heinz Bohrer la tarea de convertir el concepto nietzscheano de apariencia en fundamento de una estética de la «instantaneidad» referida de modo normativo a la vanguardia. Las consideraciones de Bohrer son difíciles de discutir porque por una parte están estrechamente vinculadas a Nietzsche y por otra parte están pensadas en puntos esenciales contra Nietzsche. Por eso voy primero a esbozar mi interpretación de los pasajes correspondientes del libro de Nietzsche sobre la tragedia, y después trataré de la lectura que hace Bohrer.

En primer lugar hay que constatar que Nietzsche introduce el concepto de apariencia en el sentido usual de la estética idealista desde los versos de Schiller sobre el arte poética, a saber, como «bella apariencia del mundo interior de la fantasía» (I, 23)[19]. Se define la fantasía como «verdad superior» y como «perfección», «por oposición a la realidad diaria, lacunariamente inteligible». Y como Schiller quiere asegurar para siempre las fronteras de la apariencia, Nietzsche subraya «esa delicada frontera que la imagen del sueño no debe franquear». Mientras que aprehende el mundo

---

[19] Nietzsche, *Werke*, ed. K. Schlechta. 3 vol. München, Hanser, 1973; se cita en lo que sigue por esta edición (tomo y página).

apolíneo del sueño como apariencia, designa el mundo dionisíaco como «realidad ebria» (I, 25). En lo dionisíaco el hombre experimenta con «inmenso horror» y con «éxtasis delicioso» la disolución del principio apolíneo de individuación (*principium individuationis,* I, 24).

Lo extraño no es la utilización del concepto de apariencia, sino la manera de determinar el contenido de la realidad y de la verdad como algo horrible. «El griego conocía y sentía el terror y el espanto de la existencia: para poder vivir tuvo que anteponer las criaturas resplandecientes de los Olímpicos» (I, 30). El pensamiento central del primer capítulo del *Nacimiento de la tragedia* es el de la *salvación*. Se necesita de ella porque la verdad y el horror coinciden y hacen la acción imposible. Es el arte, el arte apolíneo el que «nos incita a sobrevivir como complemento y cumplimiento de la existencia» (I, 30) y el que crea el mundo imaginario de los dioses olímpicos, «espejo transfigurado» del mundo griego. La salvación es aquí entendida en primer término en el sentido de Schopenhauer como liberación de la «voluntad» (Nietzsche escribe entre comillas el concepto schopenhaueriano e indica expresamente que él piensa en la tradición de Schopenhauer, I, 39), pero luego la desarrolla en una «hipótesis metafísica», según la cual «el ser verdadero y el uno originario en tanto que eterno sufrimiento y contradicción necesita para su perpetua salvación de la visión arrebatadora y de la apariencia feliz» (I, 32). En esta hipótesis metafísica, «nuestra existencia empírica» es sólo «una representación engendrada en todo momento por el uno originario»; dicho de otro modo: es apariencia. El sueño artístico puede entonces concebirse como «apariencia de la apariencia». Esta conexión del mundo «empírico» de la apariencia y de la apolínea «apariencia de la apariencia» la explica Nietzsche acudiendo a la *Transfiguración* de Rafael. El cuadro muestra dos mundos opuestos: el joven poseído presentado a los apóstoles («reflejo del eterno dolor originario, del único fundamento del mundo») y la Transfiguración de Cristo («luz suspendida en la más pura felicidad que emana de la mirada resplandeciente de los grandes ojos abiertos»). No hay que ocultar cuán cerca está aquí Nietzsche de la metafísica idealista del arte, que Schiller había enunciado con la sencilla fórmula: seria es la vida, alegre el arte. Lo que Nietzsche añade a tan simple contraposición es la conciencia de la relación existente entre «el mundo de tormentos» y la «visión liberadora», y que hace que ésta justifique involuntariamente a aquél (I, 33). Ahí radica el escándalo moral inherente a la conducta estética, que Kierkegaard ha puesto claramente de manifiesto.

También el arte dionisíaco está en Nietzsche bajo el signo de la salvación; es salvación «mediante un sentimiento místico de unidad» (I, 25). Mientras que el arte apolíneo supone lo uno originario del que es la contrafigura, el arte dionisíaco es «la copia del uno originario». El «yo del poeta lírico resuena desde el abismo del ser» (I, 37). Mientras que en los primeros capítulos lo dionisíaco era entendido como *realidad,* opuesta a la apariencia de lo apolíneo, ahora se dice del artista –y el contexto nos permite añadir: del artista dionisíaco– que, «liberado de su voluntad individual», se ha convertido en el medium, a través del cual el verdadero sujeto existente (es decir, el uno originario) festeja su liberación en la apariencia» (I, 40). Por lo tanto, también el arte dionisíaco se hace apariencia. Por otra parte, la poesía, en conexión con el origen dionisíaco del coro enlaza de nuevo con la verdad: «la esfera de la poesía no es exterior al mundo, como fantasía imposible del cerebro del poeta: pretende ser exactamente lo contrario, la expresión directa de la verdad» (I, 50).

Las contradicciones del texto hacen que sea extraordinariamente difícil el intento de su interpretación. Gert Sautermeister lo ha intentado distinguiendo en un primer plano el momento dialéctico de la oposición de lo dionisíaco y lo apolíneo, mostrando en un segundo paso cómo la dialéctica desemboca en la *unio mystica*[20]. Bohrer procede de otra manera. Parte de la idea de que el texto de Nietzsche es unívoco y lo interpreta como teoría de la apariencia estética absoluta. Ello implica dos cosas: primero pasar por alto los pasajes en los que Nietzsche opone la experiencia llena de horror y placer de lo dionisíaco en cuanto «realidad ebria» al apolíneo «mundo imaginario del sueño». En segundo lugar, intentar de modo insistente la separación de lo estético de su base experimental que según Nietzsche lo soporta: el sufrimiento real, o, en términos de Nietzsche: el «mundo entero del tormento». Ciertamente no puede Bohrer negar que hay en Nietzsche una «mirada a la esencia», pero eso coincidiría con lo dionisíaco cuyas cualidades se definirían «de antemano como estéticas»[21]. En un segundo paso se trata de «la fascinante apariencia dionisíaca, tras de la que ya no hay 'esencia' que descubrir» (*ibíd.*). No se discuten ni el concepto nietzscheano de «ser verdadero y uno originario», ni sus múltiples recursos al concepto de verdad en su conexión con lo dionisíaco.

Evidentemente no trata Bohrer de interpretar a Nietzsche, sino de fundar una estética de la autonomía, independiente de la filosofía idealista. En la cita que sigue se reconocerá tal pretensión con tal de sustituir «Nietzsche» por «Karl Heinz Bohrer»:

«Al separar lógicamente la "apariencia" del "ser" y de la "verdad", ha expuesto Nietzsche el fenómeno moderno de una estética autónoma en un modelo teórico que no tiene

---

[20] G. Sautermeister, *Zur Grundlegung des Ästhetizismus bei Nietzsche. Dialektik, Metaphysik und Politik in der Geburt der Tragödie*, en: Ch. B./P. B./Schulte.Sasse (eds.), *Naturalismus/ Ästhetizismus*, Frankfurt, Suhrkamp, 1979, 224-243, con otras indicaciones bibliográficas.

[21] K. H. Bohrer, *Plötzlichkeit. Zum Augenblick des ästhetischen Scheins*, Frankfurt, Suhrkamp, 1981, 117.

las carencias de las teorías neoidealistas, realistas y miméticas del arte: su perplejidad ante la "plusvalía" estética»[22].

Del libro de Nietzsche sobre la tragedia no puede obtenerse un concepto de la apariencia de este estilo. No es esto precisamente un argumento contra la tesis misma. Bohrer afirma que una experiencia determinada en la que se mezclan el horror y el placer y cuya característica esencial es la instantaneidad sólo puede ser estética. Es una pura experiencia perceptiva, independiente de cualquier actitud teórica o práctico-moral.

A esta radicalización de la autonomía estética hay que hacer al menos dos observaciones. En primer lugar me permito poner en duda la pureza de la experiencia estética o la absolutización de la apariencia estética. No es necesario recordar el placer estético de Nerón ante el incendio de Roma para convencerse de que también en este placer participa la alegría de la destrucción y no es sólo la epifanía de una instantaneidad la que se manifiesta. Basta recordar que Bohrer mismo ha considerado la violación de las normas como un suceso estético. Así, por ejemplo, cuando considera arte contemporáneo el artículo malvado que Florian Havemann publicó sobre su padre y que fue calificado como parricidio post-pubertario[23]. No me planteo aquí si se puede dar una justificación racional al juicio de valor de Bohrer, sino de que la categoría de «extraño» aquí aplicada sólo tiene sentido en un contexto de orientaciones normativas. La provocación es sólo provocación de una norma vigente (o tenida por tal) o de un valor reconocido. De ahí saca su ser y no puede entenderse como una apariencia ab-

---

[22] K. H. Bohrer, *Plötzlichkeit*, 125.
[23] K. H. Bohrer, *Die drei Kulturen*, en: J. Habermas (ed.), *Stichworte zur Geistigen Situation der Zeit*, Frankfurt, Suhrkamp, 1979, 661 s.

soluta como insinúa la interpretación que Bohrer hace de Nietzsche.

Tropezamos aquí con una contradicción fundamental de la estética de Bohrer: la que hay entre vanguardismo y estética autónoma. Las vanguardias cuya significación para la determinación del arte en nuestra sociedad Bohrer siempre ha subrayado, han puesto en cuestión precisamente el status de autonomía del arte. Es pues una inconsecuencia teórica apelar sin restricciones a la vanguardia y defender la posición de una estética autónoma. Adorno lo reconoció y sin ambigüedad se pronunció contra el radicalismo de las vanguardias y a favor del *status* de autonomía. Bohrer, por el contrario, compatibiliza ambas posturas. Como vanguardista hace del valor de la provocación criterio estético, pero traspasa así las fronteras de la estética autónoma que busca sin embargo justificar teóricamente recurriendo a Nietzsche.

La contradicción de la posición de Bohrer no es una simple inconsistencia teórica, sino que remite a una dificultad fundamental que encontramos en la teoría estética actual. Bohrer se atiene tanto a la vanguardia como a la estética autónoma, con la intuición correcta de que no se abandonan ambas posiciones porque ninguna sola puede ser fundamento de una estética actual. Abandonar la vanguardia sería equivalente a regresar a lo que Bohrer llama la «cháchara bienpensante que todo lo comprende». Abandonar la estética autónoma sería prescindir de las categorías con las que pensamos el arte. Así incluso las contradicciones de Bohrer nos remiten a la necesidad de una crítica de la estética idealista.

Excurso I: Sobre el concepto de verdad en la estética

Uno de los problemas centrales en el actual debate sobre cuestiones de estética gira en torno al concepto de verdad. De hecho su negación enfática es común a planteamientos muy diferentes. Incluso la vuelta a Kant, que hoy día observamos en diversos contextos, está motivada, entre otras cosas, por el hecho de que en la estética de Kant el concepto de verdad no tiene lugar. Si nos preguntamos por el *cui bono*, se puede explicar de modo relativamente fácil ese rechazo del concepto de verdad. En la medida en la que las grandes estéticas de nuestro siglo que siguen la tradición Hegel-Marx mantienen el concepto de verdad del arte, resulta fácil remitir el ataque a estas estéticas a un ataque al concepto de verdad.

Naturalmente una interpretación de la polémica contra el concepto de verdad en el marco del cui bono no constituye una refutación suficiente ni de los argumentos sistemáticos ni de los históricos esgrimidos por los adversarios del concepto de verdad. El argumento sistemático dice así: las estéticas elaboradas en la tradición de Hegel son heterónomas, «tiene lugar en ellas una superfetación de la teoría del arte mediante conceptos filosóficos»[24]. Este argumento lo pone Bubner en conexión con otro de índole histórica, en relación con la crisis de la categoría de obra, «en la que se piensan conjuntamente algo dado objetivamente y un contenido significativo supraempírico»[25]. Las consecuencias que Bubner saca de ambos argumentos son sencillas: renuncia a las categorías de verdad, y de obra y proyecto de una teoría de la experiencia estética, en conexión con la *Crítica del juicio* kantiana.

El modelo argumentativo de Bubner es el siguiente: el concepto hegeliano de verdad se ha vuelto problemático junto con el sistema mismo de Hegel, por lo tanto tenemos

---

[24] R. Bubner, *Über einige Bedingungen gegenwärtiger Ästhetik*, en: Neue Hefte für Philosophie, 5 (1973), 60.
[25] *Ibíd.* 49.

que renunciar al concepto de verdad; y también, con la vanguardia ha entrado en crisis la categoría de obra de la estética idealista, por lo tanto tenemos que desprendernos de la categoría de obra. Ahora bien, tal conclusión no es en manera alguna obligada. Se podría hablar de una negación abstracta. Bubner no se esfuerza por determinar los momentos de «verdad» que puedan darse en la categoría de obra y en el concepto de verdad del arte, que han entrado en crisis, para someterlos luego a crítica, sino que rechaza las categorías sin atender a sus momentos de determinación. Con relación a la crisis de la institución arte, evidente desde las vanguardias, y del marco normativo conexo, la estética autónoma, emprende igualmente la fuga hacia adelante. Se abandona la obra como portadora de un contenido de verdad por determinar, pero de modo no menos decidido se mantiene la autonomía de la experiencia estética. Como radicalmente opuesta a lo conceptual debería salvarse la *poesía pura,* desligada del producto. Si el esteticismo, que había propugnado la pureza del arte frente al mercado, había puesto sus esperanzas en la realización de la forma, Bubner renuncia a ese resto de objetividad y retrotrae lo estético al subjetivismo de la experiencia individual.

Sería fácil citar contra Bubner todos los argumentos que aporta su maestro Gadamer en su crítica de la «abstracción de la conciencia estética»[26]. Sin embargo, como hemos visto en la introducción, la crítica de Gadamer se concreta en una ontología de la obra de arte, contra la que Bubner se sitúa en la medida en que adopta el punto de vista de la sociedad moderna, burguesa. Pero la imposibilidad de fundamentar ontológicamente la verdad del arte no debe inducirnos a renunciar al concepto de verdad sin más. Pues si no admitimos ningún punto posible de referencia para la

---

[26] H. G. Gadamer, *Wahrheit und Methode,* 81 s.

experiencia estética fuera de ella misma, esa experiencia regresa o al asombro mudo o a la recepción de estímulos más o menos placenteros. También podemos preguntarnos cómo, tras la renuncia al concepto de verdad, puede fundamentarse racionalmente la apropiación de la tradición y especialmente la selección operada en la misma tradición. Objeto de la experiencia estética puede entonces ser cualquier elemento de la tradición; sólo basta probar si vale para ello; el intento de habérselas racionalmente con la tradición no podría ser emprendido. (También a este respecto tiene preparada una solución el radicalismo de la negación abstracta: confía en el canon vigente, que de este modo se protege eficazmente contra la crítica racional)[27].

Lukács y Adorno se han atenido al concepto de arte de la filosofía idealista, entendido como manifestación de la verdad. Cierto que ambos han invertido históricamente lo que Schelling llama el absoluto, pero para los dos constituye la obra de arte el lugar en el que se descubre la verdad sobre la sociedad. Este atenimiento a la verdad de la obra de arte es seguramente algo más que una ciega culminación de la estética idealista. Debería agradecerse a la tesis que defiende el abandono de la relación de verdad de la obra de arte el hecho de que la disolución estética de la misma con-

---

[27] También Käte Hamburger llega a tal resultado en su investigación, en la que discute, entre otros, el uso del concepto de verdad por Hegel, Heidegger y Adorno: «La verdad no es una categoría estética ni en el sentido subjetivo de voluntad de verdad ni en el objetivo de verdad del arte. Es una categoría de la realidad y como tal tiene las propiedades "únicas" que la hacen inservible en los dominios del arte, de las formas y de las significaciones, y por lo tanto de las interpretaciones» (*Wahrheit und ästhetische Wahrheit*. Stuttgart, Klett-Cotta, 1979, 144). A tal resultado llega por un concepto estricto de verdad como «la identidad de la verdad con lo que es el caso», y a partir de ahí la cuestión de la verdad de las formaciones estéticas sobra.

duce a la situación en la que sólo se da un haz de estimulaciones, o al menos puede darse. Como se sabe, la estética de la recepción ha recorrido ese camino. Sin embargo, no hay que pasar por alto que la relación del arte con la verdad en el sentido enfático de tal palabra lastra a cualquier estética con una hipoteca considerable, como lo demuestran los análisis de la estética de Schelling.

La sección de la *Teoría estética* de Adorno, dedicada al contenido de verdad de la obra de arte (ÄT, 191-201), es uno de los lugares más difíciles, por no decir vertiginosos, del libro. Adorno intenta explicar el contenido de verdad del arte pasando revista a una serie de negaciones. Ni este contenido coincide con la intención subjetiva del productor (ÄT, 194), ni con lo que las obras significan (ÄT, 197). Tampoco acierta el concepto hegeliano de Idea, pues: «aun el enfático concepto de idea que sostiene el idealismo relega las obras de arte a ser ejemplos de una Idea siempre igual a sí misma» (ÄT, 194). Siguiendo así con la serie de negaciones, parece que el concepto de verdad de la obra se evapora literalmente; sin embargo llama Adorno al «aliento que envuelve las obras, lo más cercano a su contenido de verdad (ÄT, 195). A esta afirmación se enfrentan otra fórmulas, que plantean así la posibilidad de explicitar la comprensión de ese contenido de verdad. «Hay razones para sosener que la falta metafísica de verdad es señal de su fracaso técnico» (ÄT, 195). Y también: «la verdad progresivamente desarrollada de la obra de arte no es otra cosa que la verdad del concepto filosófico» (ÄT, 197). Si la primera afirmación ofrece la perspectiva de una crítica de las obras particulares bajo el aspecto de la técnica artística, la segunda afirmación plantea la transformación de la experiencia estética en filosofía.

Precisamente porque el concepto de verdad atenido a la obra de arte nos lleva al centro del pensamiento de Adorno que interpreta las aporías propias como aporías de la situación del mundo[28], no tiene mucho sentido enfrentar a Adorno con las contradicciones que llenan esta sección de su libro. Observamos que Adorno despliega aquí dos impulsos opuestos de pensamiento. Por una parte el deseo de evitar a cualquier precio el tener que fijar el contenido de verdad. Sería tanto como su falsificación. Coagularlo en un enunciado sería ya lo que no puede ser verdad. Por otra parte, sin embargo, no quiere abandonar Adorno el contenido de verdad del arte a la irracionalidad. De ahí su apelación a la crítica de la técnica artística y su conexión con el concepto filosófico. Este entramado de contradicciones puede entenderse a partir de un teorema central en la filosofía de Adorno, según el cual el concepto identificador daña las cosas en su peculiaridad, sometiéndolas a coacción. Como Adorno persigue la crítica de la cosificación hasta en la estructura misma del concepto racional, y, al mismo tiempo se abstiene tajantemente de cualquier irracionalismo, tiene que intentar continuas y nuevas formulaciones para evitar, con medios conceptuales, la fijación propia del concepto.

Hay razones para no compartir la sospecha adorniana contra el concepto[29]. Es completamente cuestionable si la fuerza cosificadora que Adorno atribuye al concepto se aplica a un concepto determinado. La crítica de Hegel al pensamiento abstracto está en esta línea. Si utilizamos el ejemplo de Hegel en su pequeño escrito *¿Quién piensa de modo abstracto?*, quien *sólamente* puede ver en el criminal conducido al patíbulo un criminal, subsumiéndole bajo tal única determinación, está pensando abstractamente en el

---

[28] A ello ha aludido con razón Marc Jiménez en su tesis de habilitación: Vers une esthétique négative. *L'esthétique de l'École de Francfort*, París, 1982, 53 s.

[29] Ver Habermas, *Theorie des kommunikativen Handelns*. vol I, 507 s.

sentido hegeliano, es decir, está cosificando a un hombre concreto, al despojarle de las demás determinaciones. Pero esto no se debe al concepto, sino al modo como el hablante lo usa. Mediante la inclusión de otras determinaciones (con ayuda de otros conceptos) surge una imagen del mismo hombre más rica, más contradictoria, en resumen, más concreta, que aquella en la que sólo podíamos ver al criminal. Si estas consideraciones están bien fundamentadas, no hay razón para compartir el miedo de Adorno ante la fijación conceptual del concepto de verdad. Antes bien, es esa riqueza de determinaciones la meta a la que tiene que dirigirse la comprensión del contenido de verdad.

El temor de Adorno a una fijación conceptual del contenido de verdad de una obra tiene su correspondencia en la teoría de la interpretación: el reproche de reduccionismo. Toda interpretación destaca unos momentos determinados de la obra y descuida otros. Por lo tanto, como toda interpretación representa una reducción, el reproche de reduccionismo es meramente abstracto. El crítico tiene que exhibir momentos más ricos de definición, y así podrá, si no contradecir al primer intérprete, por lo menos entrar en discusión con él.

La marcha de nuestra argumentación podría suscitar la objeción de que se está admitiendo implícitamente que no se da en la obra *el* contenido de verdad, sino que la obra admite diversas interpretaciones que rivalizan entre sí. En realidad pienso que cuando hablamos del contenido de verdad de una obra no debemos partir del supuesto de que en la obra —algo así como en su sustancia— se puede encontrar tal contenido, al que correspondiese una validez intemporal. El contenido de verdad de una obra no es independiente de los que se ocupan de la obra. Pero tampoco es producido por ellos. El concepto de apariencia que hemos discutido anteriormente y que Schiller desarrolla en sus cartas de *Kallias,* mantiene la tesis de que la verdad de la obra (podríamos también decir: su significación) se constituye entre la obra y los receptores. El plural es importante: no produce su significación el receptor concreto (lo cual se excluye porque comparte con los receptores contemporáneos los presupuestos interpretativos que conducen el proceso de constitución de sentido), sino que lo que él establece como sentido o contenido tiende a la universalidad. El contenido de verdad no está dado previamente en la obra como algo sustancial (ni tampoco en sus estructuras técnico-formales), sino que constituye el punto de fuga al que se orientan los intentos interpretativos del receptor en una comunidad contemporánea. Sin tal punto de fuga la interpretación degenera en charlatanería arbitraria.

Queda claro que el concepto de verdad que aquí empleamos no lo es en el sentido de algunas de las teorías filosóficas de la verdad[30], sino que se trata de una idea reguladora, a la que tienen que orientarse las interpretaciones concretas si quieren acertar con la obra y también con la situación histórica de los receptores. El contenido de verdad no se corresponde con nada que pueda mostrarse empíricamente. Su captación no está sometida a un proceso de discusión concluyente. Quizás este concepto que proponemos puede explicarse mejor con un ejemplo: cuando se da una situación de amenaza real, la verdad del estado de ánimo es la del miedo. No es sólo un asunto de sinceridad (subjetivo); esto podría también darse con una situación simplemente imaginaria. El miedo es verdadero porque explica la situación. Por el contrario, en la situación supuesta, la despreocupación podría con razón ser llamada no verdadera[31].

---

[30] Ver J. Habermas, *Wahrheitstheorien,* en: H. Fahrenbach (ed.), *Wirklichkeit und Reflexion,* Pfullingen, Neske, 1973, 211-265.

[31] Por el contrario F. Koppe: «La verdad de las manifestaciones de necesidad es idéntica en último término a su veracidad» (*Kunst und*

El concepto de verdad que aquí proponemos no enfrenta la verdad a la no verdad, sino a otras verdades. No alude a un saber absoluto, del tipo que sea, sino a certezas explicables en procesos de discusión y sometidas al desarrollo histórico. Ningún intérprete puede captar la verdad de una obra, pues ésta cambia a lo largo de la historia. Por ejemplo, frente a la perspectiva de una definitiva destrucción de los recursos naturales, se atribuye a la idea romántica de una reconciliación con la naturaleza, una verdad que hace 150 años no tenía. El desarrollo histórico ha sacado fuera, por así decir, el contenido de verdad de la idea.

3. Del juicio de gusto a la obra de arte

La *Crítica del juicio* de Kant es ante todo una crítica del juicio de gusto. Se trata de encontrar las condiciones de posibilidad de juicios, por los que se puede atribuir a un objeto natural o a un objeto producido por el hombre, los predicados de lo bello o sublime. Kant busca los principios determinantes de tal juicio en el sujeto juzgante y no en los objetos. Ya desde el principio de su libro define el juicio estético en contraposición al de conocimiento, como un juicio «cuyo principio determinante sólo puede ser subjetivo» (KdU I, 279). No es intención de Kant formular enunciados sobre la esencia ni sobre las leyes estructurales de las obras de arte; sólo quiere aislar un modo determinado de contemplación y enjuiciamiento, confesando expresamente que el objeto contemplado estéticamente, podría serlo de

---

Bedürfnis, en: W. Oelmüller (ed.), *Kolloquium Kunst und Philosophie I: Ästhetische Erfahrung.* Paderborn, Schöning, 1981, 74-93; aquí: 78). Desde este punto de vista no hay posibilidad de distinguir entre necesidades verdaderas y falsas.

otra manera³². En el momento en el que se deriva del modo de contemplación una determinación esencial del objeto estético, ocurre algo decisivo: lo que caracterizaba un modo de comportamiento de los sujetos frente a la realidad, se transforma en característica de determinados objetos. Los caracteres determinantes del juicio de gusto se convierten en los de la obra de arte. Las determinaciones del agrado desinteresado, de la finalidad sin fin y del agrado universal sin concepto, tantas veces citadas, son en Kant principios determinantes del juicio de gusto, pero su transformación en características de la obra ya está presente en la *Crítica del juicio*. Es lo que quisiera explicar brevemente a continuación.

La categoría del desinterés no significa que los objetos sometidos a la contemplación estética no puedan suscitar el interés del espectador, sino únicamente que el posible interés (por ejemplo por la posesión de un objeto) no tiene relevancia para el juicio de gusto. El juicio de gusto no se orienta ni al conocimiento ni a la valoración moral del objeto, sino únicamente al juego placentero de las facultades del ánimo (imaginación y entendimiento) despertado por la mera representación del objeto. Expresamente rechaza Kant hacer depender el juicio estético del conocimiento, de la estructura del objeto: «porque se trata de un juicio estético y no de un juicio de conocimiento, que no concierne

---

³² «Si alguien me pregunta si encuentro hermoso el palacio que tengo ante mi vista, puedo seguramente decir: no me gustan esas cosas que están hechas sólo para mirarlas con la boca abierta, o como aquel iroqués a quien nada gustaba tanto en París como las casas de comidas; puedo además clamar al estilo de Rousseau contra la vanidad de los grandes que emplean el sudor del pueblo en cosas tan superfluas... Todo esto puede concedérseme; pero no se trata ahora de tal discurso. Se quiere saber sólo si la mera representación del objeto va acompañada en mí de satisfacción» (KdU 2; 280 s.).

113

por lo tanto a ningún concepto de la estructura y de las posibilidades internas y externas del objeto, a estas o aquellas causas, sino sólo a la relación de las facultades representativas entre sí, en la medida en que son determinadas por una representación» (KdU, 11, 300). En consecuencia, tampoco se refiere el discurso de la «finalidad subjetiva sin ningún fin en la representación del objeto» a la naturaleza del objeto, sino únicamente a las facultades representativas del espectador que se relacionan entre sí de un modo sentido placenteramente; en eso y sólo en eso radica la «finalidad» de la representación. Por lo tanto las «bellas artes» no son determinadas por Kant como una esfera de objetos, con unas características determinadas, sino como un modo de representación. «Por el contrario, las bellas artes son un modo de representación que en sí mismo es conforme a un fin, y que sin embargo, aunque sea sin fin, contribuye a la cultura de las facultades del alma con vistas a la comunicación social» (KdU 44, 404).

Llegamos con esto, no obstante, a un punto en el que también Kant da el paso desde los principios determinantes del juicio de gusto a las características de la obra de arte. «Frente a una producción de bellas artes hay que ser conscientes de que se trata de arte y no de naturaleza; pero la finalidad que se dé en esa forma debe parecer tan libre de toda coacción de reglas arbitrarias como si fuese un producto de la naturaleza. Sobre ese sentimiento de libertad que rige el juego de las facultades cognoscitivas, que sin embargo debe ser conforme a un fin, descansa ese placer que así es universalmente comunicable sin basarse en conceptos» (KdU 45, 404 s.).

A partir de la libertad en el juego de nuestras capacidades cognoscitivas, en tanto que principio determinante del juicio estético, induce Kant una característica de la obra de arte: debe aparecer como si fuese un producto natural. El concepto de apariencia posibilita que se afirme algo sobre la obra de arte sin que tal afirmación esté sometida a la obra (en cuyo caso el juicio de gusto sería un juicio de conocimiento). «Pero un producto de arte aparece como un producto natural cuando se da en él toda la *exactitud* posible en el acuerdo con las reglas, gracias a las cuales puede llegar a ser lo que debe ser; pero sin *esfuerzo,* sin que se note la forma escolar, es decir, sin que deje ver que el artista tenía reglas ante sus ojos e imponía cadenas a las facultades de su ánimo» (KdU 45, 405). Otra vez reconocemos aquí el origen social de la categoría de la apariencia estética. Está configurada según el ideal del *honnête homme,* ideal aristocrático desarrollado a lo largo del absolutismo tras la pérdida del poder político de la aristocracia. El *honnête homme* debe tener amplia cultura, pero los esfuerzos requeridos para su adquisición no deben ser percibidos en el trato social. La cultura debe aparecer natural. El ideal aristocrático de comportamiento que hace de la ocultación del trabajo condición de la formación de la personalidad, vuelve en la estética idealista como exigencia de la obra de arte. El concepto de naturaleza que aquí se aplica no tiene el sentido rousseauniano de la inmediatez y la ingenuidad en contraste con la disimulación aristocrática, sino que es sólo designación de una realización cultural configurada según el ideal de comportamiento de la aristocracia.

También la segunda determinación del juicio de gusto, según la cual bello es lo que agrada universalmente sin concepto» (KdU 9, 298) es cambiada por Kant como característica de las obras de arte. Ello tiene lugar en la sección sobre las «Ideas estéticas», cuya representación en la obra estimula las facultades anímicas del receptor. «Por idea estética entiendo aquella representación de la imaginación que da mucho que pensar, sin que ningún pensamiento determinado, es decir, un *concepto* pueda serle adecuado, y, por consiguiente, ningún lenguaje pueda expresar completamente ni hacer inteligible» (KdU 49, 413 s.). Entre la afirmación de que hay una actitud frente a los objetos de la realidad que no busca una determinación conceptual, y la afirmación de que ciertos objetos se caracterizan por no poder ser alcanzados plenamente por el conocimiento conceptual, hay una diferencia decisiva. <u>Cuando Kant hace de las Ideas estéticas componente esencial de la obra de arte, anula de nuevo indirectamente la separación de lo estético y lo práctico-moral, puesto que determina las Ideas estéticas como ideas racionales con forma sensible que están, por su parte, en estrecha relación con el dominio de lo moral.</u>

Hay que recordar que para Kant las Ideas estéticas constituyen sólamente una parte de la obra de arte, la debida al genio (la otra parte es obra del gusto), y que pueden pensarse muy bien obras sin Ideas estéticas (KdU 50, 420 s.). Sin embargo, no puede haber duda de que son necesarias para la obra lograda (KdU 49, 413). Si nos atenemos al hecho de que sobre todo en la tradición del *New Criticism* la ciencia literaria ha hecho de la polisemia, la polivalencia, según la formulación de Friedrich Schlegel del continuo infinito de la reflexión, el criterio central de la valoración literaria[33], es evidente la necesidad de interrogarse acerca de la pertinencia de la argumentación kantiana. La cuestión planteada es la siguiente: ¿se puede derivar del hecho de que las obras de arte son para nosotros ocasión de una reflexión interminable, un criterio de valoración? Pienso que hay varias razones para contestar negativamente a esa pregunta. No sólo por la imprecisión del criterio, a la que ha aludido expresamente Schulte-Sasse, sino también por la posibilidad innegable de que puede aplicarse a otros segmentos de la realidad un continuo infinito de reflexión. En una figura histórica como la de Napoleón, por ejemplo, es

---

[33] Sobre la crítica de las doctrinas tradicionales de la evaluación, ver J. Shulte-Sasse, *Literarische Wertung*, Stuttgart, Metzler, 1976, 41 s.

evidente que ningún concepto determinado le es plenamente adecuado (ni el «gran general de la revolución», ni el «emperador francés»; se le puede considerar tanto el salvador de la herencia de la revolución como su enterrador. Que esto es así no se deduce de la «grandeza» de Napoleón sino de nuestra capacidad de concretar sucesos y figuras históricas mediante una multiplicidad de determinaciones. En la medida en la que no reducimos un trozo de realidad a la abstracción de un concepto, sino que nos esforzamos en captarla en su concreción, esbozamos momentos determinantes contradictorios que no dejan poner límites a la reflexión. El continuo infinito de la reflexión no es pues ni una característica discriminante de las grandes obras de arte ni un criterio de valoración. Puesto esto en claro, no negamos de ninguna manera que no sea posible y sensato reflexionar sobre las obras de arte. Pero se comprobará que entonces estamos sobrepasando los estrechos límites del juicio de gusto kantiano. Pues no se trata ya de un juicio que produce el juego placentero de la imaginación y el entendimiento, sino de pensamientos que se aplican a las configuraciones concretas de las obras y a su constelación.

Resumiendo lo expuesto hasta aquí podemos decir: Kant puede mantener la separación de la esfera de lo estético de la de lo teórico y lo práctico sólo si se limita estrictamente a una crítica del juicio de gusto. Como en este caso se funda exclusivamente en el sujeto, tiene que limitarse al enunciado vacío: este objeto es bello. Pero la *Crítica del juicio* no es una propedéutica de la evaluación estética, no está «hecha para formar la cultura y el gusto... sino que sólo persigue un objetivo trascendental» (KdU, prefacio, 240). Cuando Kant pasa de la crítica del juicio de gusto a los caracteres determinantes de los «productos de las bellas artes», pone los fundamentos de una metafísica de la obra de arte, cuyas consecuencias apenas entrevió.

Las Ideas estéticas son para Kant ese momento de la obra de arte que se debe a la libertad de la imaginación; el otro momento que expresamente denomina «condición indispensable» es el gusto. «El gusto es, como la facultad de juzgar en general, la disciplina (o la regla) del genio, le recorta las alas, lo civiliza y pule... y, al introducir claridad y orden en la muchedumbre de pensamientos, da solidez a las Ideas, suscitando el consenso general y durable, y se hace digno de la posteridad y de una cultura progresiva» (KdU 50, 421). Evidentemente parte Kant de la idea de que el arte como medio de consenso universal sólo puede darse sobre el fundamento del concepto de gusto. Si es así por temor a una disolución subjetiva del arte o a una pérdida de la inteligibilidad universal, es algo que el texto no establece unívocamente. Lo cierto es que al gusto, muy en la tradición argumentativa de la estética de la regla como factor de orden, debe someterse toda obra de arte.

Ya se sabe que en la posterior evolución de la estética idealista el concepto de gusto va perdiendo importancia[34]. Esto suscita la cuestión siguiente: tras la renuncia al concepto de gusto ¿en qué se funda la pretensión de universalidad de la obra de arte? Podemos contestar dirigiéndonos a la estética de Schelling.

Para Kant es evidente que las obras de arte deben suscitar consenso universal. La comunicabilidad del juicio de gusto y la sociabilidad son en cierto modo las referencias empíricas de su crítica. Este fundamento lo abandona la filosofía de la identidad. Al entender Schelling la obra de arte como revelación del absoluto, Schelling rompe los

---

[34] Cuando al comienzo del siglo XIX Johann August Eberhard publica su *Manual de estética destinado a lectores cultos de todas las clases*, en una 2.ª edición ampliada, el concepto no figura en el índice: Halle 1807-1820; reimpresión: Frankfurt, Athenäum, 1972.

vínculos con una etapa histórica de desarrollo cultural a la que remiten los conceptos kantianos de gusto y sociabilidad. Sólo ahora se piensa la obra como autónoma en un sentido radical. Como producto del genio, que ejercita la síntesis de la actividad consciente y la inconsciente, de la libertad y naturaleza, de sujeto y objeto, la obra de arte es lo absolutamente in-condicionado.

«Toda verdadera obra de arte es algo necesariamente absoluto; algo que pudiera igualmente ser o no ser, no merece tal nombre» (Fil. del arte, 63, 104 s.). Al hacer Schelling de la necesidad el momento determinante de la obra de arte, establece una suerte de criterio absoluto. Que no se trata de un criterio manejable de evaluación estética, es evidente. Decir de un producto que es «absolutamente necesario» equivale a decir que es una obra de arte. Esto sólo puede hacerse de modo decisionista apelando a la intuición intelectual. Pueden verse aquí las consecuencias de la oposición no dialéctica practicada por Schelling, la oposición entre el entendimiento limitado y la intuición intelectual, que desemboca en una tesis abstracta. A ello se refiere también la separación tajante, ya discutida, entre arte y no-arte, entre poesía y no-poesía (Fil. del arte, 278). La teoría estética de Adorno está, a este respecto, en la tradición de Schelling: «el concepto de una obra de arte mala tiene algo de contradictorio; en lo que es mala, en lo que falla su constitución inmanente, falla también su concepto» (ÄT, 246). Y: «el concepto de la obra de arte implica el de su logro. Obras fallidas de arte no son obras de arte; los valores aproximativos son ajenos al arte; lo mediocre es ya lo malo» ÄT, 280). La radicalidad con la que Adorno hace del logro momento determinante de la obra de arte sólo es comprensible en el marco de un pensamiento para el que en la obra de arte se da la verdad en sentido enfático y, en última instancia, en ella se revela el absoluto. De una revelación sólo puede afirmarse que es; no hay aproximaciones a la revelación. Consecuentemente Adorno siempre se ha atenido «a la pretensión metafísica de las obras, por frustrada que haya sido, de sustraerse al tiempo» (ÄT, 262). Transversal al tiempo histórico, la revelación tiene su propio tiempo[35].

Podría objetarse a nuestro intento de proceder a una crítica del concepto metafísico de la obra de arte propio de la estética idealista, que ciertamente éste puede darse en Schelling y entre sus sucesores como Adorno, pero que no sería importante para la comprensión del arte en la sociedad burguesa. Yo pienso que ocurre justamente lo contrario, que Schelling y Adorno sólo expresan lo que subyace al trato institucionalizado con las obras de arte.

Examinando el concepto de obra que tiene lugar en la interpretación, aparece que la estética idealista está mucho más viva de lo que sostiene el discurso habitual que la declaraba acabada. En la mayoría de las interpretaciones puestas en circulación por las ciencias de la literatura y del arte de los últimos treinta años subyace un concepto de obra entendido como totalización de forma y contenido. Cuando Roman Jakobson, por ejemplo, en su análisis de un poema de Paul Klee intenta probar que una estructura ternaria determina todos los niveles del texto, tanto el semántico como el responsable de la descripción gramatical, parte de la idea de que el poema está logrado en la medida en que coinciden el plano significativo y el plano de la forma[36]. Ahora bien, la determinción de una obra como to-

---

[35] Esta tradición se remonta a K.Ph. Moritz: «Y con labios mortales no se puede decir de lo bello palabra más noble que: ¡es!» (*Über die bildende Nachahmung des Schönen*, en: *Schriften zur Ästhetik und Poetik*, ed. H.J. Schrimpf, Tübingen, Niemeyer, 1962, 93); se cita en lo que sigue esta edición como SÄ.

[36] R. Jakobson, *Hölderlin, Klee, Brecht. Zur Wortkunst dreier Gedichte*, ed. E. Holenstein, Frankfurt, Suhrkamp, 1976, 98-105.

talidad de forma y contenido es una pieza de la estética idealista en la que vuelve la tesis de la mediación de objeto y sujeto; en el concepto de forma se da el aspecto subjetivo y en el de contenido el objetivo.

Si las declaraciones que anuncian el fin de la estética idealista no impiden que se continúen explicando las obras concretas a partir de la teoría de la obra de arte propia de tal estética, será deber de la crítica de la estética idealista meditar en las consecuencias de tal situación. ¿Qué significa la crítica del sujeto-objeto de la estética idealista con relación al concepto de obra (totalidad de forma-contenido)?

Digamos ante todo que poco se consigue renunciando a los conceptos de forma y contenido, puesto que la dicotomía básica reaparece con otros términos. Es evidente que esa dicotomía o está en la realidad o en nuestro trato con la realidad. Sospechamos que las contradicciones de la sociedad burguesa se imprimen en las obras de arte que producimos o que nos apropiamos. Lo que equivaldría a decir que puesto que vivimos en una sociedad en la que lo particular y lo universal, el individuo y el género, el sujeto y el objeto están escindidos, también son para nosotros las obras de arte configuraciones en las que volvemos a encontrar esa escisión. En tal caso la determinación idealista de forma y contenido afecta a la realidad. Pero todo depende de *cómo* se piensa la relación existente entre ambos polos. Ahí, y sólo ahí, radica lo ideológico del concepto idealista de obra. Pues si se supone que la relación forma-contenido es idéntica a la de sujeto-objeto de la estética idealista, entonces necesariamente se pensará la obra de arte como reconciliación, incluso por parte de los que no conocen tal estética.

Un concepto de obra no idealista sería uno en el que forma y contenido no se pensaran separados, sin que al mismo tiempo eso implicase una valoración estética negativa. Pero hacer esto es más difícil de lo que supone su mera formulación, y precisamente por ello el concepto idealista de obra está institucionalizado y configura también nuestra experiencia estética.

Podemos afirmar pues que el discurso acerca de la dialéctica forma-contenido de la obra de arte no le es externo. Nos permite a los que vivimos en una sociedad marcada con contradicciones encontrar esa estructura contradictoria en la estructura de la obra de arte, que por ello es posible. Pero, después de que se ha sometido a crítica la estructura sujeto-objeto de la estética idealista, declarándola paradigma metafísico de reconciliación, y de que en el contexto de las vanguardias históricas ha resultado dominante un nuevo tipo de obra de arte (el montaje, la obra no orgánica) no podemos explicar la dialéctica forma-contenido como identidad. Lo que hace falta es mantener la oposición ente ambos conceptos porque ahí radica el momento potencial de verdad de la estructura de la obra.

Es evidente que el concepto de símbolo, tal como ha sido desarrollado por Karl Philipp Moritz y por Goethe, y después aceptado por la ciencia literaria[37], está afectado por la crítica formulada contra la estructura sujeto-objeto de la estética idealista. Pues el entendimiento de la obra de arte como símbolo representa justamente esa unidad de lo particular y lo general que persigue el concepto filosófico del sujeto-objeto. Si se toma en serio la crítica a la estética idealista, no será posible partir sin más de la idea de que en la obra lograda de arte coinciden lo particular y lo universal, la sensibilidad y la idea. Más bien se verá que el potencial de verdad de la obra tiene su índice en su separación. Con

---

[37] También la categoría de lo típico, importante en la estética de G. Lukács, se basa como se sabe en el concepto clásico de símbolo. Ver G. Lukács, *Einführung in die ästhetischen Schriften von Marx und Engels,* en: *Schriften zur Literatursoziologie,* ed. P. Ludz, Neuwied/Berlín, Luchterhand, 1962, 229 s.

ello la categoría central de la estética será la de ruptura. Precisamente la obra se logra si rehusa la reconciliación de las contradicciones y no refleja la unidad como algo ya realizado.

Soy consciente evidentemente del hecho de que intentar convertir la ruptura en categoría estética implica un problema. Es un problema simultáneo de demarcación y de valoración. Si partimos de la categoría de ruptura entonces cualquier reunión arbitraria de objetos parecerá una obra. Es una posibilidad real y ha sido aprovechada por algunos movimientos de la neovanguardia. Con ello no se resuelve la cuestión de la valoración. En la mayoría de los casos un trozo de realidad contingente propuesto como obra, debería tener una débil capacidad de enunciación. Esto está en conexión con el hecho de que el acto de formación se limita a aislar los objetos. Renunciar a la intervención del sujeto que se limita a la simple mostración, inmoviliza la dialéctica sujeto-objeto. La oportunidad de que el mero ensamblaje libere una significación es mínima. Para que se produzca un significado se requiere un suplemento de escenificación como ocurre en el caso de Beuys.

Excurso II: Crítica de la interpretación

[Se puede entender lo que es la institución arte dominante como aquella instancia que diferencia los discursos legítimos acerca del arte, de aquellos otros que no son legítimos.] Criticar la institución arte significa pues criticar el discurso legítimo vigente acerca del arte. Tal crítica tendrá en primer lugar que señalar los elementos estructurantes de ese discurso. Hasta ahora hemos partido del hecho de que en la estética autónoma los elementos estructurantes del discurso vigente sobre el arte pueden ser encontrados. La estética autónoma posee ciertamente las representaciones operativas acerca de lo que es arte, cómo se produce y cómo debe ser recibido; pero sólo de modo mediato puede derivarse de ella un procedimiento que ordene el trato que se ha de tener con las obras de arte. Tal procedimiento lo ha desarrollado la teología mucho antes de producirse la autonomía estética: la interpretación como forma de acceso al texto canónico de la Biblia. Sólo tras el desarrollo de la estética autónoma se ha aplicado este procedimiento a las obras literarias y artísticas, pues sólo su enfático concepto de obra proporciona los presupuestos para ello. <u>Antes de que se impusiese la autonomía estética predominaba otro tipo de acceso a las obras literarias: la crítica orientada según la estética de las reglas</u>. Tal crítica enjuicia las obras atendiendo a su elegancia lingüística, su estructura, la conducción de la acción, los caracteres de los personajes, sirviéndose como criterio de las reglas morales dominantes. Incluso entre los ilustrados era impensable un trato distinto de éste con las obras literarias. Sólo con la estética autónoma nace un concepto de obra que desliga el trato con la obra de toda atadura a reglas dadas previamente. Se concibe entonces como una formación que configura ella misma las reglas por las que se procede al enjuiciamiento. Como la Biblia se explica por sí, y la tarea del intérprete solo consiste en buscar los pasajes que no son claros, así también pasa con la obra de arte. También <u>ahora el intérprete no tiene más que hacer que erigirse en órgano de la autoexplicación del texto.</u> La interpretación (tradicional) transfiere pues el procedimiento de tratamiento de los textos religiosos a las obras literarias; no a todas ciertamente, sino sólo a aquellas que valen como obras de arte. Frente al hecho de que la interpretación se ha convertido en nuestro siglo en el tipo dominante de trato con las obras de arte, una crítica de la estética idealista tiene que intentar comprender aquellas actitudes y orientaciones que, sin ser discutidas, impregnan como presupuestos la praxis interpretativa. Y no para criticar determinadas escuelas de teoría literaria como la del *New Criticism* o la de la inmanencia de la obra[38], sino para comprender los presupuestos que subyacen tanto a las interpretaciones histórico-sociológicas como a las materialistas.

A primera vista puede parecer que la crítica que aquí emprendo tiene puntos de contacto con el análisis del discurso de Foucault, y especialmente con su crítica de la actitud exegética. Veamos la diferencia. Para la actitud exegética el texto es, según Foucault, «un tesoro inagotable del que pueden sacarse a luz continuamente riquezas nuevas e imprevistas»[39]. El reproche que formula Foucault contra la interpretación tradicional podría llamase reproche de sustancialismo. En la concepción sustancialista del texto se entiende el texto como signo que remite a algo distinto: el significado que está contenido en él, o escondido tras él como una sustancia o esencia. La tarea del intérprte sería liberar esa sustancia; la inagotabilidad del texto garantiza la posibilidad de descubrir siempre nuevas sustancias (riquezas). El argumento es plausible sólo en la medida en la que se ignora la discusión hermenéutica. Se critica una actitud no racional frente a la obra a la que se atribuye una cualidad mística, la producción de sentido. Sin embargo, Foucault no quiere sólo desenmascarar un concepto místico de obra, sino poner en cuestión en general el principio de asignación de significado. Toda atribución de significado es para él una «neutralización» del discurso, por su reducción a algo distinto. No hay duda de que Foucault argumenta en la tradición del positivismo. Se trata evidentemente de

---

[38] Es lo que ha emprendido R. Weimann con relación al *New Criticism: New Criticism und die Entwicklung bürgerlicher Literaturwissenschaft*, München, Beck, 1974.

[39] Ver M. Foucault, *L'Archéologie du savoir*. París, Gallimard, 1969, 158.

eliminar la oposición que media entre esencia y apariencia. La radicalidad de esta crítica se revela sin embargo como una radicalidad aparente pues finalmente deja todo como estaba. Si la interpretación no es sino reducción, se desvalorizan todos los intentos de apropiación de la tradición sin probar en su lugar modelos diferentes de interpretación ni comparar entre sí interpretaciones concretas.

Contra la exégesis propone Foucault la exigencia de un análisis del discurso que no trascienda el discurso mismo, pero que al mismo tiempo se pregunte por las reglas que dirigen determinados tipos de discurso. Parece evidente que tal análisis del discurso tiene que trascender los discursos concretos, en la medida en la que se hacen afirmaciones sobre las reglas vigentes en ellos. Frente al proyecto de Foucault no se va a tratar en lo que sigue de reglas sino de presupuestos. Mientras que las reglas deben, en general, llegar a ser conscientes, es característico de los presupuestos que en gran medida no sean conscientes por parte de los participantes en la interacción. Pero entonces se sustraen ampliamente a la cuestión de su capacidad de justificación.

A mi entender hay al menos en la interpretación tradicional dos presupuestos no discutidos: la presuposición de que se trata de una obra, y la presuposición de que la obra tiene un valor (estético). Ambos presupuestos están relacionados entre sí. El primer presupuesto no afirma sólo que se trata de una configuración cuyos límites se pueden determinar con relativa facilidad; el concepto tradicional de obra tiene una carga más bien enfática (en lo sucesivo señalaré este concepto intenso de obra con comillas: «obra»). Podemos distinguir aquí los siguientes momentos: 1.º La obra es única. Lo que tiene validez incluso cuando tiene parecidos estructurales con otras obras del mismo autor o de la misma época. 2.º Esta singularidad constituye esencialmente el valor de la «obra». Tal valor tiene que ser ciertamente mostrado por el intérprete (crítica de la belleza),

126

pero el intérprete está convencido de antemano de que la «obra» tiene valor. Esta convicción la ha adquirido a partir del hecho según el cual la «obra» ha sido transmitida según el canon de la literatura culta. En la presuposición del valor late también el supuesto tradicionalista de que la «historia» ha elegido siempre lo mejor; los contemporáneos pueden engañarse respecto del valor de las obras, pero la «historia» realiza siempre la elección acertada. Este supuesto tradicionalista es compartido por numerosos científicos de la literatura que se reconocen a sí mismos como representantes de una ciencia crítica (dialéctica). La función compensatoria que ejerce este supuesto es evidente: no sólo se cree tener un suelo seguro bajo los pies, sino que también se liberan de la penosa tarea de contestar la cuestión de la legitimidad de una tradición.

La singularidad y el valor de la «obra» no constan sin más por sí mismas, sino que remiten al autor quien, como genio, exhibe tales caracteres. En la medida en la que la interpretación dirige la atención a lo extraordinario del productor, se da la tentación de pasar del discurso sobre la obra al discurso sobre el autor. Aquí puede realmente ocurrir lo que Foucault critica: la «obra» aparece sólo como expresión de otra cosa, por ejemplo, la vivencia del poeta (Dilthey).

De los supuestos de la singularidad y del valor de la «obra», que pueden estabilizarse (no que tengan) mediante el recurso al autor genial, se deriva la consecuencia de que la «obra» es susceptible de interpretación. Esto significa que la cuestión acerca de qué obras son objeto de interpretación es algo ampliamente asegurado por el canon. En todo caso es pensable que haya modificaciones y ampliaciones del canon (por ejemplo la asunción del surrealismo en el canon después de los sucesos de mayo de 1968). Pero el canon mismo no es puesto en cuestión.

Con relación a la crisis de la tradición que hoy vivimos, no me parecen legítimas las presuposiciones de la interpretación tradicional que acabo de esbozar, porque se derivan de un concepto hipostasiado de obra de la estética idealista. Incluso los esfuerzos por modelos más exactos de descripción textual ofrecen nuevos resultados cuando se liberan de las implicaciones irracionales que subyacen en las presuposiciones discutidas.

Hay una tercera presuposición de la que todavía no se ha hablado, y que podemos llamar la *presuposición de la forma*. Es con mucho la más difícil de discutir porque en ella el momento de verdad y el momento ideológico están más estrechamente conectados que en los casos anteriores. Debe entenderse por presuposición de la forma la idea del intérprete de que las obras de arte se distinguen de otras formaciones en que la forma no es exterior al contenido, sino que hay más bien entre ellos una relación necesaria. Este supuesto permite al intérprete explicitar semánticamente elementos formales de una obra. Tras este supuesto está el pensamiento idealista de la identidad sujeto-objeto del que ya hemos tratado. En la medida en la que en la base del presupuesto de la forma está el teorema filosófico de la identidad, cae también bajo su crítica. Como la solución filosófica mediante la identidad del problema del sujeto y el objeto se sustrae a la mediación del trabajo, es una solución mítica y aparente de un problema irresuelto.

Pero puede plantearse la pregunta de si la presuposición de la forma efectivamente sale del teorema idealista de la identidad de sujeto y objeto. Para responder a tal pregunta vamos a indagar más de cerca en el procedimiento que utiliza Roman Jakobson. Elegimos a Jakobson porque su interpretación se caracteriza por un alto grado de racionalidad y por ello tenemos ahí el status más avanzado de procedimiento interpretativo. Jakobson busca captar en un poema todos los paralelismos y oposiciones fonéticas, morfológicas, sintácticas y semánticas, para lograr, a partir de ellas, la estructura significativa del texto. Si, por ejemplo atendemos a la interpretación que hace del poema de Brecht *Wir sind sie,* sorprende que de ninguna manera se interpretan semánticamente todas las estructuras fonéticas y gramaticales. Hay evidentemente una discrepancia entre la exhaustividad de la descripción estructural y la parquedad de las observaciones que marcan la transición a la semántica. Es especialmente clara la ruptura entre ambos planos en el análisis del poema de Baudelaire *Les Chats,* realizado conjuntamente con Lévy-Strauss, en donde la interpretación de los mitos de Lévy-Strauss sólo muy laxamente está en conexión con la descripción textual de Jakobson. La razón de ello debería radicar en que la relación entre la estructura formal y la significación tampoco está clara en Jakobson. Pero hay que subrayar que le debemos pasos importantes en el camino de una explicación. Pienso ante todo en las explicaciones que aporta an su artículo sobre lingüística y poética, al hablar de la «función poética» del lenguaje a propósito del ejemplo del eslogan electoral del que sería presidente de USA Eisenhower: *I like Ike*[40]. Hay dos momentos de este análisis que merecen ser retenidos: uno, la separación de la «función poética» del lenguaje, de los presupuestos de la obra y del valor. «La función poética» en el sentido de Jakobson afecta también al lenguaje de uso diario. Cierto que Jakobson se somete al presupuesto estético de que los textos poéticos se caracterizan por el predominio de la «función estética», y de que su valor se revela cuantitativamente en el número de paralelismos y oposiciones descritos: una asociación de una premisa esteticista y un procedimiento positivista de descripción

---

[40] Ver R. Jakobson, *Linguistique et poétique,* en: *Essais de linguistique générale,* París, Minuit, 1963, 158 (trad. cast.: Barcelona, Seix-Barral, 1981).

que se ha convertido en característica de gran parte de la actual ciencia literaria, obsesionada por la exactitud. Por otra arte, contiene el análisis del eslogan «I like Ike» la idea de que el sonido «ai», insistentemente repetido, no dice nada de la «esencia» del general. Jakobson evita atribuir directamente a la estructura fonética repetida un valor expresivo o significativo. En eso se diferencia de los intérpretes que trabajan en la línea de la inmanencia de la obra, y que según los casos hablan unas veces de sonidos «i» agudos y otras de sonidos «i» agradables, etc., con lo que atribuyen a los sonidos del texto una cualidad expresiva inmediata.

En mi opinión, la cuestión de cuál es entonces la relación entre la estructura formal y la significación del texto, tampoco está planteada por Jakobson. Se conforma con sustituir el presupuesto tradicional de la forma por la exhaustividad científica de la descripción, un esfuerzo curioso si se recuerda que tal presuposición implica el teorema filosófico de la identidad. Si se quiere presionar la cuestión en búsqueda de una mayor clarificación, habrá que contemplar primero convenientemente la dificultad: de la presuposición de la forma depende el tipo de experiencia estética que está institucionalizado en nuestra sociedad. En el transcurso de nuestra socialización estética (en la familia, en la escuela, en la universidad y, no en último lugar, por nuestro propio esfuerzo) hemos aprendido a ver y leer las formas no como un revestimiento sin importancia de otra cosa, sino como algo significativo en sí mismo. La discusión acerca del presupuesto de la forma supone en mucho mayor medida que en los otros presupuestos contemplados, la disposición de pensar en contra de lo que nos resulta evidente. A ello se añade –un problema no menor– la dialéctica del concepto de forma. Lo que en un aspecto puede ser considerado como un momento formal, aparece como material (contenido) bajo otro punto de vista. De ahí procede el que, en la ciencia de la literatura, aparezca como análisis formal la investigación de planos muy diferentes de la obra: no sólamente la estructura fónica y sintáctica, sino también, por ejemplo, la estructura relacional de las personas. Evidentemente hay una diferencia entre los planos fónicos y sintáctico por una parte y la oposición de campos de palabras y figuras o constelaciones de figuras por otra. Frente a los primeros, estos últimos son genuinamente semánticos. La oposición entre *montañas y llanuras* en la frase de Brecht: «las fatigas de las montañas están tras de nosotros, ante nosotros están las fatigas de las llanuras», puede describirse como una oposición formal, pero remite forzosamente a una significación. Esto no vale de igual manera en la repetición en forma de quiasmo: «están tras de nosotros/ ante nosotros están». La repetición y el quiasmo no significan nada por sí mismos. Hay pues que diferenciar cuidadosamente los dos tipos de estructura «formal» textual.

Si se intenta ahora responder a la pregunta acerca de lo que realizan los paralelismos fónicos y gramaticales, y las estructuras de opuestos en un texto (no sólo en una «obra»), resulta de lo hasta ahora dicho que con seguridad hay dos respuestas falsas, la que atribuye a esas estructuras en cada texto concreto un valor expresivo propio (procedimiento de la inmanencia tradicional de la obra) y la que niega que tales estructuras produzcan algo. Cuando los estrategas electorales recurren a la aliteración y a la rima interna, lo hacen porque algo esperan de tales medios artísticos (una disponibilidad mayor del receptor a aceptar el mensaje), y porque tienen razones para esa suposición. Si las dos respuestas anteriores son falsas, entonces se puede determinar en una primera aproximación la relación de los paralelismos fónico y gramatical y de las estructuras de oposición con la significación del texto, de este modo: *apoyan* la oposición semántica básica del texto. Esto, pero tampoco más, es lo que ejercen la repetición y el quiasmo en la frase de Brecht antes citada. (Evito hablar de efecto mágico, no sólo porque la interpretación inmanente de las obras ha querido sin razón limitarse al efecto del lenguaje en las «obras» —»magia verbal» como expresión de asignación de valor–, sino porque sin una mayor aclaración de lo que es magia, el discurso sobre el efecto mágico del lenguaje no explica nada).

El resultado parcial de nuestra investigación debería ser incontestable en tanto no se hayan explicitado sus consecuencias. Si los paralelismos fónicos y gramaticales y las estructuras de opuestos presentes en un texto sólo apoyan la semántica del texto en cuestión, y si el valor estético no coincide con el número de las estructuras de ese tipo presentes (el error de Jakobson), entonces no tiene mucho sentido describir tan minuciosamente como se pueda esas estructuras. En todo caso pueden jugar un papel como procedimiento *didáctico:* se trataría de llamar la atención sobre la existencia de tales estructuras. Si esta argumentación es sólida, habría que revisar consecuentemente la práctica interpretativa vigente (especialmente en los poemas).

Volvamos ahora a los elementos formales de un texto que caracterizamos como genuinamente semánticos (es decir que remiten a significados), ejemplificados antes en la oposición: *montañas versus llanuras.* El texto citado de Brecht es un ejemplo sencillo porque consta de una sola frase y porque la comprensión de su significado coincide con la comprensión de la oposición básica «fatigas de las montañas» y «fatigas de las llanuras». Evidentemente es una excepción, aunque no construida *ad hoc* (pues la frase procede de un poema). Los textos constan en general de más de una frase. Ello tiene como consecuencia que las oposiciones semánticas básicas no coinciden con una única oposición formal presente en el texto. Tienen que ser primero puestas de relieve por el intérprete, y para ello se requiere un procedimiento. Es conocido que la tradicional interpretación inmanente de la obra no ha desarrollado ningún método y confía sólo en la intuición del intérprete. Esto se explica por las presuposiciones de la obra y del valor, antes discutidas, que hacen de los intérpretes co-creadores inspirados y congeniales intérpretes de la «obra»[41]. La autoconcepción del intérprete y la plausibilidad de las interpretaciones que proponga son dos cosas distintas. Ni una autoconcepción irracional descalifica de antemano los resultados a que llega un intérprete ni una autoconcepción científica garantiza los mismos; sin contar que, como hemos visto en Jakobson, premisas esteticistas (y en tal caso no suficientemente racionales) pueden coexistir con una autocomprensión positivista y científica. Antes de que nos ocupemos con más detalle del método para la comprensión de la estructura semántica básica de un texto, tenemos que hacer primero la pregunta de si se pueden indicar criterios que permitan diferenciar una interpretación arbitraria, de una plausible. En primer lugar hay que ser conscientes también aquí de la dificultad del problema. Estamos acostumbrados a investigar las interpretaciones concretas según su plausibilidad. Al proceder así, no aportamos sin embargo criterios generales de plausibilidad, sino que comparamos las interpretaciones propuestas con el texto y al hacerlo encontramos posiblemente elementos que no se pueden integrar en la interpretación propuesta; lo que nos induce a formular otra. (Dejo conscientemente aparte el problema hermenéutico del punto de vista del intérprete). Un criterio general de plausibilidad no puede sustituir evidentemente el examen de la interpretación concreta del texto;

---

[41] A eso se refiere el trabajo de E. Steiger *Die Kunst der Interpretation...* München, 1971. Hay que conceder que tal concepción mistificada de la interpretación no excluye ni la sensibilidad estética ni finas dotes de observación.

pero en todo caso puede funcionar en el sentido de una Idea reguladora. Quisiera en lo que sigue discutir algunos criterios posibles.

El criterio más general de plausibilidad de las interpretaciones puede adquirirse transfiriendo los resultados a que llega la filosofía del lenguaje ordinario[42]. Dice así: es plausible aquella interpretación que es aceptada por una comunidad de hablantes. No cabe poner en duda lo exacto de tal afirmación, aunque no estemos seguros de si efectivamente contribuye a la solución del problema. La interpretación figurativa de la Edad Media, por ejemplo, que se esforzaba por entender las historias del Antiguo Testamento como anticipaciones del Nuevo, era aceptada por la comunidad de teólogos medievales, pero no por nosotros[43]. El hecho de que una comunidad interpretativa acepte una interpretación determinada no constituye evidentemente un criterio suficiente para decidir el grado de plausibilidad de las interpretaciones. Pero es siempre algo exigible cuando dos interpretaciones se contradicen entre sí. Habrá pues que fundamentar el criterio de plausibilidad no sólo por parte del receptor, sino también en el texto. Ante todo podría aportarse una fórmula negativa (limitadora): una interpretación que sólo se apoye en uno o pocos elementos de un texto, tiene un grado menor de plausibilidad. A quien apoye la interpretación de un relato sólo en unos pocos motivos, no atendiendo a la constelación de personajes o a la construcción de la acción, se le podrá reprochar con razón la arbitrariedad de su interpretación, sobre todo si se demuestra

---

[42] Ver sobre esto E. von Savigny, *Die Philosophie der normalen Sprache...* Frankfurt, Suhrkamp, 1974, 60 s.

[43] Sobre la interpretación tipológica en la Edad Media, ver E. Auerbach, *Typologische Motive in der mittelalterlichen Literatur* (Escritos y conferencias del Instituto Petrarca de Colonia). Krefeld Scherpe Verlag, 1964.

que los elementos nombrados no encajan con la interpretación. Cuando tal criterio se entiende no en el sentido de una captación cuantitativa de todos los signos lingüísticos presentes, sino en el sentido de la captación de los planos constitutivos de sentido, debería ser apropiado, si se atiende a las restricciones antes mencionadas. De hecho puede demostrarse que la interpretación figurativa no incluye determinados elementos con sentido de los relatos véterotestamentarios, sino sólo aquellos para los que se encuentran analogías en el Nuevo Testamento.

Pero podemos preguntarnos si este criterio es suficiente para oponernos a lo que podría llamarse posición arbitraria de sentido, y que tiene probablemente su fundamento en la necesidad de ordenar el mundo ambiente mediante el establecimiento de conexiones. Tal necesidad no caracteriza sólo de ninguna manera las sociedades arcaicas, sino que también se puede observar en las nuestras. No sería de admirar que una generación cuya socialización estética ha ocurrido bajo el signo del esteticismo y cuyas experiencias políticas han sido marcadas por los sucesos de mayo y los movimientos estudiantiles, descubriese en Mallarmé a un revolucionario anarquista. La interpretación debería entonces cumplir con precisión la tarea de relacionar dos mundos de experiencia contradictorios, y liberar a los individuos de la forzosidad de tener que decidirse por *uno* de ambos mundos. Si se investiga el procedimiento seguido en este ejemplo, no tan imaginario, se comprobará que se asemeja estructuralmente a los casos de interpretación tipológica. En ambos casos se apuesta por un plano que pone las significaciones (el Nuevo Testamento o la Revolución), y la tarea del intérprete consiste en aproximar el texto (el Antiguo Testamento o Mallarmé) al primer plano. Lo que llama la atención es que la significación ya existía antes (formulada en otros textos), y que la interpretación consiste en volver a encontrarla en los textos que hay que interpretar. Lo insatisfactorio del procedimiento radica ante todo en el hecho de que la significación no se produce, sino que sólo se *atribuye*.

Ciertamente hay que conceder que la producción de significaciones es algo extraordinariamente raro. Cuando, por ejemplo, Adorno interpreta la *Ifigenia de Goethe,* la lee a la luz de la *Dialéctica de la Ilustración*[44]. Vuelve a encontrar en el drama de Goethe aquellas contradicciones del desarrollo de la humanidad que ha investigado en el libro escrito conjuntamente con Horkheimer. ¿Puede decirse que se limita a atribuir a la obra el significado ya conocido y que consta en el escrito teórico? En cierto sentido es así, pero la interpretación no procede así. Da a conocer las contradicciones de la concepción de la humanidad propia del clasicismo de Weimar, al atribuir un carácter exclusivo a los «bárbaros». El valor estético de la obra consistiría en que hace reconocer la fragilidad de la humanidad que ella anuncia. La acción del intérprete Adorno radica en explicitar esto, enfrentando interpretaciones armonizadoras. Pero esta producción de significación la consigue sólo mediante una atribución de significación. De ahí deducimos: ambos criterios han de ser tratados con prudencia. De ninguna manera la demostración de que hay una atribución de significación constituye razón suficiente para una valoración negativa de la interpretación.

A la vista de la aplicabilidad limitada de los criterios generales de plausibilidad para el enjuiciamiento de una interpretación semántica (pues sólo de ésta tratamos aquí), puede ser pertinente volver a los procedimientos de la crítica inmanente para analizar el modo de actuar del intérpre-

---

[44] Ver Th.W. Adorno, *Von Klassizismus von Goethes Iphigenie,* en: *Noten zur Literatur IV,* ed. Tiedemann, Frankfurt, Suhrkamp, 1974, 7-33.

te. Por las razones antes dichas elijo de nuevo un procedimiento estructural; pero esta vez no se trata de la crítica de un método científico concreto, sino de un método general, del que también se sirven los científicos que no son de obediencia estructuralista: la búsqueda de oposiciones semánticas. Supongamos que el objeto de la interpretación es una narración en la que llama la atención la oposición de mundo de la montaña y paisaje del valle (como, por ejemplo, *Runenberg* de Tieck). ¿Qué hace el intérprete estructuralista? Dispondrá dos *paradigmas* en los que los elementos de la realidad nombrados en la narración y los valores coordinados con ellos se compongan formando opuestos según sus posibilidades. El esquema de oposiciones semánticas de mundo de la montaña y mundo del valle, así surgido, le permitirá, por su virtud, completar elementos que no se daban en las oposiciones del texto. Se siente justificado para proceder así porque el esquema de oposiciones en cuanto tal supone que la oposición impregna todos los dominios de la realidad. Independientemente de la cuestión acerca de cómo interpreta las oposiciones encontradas y esquematizadas (hay diferentes posibilidades), se puede decir: el intérprete capta la estructura significativa de un texto si pone entre paréntesis su estructura sintagmática y se dedica al establecimiento de paradigmas semánticos.

Suponiendo que esta descripción traduzca efectivamente el paso primero, pero también decisivo, de la aclaración semántica del texto, se revela ésta como un procedimiento que lleva a cabo una *intervención* en el texto: algo que en esa forma no está presente en el texto (el ejemplo de las oposiciones) se convierte en fundamento de la subsiguiente interpretación, mientras que la estructura que ocurre y está presente en el texto pasa al trasfondo. Para legitimar este procedimiento se dice lo siguiente: la estructura de oposiciones que el intérprete encuentra en el texto (esta es su perspectiva) o que impone al texto (esta es la perspectiva de un crítico de tal procedimiento) es evidentemente lo que conecta entre sí texto e interpretación. El procedimiento descansa por lo tanto en la suposición, no explícita, de que el pensamiento racional está estructurado mediante oposiciones. Esta suposición me parece justificable si se pone en relación con la idea de que también la estructura de oposiciones tiene un origen histórico[45]. Otro argumento en pro de la legitimación del procedimiento esbozado es el hecho de que permite oponerse a la interpretación arbitraria de elementos concretos; pues el objeto de posteriores interpretaciones lo constituyen aquellos elementos que ocupan un lugar dentro del esquema.

Sin embargo, un planteamiento semejante pone de manifiesto al mismo tiempo los peligros del método. Evidentemente se tiende a descuidar los elementos que no entran en el esquema de oposiciones. A esto se añade inmediatamente el reproche de que el texto, a causa de la intervención del intérprtete, queda sometido a un esquematismo racional. Tal objeción, si se toma como un veredicto general contra el método racional, es problemática, porque no admite la paráfrasis como acceso alternativo a los textos. A esto se añade que, de modo no aclarado, se da por supuesto ese concepto enfático de obra que antes hemos criticado. Sin embargo, hay en todo esto un momento de justificación que puede recuperarse metódicamente. De hecho tiene sentido formular la pregunta de si en un texto se loca-

---

[45] No carece de importancia en este contexto cómo se interpreta ese origen: si con A. Sohn-Rethel se parte de que «la forma lógica del pensamiento racional está directamente condicionada por el intercambio de dinero y mercancías» (*Warenform und Denkform,* Frankfurt, Suhrkamp, 1978, 40) o si se deriva la estructura de opuestos de la contraposición sujeto-objeto en el proceso de trabajo. Para la crítica de Sohn-Rethel ver L. Paul, *Geschichte der Grammatik im Grundriss...* Weinheim/Basel, Beltz, 1978, 26 s.

lizan elementos que no encajan en el esquema central de oposiciones, y, si es así, qué tienen que ver con él.

Más importante es otra objeción, en relación con el abandono de la estructura sintagmática del texto. Si la estructura pardigmática de las oposiciones semánticas pasa a ser el centro de los posteriores intentos de interpretación, ¿no se despoja así al texto de su dimensión decisiva, que radica en la mediación de las oposiciones? El protagonista puede ir a la montaña, viniendo del valle y, de nuevo, volver al valle; es el que pone ambos mundos en relación, haciéndolos objeto de su experiencia. Hay aquí efectivamente un problema decisivo en el método esbozado. Amenaza con fijar el mundo en oposiciones rígidas, mientras que, sin embargo, son éstas mediadas continuamente por la actividad humana. Quizás las dificultades que encuentran los estudiantes en el aprendizaje de este método, y que son frecuentes, tienen su fundamento en un rechazo profundo a las oposiciones rígidas. Sea como sea, no cabe duda de que en la postergación de las mediaciones está el núcleo problemático del método. Si esto es así, entonces la calidad de una interpretación se puede medir por su capacidad de integrar en los subsiguientes pasos interpretativos, la mediación de las oposiciones, puesta entre paréntesis, es decir, la estructura sintagmática del texto.

Volviendo de nuevo a nuestra discusión acerca de la interpretación, podemos afirmar lo siguiente: la crítica de la interpretación, promovida en el marco de una crítica de la institución arte, como procedimiento dominante de apropiación de la tradición, no puede tener como meta desenmascarar como ilegítimo ese tipo de discurso (en el sentido, por ejemplo, del reproche sustancialista de Foucault) y poner en su lugar algo nuevo, sino que más bien se trata del intento de encontrar lo que en la práctica de la interpretación no es derivable racionalmente de los presupuestos. En tal sentido hemos criticado las presuposiciones propias de la obra y del valor. El concepto enfático de obra y las valoraciones recibidas canónicamente no deberían ser presupuestas en un análisis racional de los textos. No hay que hacer frente a la actual crisis de tradición apelando al carácter obligatorio de las tradiciones, sino impulsando un plus de racionalidad. Para ello es decisivo que ésta no resulte recortada por la vía tecnicista. Pienso, a propósito de esto, en el peligro de que el esfuerzo por un modelo más exacto de descripción textual, arrastre consigo los presupuestos de la interpretación tradicional, otorgando a ésta una apariencia de racionalidad. Nuestro intento busca por el contrario suscitar, mediante la aclaración de las presuposiciones, un proceso de reflexión que promueva una modificación de la praxis interpretativa.

En realidad, una vez reconocidos los presupuestos de la obra y del valor, no debería entenderse tampoco el intérprete como el genial coautor que participa en cierta manera en la singularidad de la «obra». Su tarea es más prosaica, pero no necesariamente más sencilla: la mediación de la tradición. En tanto que un agente que reconstruye significados textuales, interviene en los textos. Cuando se rompe la apariencia de lo inmediato, la reflexión se convierte en premisa metodológica decisiva. El intérprete buscará dar siempre justificación de lo que hace. Esto vale no sólo en la reconstrucción de la estructura semántica de un texto, sino especialmente también en la producción de conexiones más amplias y de decisiones de valoración. Cuando la seguridad de un canon, sentido como vinculante, se ha roto, se hace necesario construir líneas de tradición y hacerlas inteligibles a partir de los problemas del presente[46].

---

[46] Ver sobre esto Ch. Bürger, *Tradition und Subjektivität*, Frankfurt, Suhrkamp, 1980, passim.

4. La producción artística: actividad del genio o «trabajo libre»

A diferencia de otras categorías de la estética idealista como, por ejemplo, la de la apariencia, tiene el concepto de genio una prehistoria en el debate estético del siglo XVIII[47]. Se trata ahora no de una nueva categoría, sino de la reelaboración de una preexistente. Ciertamente se puede considerar la estética del genio desarrollada en la segunda mitad del siglo XVIII como una primera fase de la formación de la estética idealista; sin embargo no pueden pasarse por alto notorias diferencias. En el debate sobre el genio en el XVIII, como puede verse en el artículo *genio* de la *Enciclopedia* y en los escritos programáticos del *Sturm und Drang* (especialmente en los escritos tempranos de Herder), tal concepto funciona primordialmente como concepto polémico contra la poética de las reglas. Contra la coacción de unas reglas equiparadas a la razón, legitima el despliegue de la espontaneidad y de la imaginación. En este sentido está en el mismo plano de las exigencias rousseaunianas de la reconquista de una nueva inmediatez. Una interpretación que considerase la estética del genio como expresión de un fortalecimiento de la autoconciencia de la burguesía ascendiente, falsearía la complejidad y contextura contradictoria de este concepto polémico. La lucha contra las reglas no es simplemente una lucha contra la coacción feudal, pues afecta también al momento racional (burgués) de la literatura como institución en el absolutismo feudal (el ilustrado Voltaire fue, como se sabe, un intransigente defensor de la poética de las reglas). En la estética del genio encontramos

---

[47] Sobre el concepto de genio en el siglo XVIII ver H. Dieckmann, *Diderot's conception of Genius,* en: *Studien zur europäischen Aufklärung.* München, Fink, 1974, 7-33.

pues un alegato contra la sociedad burguesa en tanto que marcada por el principio de racionalidad de la finalidad.

Si dejamos el pathos de libertad de la estética del genio en el *Sturm und Drang* y nos volvemos al empleo que Kant hace de esa categoría, observaremos una serie de modificaciones características: en primer lugar llama la atención que el concepto de genio no es de ninguna manera el centro de la estética kantiana, lo que concuerda con su proyecto preferente de la captación de un modo determinado de juicio. Curiosamente la relación entre genio y regla queda imprecisa, lo que tiene como consecuencia la debilitación del momento polémico de esa categoría. El ilustrado Kant se esfuerza evidentemente por conjurar los peligros irracionalistas que comporta el concepto de genio (como por ejemplo la comprobación de que «también hay un absurdo original», KdU 46, 406).

Kant parte de la distinción entre arte y artesanado: «se considera al primero como si sólo pudiese desplegarse con relación a un fin (acertar) siendo sólo un juego, es decir, una ocupación en sí misma agradable, y al segundo como un trabajo, es decir, como una ocupación en sí desagradable (penosa) que sólo tiene atractivo en sus efectos (por ejemplo, el salario), y que por consiguiente puede ser impuesto coactivamente» (KdU 43, 402). Llama la atención en primer lugar que Kant no presenta la distinción como propuesta de su cosecha sino como algo aceptado en general; de hecho introducirá después una modificación esencial. No se enfrentan dos tipos de actividades sino sólo por relación a la situación subjetiva de los que actúan y de los diferentes motivos de su acción (a la oposición agradable-desagradable se superpone la de ocupación libre e impuesta). Pero Kant estima que incluso esta contraposición necesita ser corregida frente a la opinión de «algunos nuevos educadores» que creen «poder fomentar de la mejor manera un arte libre si excluyen de él toda obligación, convirtiéndolo de trabajo en juego» (KdU 43, 402). En consecuencia insiste en que también en el arte, en las bellas artes, según la antigua terminología que emplea con frecuencia, hay «algo mecánico», algo que «se rige por reglas y tiene que seguirlas» (KdU 44, 409). Por otra parte ha definido al genio como un talento «capaz de producir algo para lo que no hay reglas determinadas» (KdU 46, 406). Hay una contradicción en el hecho de que el artista tiene al mismo tiempo que atenerse a reglas y producir algo para lo que no hay reglas. Contradicción que intenta resolver por una parte introduciendo el concepto de apariencia, y por otra parte invirtiendo la situación: en lugar de depender el artista de las reglas, dependen las reglas del genio, pues «genio es el talento (natural) que da reglas al arte» (KdU 46, 405). Es evidente que esta fórmula no resuelve la contradicción. Pues, o vale sólo para el primer genio, y los artistas posteriores sólo tendrían que seguir las reglas dadas por él, o vale sólo para cada obra, y entonces se disuelve el concepto de regla. Precisamente esta segunda alternativa es la seguida por Friedrich Schlegel en su teoría de la autonomía estética. Pero todo ello significa que el intento kantiano de neutralizar las potencialidades irracionales del concepto de genio, conectándolo con el concepto de regla, no han tenido éxito. Podría Kant haber prescindido del intento de concebir la producción artística como algo mecánico y sometido a coacciones, en virtud de su conexión con una estética históricamente sobrepasada, y por las dificultades que comportaba evidentemente la relación entre genio y regla. Sin embargo, han sido otras determinaciones de la idea de genio introducidas por Kant las que han sobrevivido: la inconsciencia de la producción genial, la libertad de reglas del producto genial, la oposición de genio e imitación, por nombrar sólo las más importantes.

Solger, cuyas *Lecciones sobre estética* del año 1819 se inspiran en la filosofía de la identidad de Schelling, afirma en su crítica a Kant: Kant trata incluso al genio como si fuera un mero hecho (a saber, no como algo que habría ante todo que derivar de la filosofía), como una mera disposición natural que concede la materia; es el arte el que deberá ofrecer las reglas, que según tal exposición, son algo totalmente formal»[48]. Mientras que para Kant la oposición de forma y materia, y de universal (regla) y particular (obra), son relaciones diferenciadas, resultando así conclusiones equívocas e incluso contradictorias, Solger se instala en un punto de vista en el que los opuestos coinciden: «a esa unidad de conocimiento llamamos Idea» (VÄ, 52). La oposición qu estalla en Kant entre una acción reglada y una acción libre en el arte, entre una acción conforme a fines y una que no persigue fin alguno, la resuelve Solger en una actividad artística definida como «aquello en lo que la unidad originiaria de lo universal y lo particular está presupuesta» (VÄ, 111). En consecuencia, en su análisis de la actividad artística renuncia a los conceptos de regla y finalidad; «pues es precisamente por ellos por los que se separan lo universal y lo particular». Ahora se concibe la actividad artística como un tipo específico de acción que se distingue claramente de la acción moral. «En la actividad moral la Idea es la regla relacional decisiva que está subyacente. En lo bello por el contrario la Idea es toda la realidad» (*ibíd.*).

Hemos visto que Kant se esforzaba por no oponer radicalmente la actividad artística al trabajo, pero esto es preci-

---

[48] K. W. F. Solger, *Vorlesungen über Ästhetik,* ed. K. W. L. Heyse, Leipzig, 1829, reimpresión: Darmstadt, 1973; en lo sucesivo abreviado: VÄ. El pasaje de Kant al que Solger se refiere dice: «el genio no puede sino procurar una rica materia a la producción de las bellas artes; la elaboración de tal materia y la forma exigen un talento formado en una escuela para que el uso que se haga de él pueda pasar el examen de la facultad de juzgar» (KdU 47, 409).

samente lo que ocurre con Solger. «El sentido común difícilmente va más allá de la opinión según la cual la obra de arte es elaborada como cualquiera otra obra exterior, de manera que también así se manifiesta la realidad» (VÄ, 116). A esta consideración de la actividad del artista como algo «simplemente real», Solger opone «el punto de vista de la Idea» (VÄ, 117). Desde este punto de vista la actividad artística no es «ningún obrar según medios y fines» (VÄ, 113), sino revelación de la Idea. En una fórmula muy arriesgada no sólo se elimina el concepto de trabajo sino que también se transfiere enteramente la actividad del sujeto artístico a la Idea: «la acción artística misma no es otra cosa que la actividad de la Idea, mediante la que la Idea se realiza a sí misma, como vida de la Idea misma» (VÄ, 112). Ciertamente no quiere Solger entender esta «actividad de la Idea» en el sentido de la «locura de un artista» con la que el artista sería un ser «simplemente sufriente», sino que, en correspondencia con su tesis de la filosofía de la identidad, sería un ser activo y totalmente absorbido por la Idea (ver VÄ, 118),

«La revelación de la Idea constituye la conciencia entera del artista como cualidad permanente, y a esta cualidad permanente llamamos genio» (VÄ, 119). El término religioso no es aquí de ningún modo casual; Solger construye la revelación artística de la idea al genio por estrecha analogía con la revelación religiosa de Dios al creyente». «La revelación de la idea en la individualidad de un hombre concreto es necesariamente condición de posibilidad del arte. Es lo mismo que en la religión constituye la fe, gracias a la cual la individualidad es absorbida plenamente en la personalidad divina» (VÄ, 118). Así resuelve Solger las contradicciones que reconoce agudamente en Kant, aunque tal solución lo es al precio de una metafísica del arte que construye el arte según el modelo de la religión. De este modo la actividad artística no es concebida como un tipo de producción humana de sentido, sino como revelación. En tanto que tal, se sustrae al influjo humano. El salto desde la «conciencia común» al «punto de vista de la Idea» tiene como consecuencia que las oposiciones, en cuya reconciliación se esfuerza Kant, no pueden entenderse ya como oposiciones, puesto que el punto de vista de la estética es la unidad de los opuestos.

Hegel ha reconocido el peligro de mistificación de la actividad artística que comporta el concepto de genio. Ciertamente mantiene «el aspecto de inmediatez y naturalidad... que el sujeto no puede producir en sí mismo, sino que tiene que encontrar en sí de modo inmediato como algo dado» Ä, 278); pero no menos expresamente subraya que a «todas las artes corresponde un estudio prolongado, una aplicación sostenida, una disposición siempre a punto» (Ä I, 279). En clara oposición a las concepciones románticas, define Hegel la fantasía como «el don y el sentido que hace captar la realidad» (Ä I, 275), ligándola a la «racionalidad de su objeto determinado» (Ä, 276); y sólo en un tercer momento nombra la relación de la materia y la forma con el sujeto. Es notable que los problemas que en Schelling y en Solger estaban conectados con el concepto de genio no aparecen aquí. Hegel, para quien el arte, «desde la perspectiva de su destino supremo» es algo pasado (Ä I, 22), está muy lejos de querer hacer, en su tiempo, del arte, el paradigma de la revelación de la Idea[49]. En consecuencia se distancia de la tesis del genio.

---

[49] Sobre el teorema hegeliano del fin del arte ver W. Oelmüller, *Die unbefriedigte Aufklärung. Beiträge zu einer Theorie der Moderne von Lessing, Kant und Hegel,* Frankfurt, Suhrkamp, 1969, 240 s. También Annemarie Gethmann-Siefert, *Eine Diskussion ohne Ende: zu Hegels These vom Ende der Kunst,* en: Hegel-Studien 16, 1981, 230-243, esp. 239 s.

En cierto modo Hegel vuelve a Kant. Aplicación, estudio, disposición por una parte, inmediatez por otra, se enfrentan entre sí como en Kant el seguimiento de las reglas y la genialidad. Ahora bien, Hegel renuncia, a diferencia de Kant, a poner ambos aspectos en relación. Pero precisamente esto es lo que consituye la importancia central del concepto de genio en la estética especulativa de Schelling y de Solger, y es también el centro del interés que el Lukács de Heidelberg y Adorno otorgan a esta categoría. Resumiendo: en Schelling el genio realiza la unidad de la producción consciente e inconsciente, disolviendo así la oposición de libertad y necesidad; en Solger la acción artística del genio es manifestación de la Idea, concebida también como unidad de lo universal y lo particular; para el Lukács de la *Estética de Heidelberg* el genio queda determinado por la armonía preestablecida de la forma técnica artística y la forma de la experiencia vivida; en Adorno, finalmente, retorna suavizada en la obra de arte la fórmula schellingiana de la unidad de la libertad y necesidad. El genio, podemos decir, engendra el sujeto-objeto; Solger dice de él, como de la obra de arte, que es un «factum absoluto» (VÄ, 117). La mistificación de la actividad artística que se manifiesta en la doctrina del genio es tan evidente que no es fácil extraer su momento de verdad. Sin embargo, hay que defender que la crítica de la estética idealista no equivale a su destrucción y rechazo. Si se quiere extraer el momento de verdad de esa categoría hay que aislar, en primer lugar, los términos que en el concepto de genio se conectan para dar lugar a la unidad del absoluto y, en segundo lugar, plantear cómo se realiza la mediación de esos términos. Que en la producción estética lo consciente (metódico) y lo inconsciente (contingente) se unen, no es ningún hallazgo de la estética idealista sino algo que confirma la experiencia de los artistas. Evidentemente el modo de la conexión de esos dos momentos es difícil de percibir. Pero eso no debe dar lugar a que los pongamos como unidad. Que la capacidad de realizar determinados planes artísticos se base en el trabajo, nadie lo duda. En cambio afirmar que la capacidad de admitir el azar se basa también en el trabajo, suena raro. Que pueda ser así lo confirma el hecho de que no todos están en disposición de dar libre curso a sus asociaciones o escribir un texto automático. El trabajo no consiste aquí en apropiarse de un material artístico determinado, sino en el aprendizaje de cierto comportamiento. Quizás debiéramos hablar de un re-aprendizaje, pues se trata de un comportamiento que, en el proceso de socialización de la sociedad burguesa, la mayoría de los hombres ha perdido. En una primera aproximación podemos designarlo como espontaneidad. Si al hecho de configurar y recobrar esa espontaneidad llamamos trabajo, en el sentido en el que supone trabajo cualquier proceso de aprendizaje, aun cuando no suponga un enfrentamiento directo con el mundo de los objetos, podemos decir entonces que la producción artística consciente e inconsciente está mediada por el trabajo. Cierto que se trata de dos maneras diferentes de trabajo: una, la de habérselas con el material como algo dado, otra el manejo del bloqueo de la espontaneidad debido a la socialización. Pero es común a ambas formas de trabajo la actividad por parte del sujeto y la presencia de una resistencia que hay que vencer.

Se comprenderá que el concepto de trabajo que aquí se utiliza no corresponde al concepto dominante en la sociedad burguesa que lo entiende como trabajo alienado. Más bien nuestro concepto de trabajo se corresponde con el que desarrolla Marx en sus *Grundrissen,* cuando polemiza con Adam Smith. En un pasaje, que cita Marx, Adam Smith caracteriza negativamente el trabajo como renuncia al descanso, a la libertad y a la felicidad. Marx admite que «en sus formas históricas como esclavitud, servidumbre, salariado, el trabajo es siempre repulsivo, coactivo desde el exterior, de manera que, frente a él, el ocio aparece como libertad y alegría». Pero, frente a A. Smith, supone un concepto «atractivo» del trabajo en tanto que autorrealización del individuo, que puede ser investigado según el modelo del trabajo artístico.

«¡Trabajarás con el sudor de tu frente! Esta maldición de Jeovah dirigida a Adán es la misma maldición que acepta A. Smith. El descanso se le aparece como el estado adecuado, idéntico a la libertad y la felicidad. A. Smith no considera que el individuo... también necesita una porción normal de trabajo, y de suspensión de descanso. Parece ciertamente que la medida del trabajo procede del exterior, de los fines que hay que alcanzar y de los obstáculos que hay que superar mediante el trabajo. A. Smith no sospecha en absoluto que la superación de los obstáculos es una afirmación de la libertad, que los fines exteriores pierden la apariencia de necesidad natural externa y se convierten en fines que el individuo mismo se asigna, y que el trabajo es autorrealización, objetivación del sujeto, libertad real cuya acción se debe precisamente al trabajo»[50].

Marx desarrolla su concepto de trabajo como autorrealización mediante diversas contraposiciones. Se opone al reposo como una actividad que «supera los obstáculos». Es ésta una determinación genérica compartida con el trabajo alienado del que, sin embargo, se distingue porque el individuo mismo pone los fines que intenta realizar. En tal caso el trabajo no alienado es autorrealización y su producto no algo ajeno al individuo sino algo en lo que se ha objetivado. Se confronta también el trabajo con la «simple diver-

---

[50] K. Marx, *Grundrisse der Kritik der politischen Ökonomie...* Frankfurt/Wien, Europäische Verlagsanstalt, s.a. , 504 s. Sobre la importancia del pasaje citado ver B. J. Warneken (*Literarische Produktion. Grundzüge einer materialistischen Theorie der Kunstliteratur*, Frankfurt, Suhrkamp, 1979, 57 s.).

sión». «Los trabajos verdaderamente libres, como por ejemplo la composición musical, son terriblemente serios y exigen un intenso esfuerzo» (*ibíd.*). Así el momento de placer en el trabajo libre no es negado, sino que sólo se niega la opinión de que se reduzca a él.

No se trata aquí de la cuestión, sin duda importante, de si, y en qué condiciones, la producción material puede tener el carácter del trabajo libre, sino de encontrar una categoría que nos permita pensar la producción artística sin necesidad de acudir al concepto de genio. El resultado al que hemos llegado es el siguiente: es posible con la ayuda de la categoría del trabajo libre realizar la mediación de los momentos conscientes e inconscientes de la actividad artística, que la teoría del genio unificaba de modo metafísico. No necesitamos suponer, como hace Lukács, que en el artista productor se da una armonía preestablecida entre la experiencia vivida y la forma técnica, sino considerar la apropiación del mundo exterior por el artista como una fase de su proceso de trabajo[51].

---

[51] Hay que observar sin embargo que nuestra discusión sólo toma en cuenta el trabajo concreto del artista, a saber, el trabajo orientado en función del valor de uso y no del (abstracto) orientado en función del valor de cambio. Las condiciones reales del trabajo que encuentra el artista en la sociedad burguesa desarrollada están marcadas por la oposición entre trabajo concreto y trabajo abstracto. Tomando el ejemplo de las artes plásticas he aquí lo que dice el economista G. Leithäuser: «el desarrollo de un mercado de arte anónimo y vasto puede poner al pintor en la necesidad de hacer un contrato con una galería o de ponerse bajo la tutela de un marchante, que exigen una parte, a menudo grande, de los rendimientos de su trabajo. Al proceder así el artista se integra formalmente en las condiciones del capital. Su proceso de trabajo no cambia técnicamente, pero tiene que aceptar cada vez más el ascendiente de instancias que acceden al mercado. Le queda sin embargo la posibilidad de batirse contra lo que tiende a alienar su trabajo y, para obtener el mayor rendi-

El concepto de trabajo libre que proponemos concierne a la relación del productor con su acción, caracterizada como algo que se pone a sí mismo y no es impuesto desde fuera. Pero no se dice nada acerca de cómo el productor se comporta con relación a su objeto de trabajo. Adorno ha intentado entender esta relación con los conceptos de mímesis y racionalidad, determinando la producción artística como una síntesis de ambos tipos de actividad. Define Adorno la mímesis como «una posición frente a la realidad más acá de la oposición de sujeto y objeto» (ÄT, 169), y la racionalidad estética como la «disposición inmanente de los materiales» (ÄT, 104). Así pues, mientras que la racionalidad significa capacidad de disponer de lo dado, la mímesis designa un comportamiento en el que todavía sujeto y objeto no se han opuesto. Estos dos momentos de la producción artística, cuya implicación mutua es circunscrita por Adorno con diversas fórmulas, no tienen la misma fuerza determinante. «La mímesis es requerida por la densidad del procedimiento técnico» (ÄT, 174). La racionalidad no colabora con la mímesis para producir como resultado una tercera instancia. La producción artística está bajo el signo de la mímesis; la racionalidad sigue siendo un momento subordinado.

El intento de Adorno de concebir la producción artística con ayuda de los conceptos de racionalidad y de mímesis, oculta una serie de dificultades. En primer lugar, no es fácil determinar lo que entiende por «racionalidad esté-

---

miento posible. Este conflicto permanente entre la parte de su trabajo orientada en función del valor de uso y de su actividad regulada desde fuera y que se orienta en función de su valor de cambio, es la fuente del carácter contradictorio y desgarrado del trabajo artístico en la sociedad burguesa». (*Kunstwerk und Warenform*, en P. Bürger (ed.), *Seminar: Literatur und Kunstsoziologie*, Frankfurt, Suhrkamp, 1978, 29 s.

tica». El término de racionalidad evoca la idea de relaciones medio-fin sometidas a cálculo, que es lo que el adjetivo «estético» pone en cuestión. Cuando Adorno dice: «configurar racionalmente las obras de arte significa tanto como darles una forma consecuente en sí misma» (ÄT, 430), se emplea el concepto de modo no específico, pues la consecuencia sólo se da de nuevo sólo en las obras tomadas particularmente. La tesis: «la racionalidad estética busca compensar lo que la racionalidad que domina la naturaleza ejerce desde fuera» (*ibíd.*), tiene sentido si «racionalidad estética» no designa el momento de la capacidad de disponer de los materiales, sino el proceso de producción artística como un todo. El concepto de mímesis también implica dificultades porque designa un comportamiento arcaico que ya no es de recibo en la sociedad moderna. El arte sería un residuo arcaico en la sociedad burguesa. Como Adorno quiere evitar tal consecuencia subraya, por el contario, el momento racional del proceso de producción artística. El concepto de mímesis encierra al menos, en la determinación de Adorno, el peligro de traducir en los términos de la filosofía de la identidad principios de la producción artística que pueden describirse de otro modo, como cuando sugiere que la separación sujeto-objeto puede ser obviada sin pagar el precio de la regresión o de la locura.

Es cierto que esa oposición conceptual adorniana constituye sin duda un motivo importante de reflexión teórica sobre el arte. Pero precisamente porque permite que la reflexión oscile ininterrumpidamente entre ambos conceptos y sus sinónimos, no deja determinar la relación sujeto-objeto de la producción artística. Si se intenta hacerlo, entonces hay que partir de ese estadio evolutivo de la producción artística en el que ha abandonado su origen común con la producción artesanal. Y ese me parece que es el caso de la producción vanguardista mediante el montaje⁵². El montaje sería así el tipo de producción artística de la actualidad. Lo que implica la idea de que hay rasgos del montaje también en otras obras (por ejemplo los espacios no pintados del lienzo, la integración del paisaje ambiente en las artes plásticas, la reelaboración de material documental en literatura).

Si se intenta determinar la relación sujeto-objeto en la fabricación de un *collage,* entonces llama la atención el hecho de que el material no es una simple materia a la que el productor otorga forma y significación, sino que posee ya una cualificación formal y semántica. Es esta particularidad lo que despierta la atención del productor, quien lo pone entonces en relación con otros materiales, haciendo surgir nuevas constelaciones formales y significativas. En nuestro contexto es importante el punto de partida: el reconocimiento de la peculiaridad de los objetos encontrados y el hecho de que tal reconocimiento forma ya parte del proceso de producción. El objeto encontrado no es una simple materia a la que el sujeto productor imprime una forma que ha proyectado previamente; más bien ocurre que el productor entra con el objeto en una relación que pudiera llamarse cuasi-comunicativa. El segundo paso consiste en agrupar diferentes objetos. Lo que se hace entonces no es la realización de un plan (principio teleológico), sino la puesta a prueba de composiciones. En la confrontación de materiales diversos adquieren mayor relieve su potencial semántico, y surgen en rápida serie diferentes composiciones virtuales de imágenes. Entonces se selecciona una de las posibilidades, que se convierte en eje semántico, sin necesidad de constituirse en un centro. A partir de aquí se va de-

---

[52] Ver el informe de la investigación de U. Meier, *Neuere Aspekte der Montage in den Künsten...* en: Zeitschrift für Literaturwissenschaft und Linguistik, 1982, 19-32.

terminando el proceso posterior de producción, la intervención en el material y su configuración. Podría parecer a primera vista que el productor se comporta de manera pasiva, con lo que se asemejaría al que tiene un material a su disposición. Pero ocurre que éste no sólo ofrece la resistencia de una materia existente, sino la de formas y significaciones que el productor puede ciertamente modificar, e incluso quebrar, pero en ningún caso ignorar. El billete de tranvía o el resguardo de caja del supermercado remiten a complejas relaciones sociales, aunque hayan sido repintados.

El proceso de trabajo cuyos contornos acabo de diseñar presenta diversas características por las que se diferencia del tipo de trabajo artesanal al que podría compararse. En el comienzo de éste hay un proyecto que otorga al proceso en su conjunto un carácter teleológico. Este momento no falta en la producción artística de modo absoluto, pero tiene otro estatuto. En primer lugar, no se da necesariamente al principio, y puede ocurrir que no surja hasta que se produzca un encuentro azaroso con un objeto. En segundo lugar carece de la precisión del proyecto artesanal. Mientras que éste puede en todo momento servir de norma para controlar el resultado del trabajo, ello no ocurre en el proyecto artístico. Cuanta más importancia pierda el momento teleológico, la finalidad subjetiva del productor, tanto más se impone como algo especial el objeto, antes de toda elaboración. El interés de los surrealistas por el azar puede servir de paradigma de este tipo de relación con el objeto. Así pues, el proceso de trabajo no tiene en tal caso el carácter de la aniquilación del material, sino que ese momento de la intervención subjetiva permanece siempre referido a la especificidad del material. Esta atención a la peculiaridad de sus materiales revela la dependencia de la producción artística, que la actitud de dominación de la naturaleza busca siempre negar. Al «todo es factible» del ingeniero opone el artista el saber de que el producto puede fracasar.

Hay otro aspecto en el que el proceso de producción artística se distingue radicalmente del artesanal: la actitud frente a la herramienta. Hegel ha destacado a menudo en sus escritos la significación de la herramienta en el proceso de trabajo: «En la herramienta el sujeto instala un término medio entre él y el objeto, y ese medio es la racionalidad real del trabajo... la subjetividad del trabajo se eleva con el instrumento a un plano general; cualquiera puede proceder a copiar, y por lo tanto trabajar; así la herramienta es la regla permanente del trabajo. Por esta racionalidad la herramienta se sitúa en el término medio, más elevada que el trabajo, más alta también que el objeto elaborado...y más que el goce o la finalidad»[53]. La herramienta, el instrumento de dominación de la naturaleza, se sitúa así pues por encima del objeto producido y del goce, y por lo tanto del mismo hecho de trabajar. Es la objetivación de la racionalidad del trabajo. En tal caso la razón amenaza con coincidir efectivamente con la dominación de la naturaleza. En una observación marginal de Hegel al proyecto de Sistema de Jena, leemos: «la existencia racional de una gallina consiste en ser cebada y comida. El viento, el torrente poderoso, el ancho mar, son domados y explotados. No hay contemplaciones con ella (la naturaleza). Es una miserable sensiblería atenerse a lo particular»[54]. Pero precisamente a eso particular se atiene la producción artística, en la que la herramienta ocupa por ello un lugar subordinado. La producción de objetos aptos para transmitir experiencia e interpretar el

---

[53] G. W. F. Hegel, *System der Sittlichkeit,* ed. Lasson, Hamburgo, Meiner, 1967, 20; ver también el capítulo de la Lógica sobre la teleología (HW VI, 453).

[54] G. W. F. Hegel, *Jenaer Systementwürfe III,* ed. Horsmann, Hamburgo, Meiner, 1976, 207.

mundo, por muy materializados que sean, obedece a principios diferentes de los de la dominación de la naturaleza.

Sin embargo, la visión de las diferencias que se dan entre el trabajo artesanal y el artístico no debe conducir a pasar por alto el carácter social del trabajo artístico. Incluso en el paradigma del montaje se corre el peligro de favorecer la ilusión de que la producción artística lo es del individuo aislado, puesto que inclina la mirada a la acción del productor. Si eso ocurriese no se percibirían las mediaciones que hacen de una actividad en apariencia solipsista, una actividad social. Producir un objeto que consiste en expresión e interpretación del mundo, sólo tiene sentido con relación a otros sujetos que pueden reconocerse o no en tal objeto, y así esa producción artística está implícitamente referida a ese fin. Además, el material de la producción artística es un material producido y no un material natural, y, por ello, el acto de producir supone una mediación con otros. Por último, el modo de producir, que desde el comienzo de la modernidad pasa por ser el núcleo de la originalidad artística, es el resultado de un trabajo colectivo. Pese a todo está el productor en su derecho de interpretar su actividad como la de un sujeto; aunque sería necesario pensar la subjetividad como una categoría social[55].

Excurso III: La estética del genio o el descubrimiento de lo bárbaro en la poesía

Para los primeros ilustrados, pero también para Voltaire, el proceso de civilización se presenta como un proceso

---

[55] Sobre la teoría de la subjetividad de Hegel, ver J. Ritter, *Subjektivität und industrielle Gesellschaft...* en: *Subjektivität*, Frankfurt, Suhrkamp, 1974, 11-35.

rectilíneo de desarrollo (aunque amenazado por posibles recaídas) desde la barbarie a la civilización. Como señal del nivel cultural alcanzado, indica Voltaire la literatura del «siglo de Luis XIV», con lo que el ilustrado no alude a la función legitimadora del poder absoluto de esa literatura, sino, por una parte, a la significación de una tradición nacional, y por otra, a la racionalidad de la poética de reglas. En comparación con Racine es Shakespeare un bárbaro y las infracciones a las reglas en sus piezas son, en todo caso, disculpables por el bajo nivel cultural de su tiempo. Es sin embargo interesante observar que el racionalismo de la ilustración temprana no conlleva sin rupturas la poética de reglas como quería hacer creer Voltaire. Ello puede verse en su discusión con La Motte. Este discípulo de Fontenelle había vuelto el racionalismo *contra* la poética de reglas, había cuestionado la racionalidad de las unidades de lugar y tiempo y atacado la forma en verso de la tragedia en nombre de la verosimilitud. La respuesta de Voltaire, débil en su argumentación descubre el tradicionalismo de su postura. Quien ataca las unidades y la versificación, ataca la poesía, argumenta Voltaire, reivindicando así para la poética de reglas un status más allá de la crítica y la discusión. La significación del debate radica en que poesía y razón que en la poética de reglas constituían una unidad (*«Aimez toujours la raison»*, había recomendado Boileau al poeta) comienzan a separarse. Nada testimonia mejor este desarrollo que los inútiles esfuerzos del enciclopedista d'Alembert por reconciliar ambos de nuevo[56]: *Diálogo entre la poesía y la filosofía para servir de preliminar y de base a un*

---

[56] El excurso que sigue está tomado de mi trabajo *Institution Literatur und Modernisierungsprozess,* en el que intento formular resultados de la investigación sobre historia de la literatura apelando a conceptos sociológicos. En *Zum Funktionswandel der Literatur,* Frankfurt, Suhrkamp, 1983.

tratado de paz y amistad perpetua entre ambas es el título de uno de sus tratados que, contra la voluntad del autor, confirma el abismo abierto entre la *sensibilidad* poética y la *razón*. Se ve sin embargo forzado a establecer una conexión entre el incremento de la racionalidad (tanto en general como en la producción y recepción de obras) y la disminución de la intensidad de las experiencias placenteras (*«nos lumières sont presque toujours aux dépens de nos plaisirs»*)[57].

A partir de aquí no hay más que un paso hacia la instancia de lo que Voltaire aborrece como «bárbaro». Tal paso se da en Francia en el círculo de Diderot y en Alemania en el *Sturm und Drang*. Si se comparan las explicaciones de Voltaire sobre el *entusiasmo* y la imaginación en su *Diccionario filosófico* con los pasajes correspondientes del artículo sobre *Genio* en la *Enciclopedia*, redactado por Saint-Lambert, se revelan las posibles consecuencias que para la institución de la literatura produjo la autocrítica de la Ilustración. Mientras que Voltaire se burla del *entusiasmo* poético como suave manía o como fanatismo religioso, y considera que la *imaginación* tiene una significación muy limitada en el proceso artístico creativo, tales capacidades pasan ahora al centro de la concepción del poeta, centrada en el concepto de genio. A las reglas, que ahora son valoradas como mera convención externa, se opone la irregularidad, incluso lo salvaje, como cualidad estética. Finalmente el concepto de genio se asocia a un tipo de capacidad perceptiva polifacética que se opone a la sensibilidad limitada de los que, en persecución de metas definidas, organizan forzadamente su percepción para conseguirlas. Aquí resuena la crítica a la alienación desarrollada en la estética autónoma por Karl Philipp Moritz y por Schiller.

---

[57] D'Alembert, *Oeuvres complètes*. Reimpresión: Ginebra, Slatkine, 1967, vol. IV.

Alegato a favor de una sensibilidad sin restricciones, premio de la espontaneidad del artista creador, placer por los objetos que no encajan con el ideal sobrepasado de belleza de la *doctrina clásica:* en la estética del genio tal como se gesta en la segunda mitad del siglo XVIII se anuncia una concepción del arte según la cual éste no se ajusta al proceso de modernización, sino que se piensa como su contrapartida. Los momentos definitorios de la estética del genio contienen, explícita o implícitamente, una crítica a los principios de la racionalidad y del trabajo sometido a cálculo. Tal crítica se formula en nombre de una nueva valoración partidista de lo que en la teoría de la cultura de Voltaire se consideraba algo perteneciente definitivamente al pasado: lo bárbaro. «La poesía quiere algo enorme, bárbaro y salvaje», escribe Diderot[58]. Y sostiene además que la gran épica y la poesía dramática sólo pueden surgir en etapas sociales arcaicas. Poesía (término empleado en el sentido posterior de arte) se contrapone a modernidad (en el sentido sociológico de la palabra).

Si nos preguntamos por el condicionamiento social de esta nueva determinación de la posición del arte en el seno de la sociedad burguesa en formación, hay que dejar claro que, al menos en Francia, la estética del genio no es en manera alguna dominante. Incluso en Diderot y Mercier se percibe sólo en declaraciones aisladas, que se dan a menudo en contextos ajenos (por ejemplo a propósito del postulado de la educación moral). La estética del genio que desliga radicalmente el arte de los principios de la racionalidad y de la moral (vigente), puede entenderse en correspondencia con la crítica de la civilización de Rousseau. También ella es parte de esa autocrítica de la Ilustración que Rous-

---

[58] D. Diderot, *De la Poésie dramatique,* en: *Œuvres esthétiques,* ed. P. Vernière, París, Class. Garnier, 1959, 261.

seau acomete. Cuanto más progresa el desarrollo científico y técnico bajo el signo de la racionalidad, tanto más se desvela su carácter contradictorio. El sujeto burgués que reivindica para sí la autonomía, él mismo un resultado del proceso de modernización, se contrapone ahora a la sociedad como una figura ajena. Con ello se hace posible entablar también contra el proceso de modernización una crítica que hasta ahora había actuado en instancias tradicionales residuales (como por ejemplo el sistema dogmático de creencias). La tesis de Rousseau en su Discurso sobre la *desigualdad* dice así: el proceso de progreso es también un proceso de regresión. Con el progreso científico y técnico se dan pasos hacia atrás en las relaciones interhumanas. La ocupación positiva de la *naturaleza* (o con más exactitud: de una etapa temprana de la civilización que no conoce todavía las relaciones humanas de competición) es para Rousseau la dominación teórica de una experiencia dolorosa que tiene su fundamento en la pérdida de las formas tradicionales de vida[59]. Para él es la naturaleza un constructo teórico que hace posible la crítica de la civilización. (Una «vuelta a la naturaleza» ya no es para él posible, a diferencia de alguno de sus seguidores). La estética del genio se inicia en la crítica de la civilización realizada por Rousseau, pero no se contenta con sus resultados. Quiere realizar la «naturaleza» en la sociedad real. Ello sólo es posible reivindicando un status de excepción para el sujeto de tal experiencia «natural». La estética del genio paga un alto precio por la radicalidad de su crítica a la modernización: liga la crítica de la alienación al individuo extraordinario, y amenaza con sucumbir a la fascinación de la barbarie.

---

[59] Ver la interpretación de I. Fetscher, *Rousseaus politische Philosophie...* Frankfurt, Suhrkamp, 1975.

5. La recepción contemplativa

Para las estéticas que se basan en la filosofía de la identidad, como las de Schelling y Solger, la cuestión de la recepción del arte no tiene una importancia central. Cuando el arte se concibe como manifestación de la Idea, el problema de su recepción es secundario. Kant tiene en cuenta ciertamente el aspecto de la recepción, pero lo hace desde el punto de vista trascendental. No le interesa captar el comportamiento del receptor; se pregunta más bien por la condición de posibilidad del juicio de gusto, que es subjetivo pero pretende universalidad. El juego de las facultades cognoscitivas (imaginación y entendimiento) que propone Kant no es pues una descripción de un comportamiento que se pueda repetir, sino un teorema que hace inteligible la posibilidad del juicio de gusto. Cuando Kant habla del aspecto empírico de la recepción del arte (pasaje discutido en este libro, capítulo II, 3), se conforma con precisar que la idea estética «da mucho que pensar, sin que ningún pensamiento determinado, es decir, ningún concepto, le sea adecuado» (KdU 49, 413 s.). Si se examinan los ejemplos que pone en el mismo parágrafo, se reconocerá que Kant está aquí aún muy cerca de la estética del efecto de la Ilustración. Se trata de hacer sensibles las ideas (morales) de la razón; en términos lingüísticos, se trata de las connotaciones. La fórmula de Kant, tantas veces citada, supone dos cuestiones: una, la idea de que la recepción del arte es asunto de la reflexión (y no un estímulo puramente sensible), y otra que ninguno de los conceptos que el receptor ponga en juego abarca con precisión la riqueza de las connotaciones. Los intérpretes tardíos de Kant sólo destacan el segundo momento de la fórmula kantiana, sacando la conclusión equivocada del carácter no conceptual de la recepción.

El aspecto empírico de la recepción del arte no ha sido tematizado en el marco de las preocupaciones estéticas de la filosofía trascendental y la filosofía de la identidad, sino por autores cuyos intereses estéticos derivaban del deseo de resolver los problemas planteados en torno a la subjetividad burguesa. En esta línea, Karl Philipp Moritz, autor marcado por el pietismo, y cuyos logros en la conformación de la estética idealista han sido mucho tiempo minusvalorados[60], ha descrito la situación del espectador del arte, partiendo de una distinción entre lo útil y lo bello, como una situación de olvido de sí mismo:

«Cuando lo bello atrae hacia sí nuestra contemplación, la sustrae un tiempo de nosotros mismos y hace que nos parezca que nos perdemos en el objeto bello; y precisamente esta pérdida, este olvido de nosotros es el más alto grado de goce puro y desinteresado que proporciona lo bello. Sacrificamos en un momento nuestra existencia individual y limitada en aras de una instancia superior» (SÄ, 5).

El pensamiento de Karl Philipp Moritz gira en torno al problema del fracaso organizativo de la sociedad. La sociedad, según él, se basa en la escisión del trabajo manual y el intelectual, de manera que el primero es literalmente un trabajo alienado, es decir, no autodeterminado (ver SÄ, 28 s.). Es un trabajo en la «miseria humana», cuya eliminación progresiva intentaban las reformas puestas en marcha por la Ilustración. Moritz no comparte tal esperanza; en su re-

---

[60] Sobre la estética de K. Ph. Moritz, ver Ch. Bürger, *Der Ursprung der bürgerlichen Institution Kunst im höfischen Weimar...* Frankfurt, 1977, cap. V.; ver ahí más amplias indicaciones bibliográficas. Ver también W. Kaiser/G. Mattenklott, *Ästhetik als Geschichtsphilosophie. Die Theorie der Kunstautonomie in den Schriften Karl Philipp Moritz,* en: G. Mattenklott/K.R. Scherpe (eds.), *Westberliner Projekt: Grundkurs 18. Jahrhundert...* (Scriptor Taschenbücher, p. 27). Kronberg/Ts, 1974, 243-271).

censión de la novela de Salzmann, *Karl de Karlsberg* o *la miseria humana,* se burla de la esperanza ilustrada de promover el alivio y supresión de la necesidad y miseria mediante su exposición literaria (SÄ, 23 s.). Pero menos aún pretende legitimar la mala organización del mundo recurriendo a una interpretación religiosa. El sujeto burgués se revela (en cuanto a la realización de modificaciones sociales) como un sujeto impotente, cuya existencia ya no está incardinada en un cosmos religioso. Tal existencia sólo es determinable de modo negativo en tanto que «limitada». Si se forzase al sujeto a reconocer la realidad y necesidad de la miseria, la existencia sería intolerable: «siento que me sería insoportable vivir en un mundo en el que un ser pensante y sintiente fuese real y necesariamente desgraciado» (SÄ, 27). Moritz busca una salida a esta situación, y la encuentra ante todo en la inmersión en la obra de arte. Este cumplimiento que Moritz entiende ya como una finalidad interna, aparece opuesto a la «idea dominante de utilidad» (SÄ, 17). Así la obra de arte se convierte en contrafigura de una sociedad organizada según el principio de la racionalidad de los fines. La obra de arte tiene en sí misma la capacidad, no en tanto que obra específica con un contenido específico, sino en virtud de su ley formal (es un «todo existente en sí», SÄ, 71), de liberar al receptor de la limitación de su existencia cotidiana, abriéndole una «especie de existencia superior». No cabe duda de que está pensando la recepción del arte por analogía con la vivencia religiosa. Pero hay que considerar que sólo es posible tal transposición de las vivencias a otro dominio cuando los modelos religiosos de interpretación han perdido su carácter obligatorio. Es pues la señal de una secularización creciente.

Hay dos elementos en la estética de Moritz: la crítica de la realidad social y la «elevación» por encima de esa realidad. Ambos aspectos están contenidos virtualmente en la institución arte de la sociedad burguesa desarrollada. Cuál es el momento que eventualmente se realizará y de qué manera ocurrirá, es algo que lo determinará la cualidad de las posiciones estéticas que son posibles en el seno de la institución arte. Es diferente la consideración de si la crítica de la sociedad se concreta históricamente o si se articula metafísicamente como una experiencia basada en la maldad del mundo. Y también es indiferente si la distancia de la praxis diaria se concibe como una ruptura radical con ella o como el momento necesario para su dominio. Convendrá retener para lo sucesivo esta diferencia.

Sería erróneo concebir la estética de Arthur Schopenhauer como una reinterpretación de la de Moritz; hay otros temas de la estética idealista que son también retomados y reformulados por Schopenhauer. Sin embargo, es sorprendente que también figura en el centro de su estética el concepto de contemplación. Es cierto que tal concepto no es en Schopenhauer una categoría estética exclusiva de la dimensión receptora, sino también de la productora: «la esencia del genio radica precisamente en una eminente capacidad de contemplación»[61]. Schopenhauer se esfuerza en oponer la contemplación, «la capacidad de mantenerse en la intuición pura y de perderse en ella» (*ibíd.*), en tanto que modo específico de conocimiento, al conocimiento conceptual. La diferencia decisiva entre ambos está en su relación a la voluntad. Mientras que el conocimiento conceptual, «que persigue las relaciones de las cosas en el espacio, el tiempo y la causalidad» (WWV 33, 230), somete estas relaciones a la voluntad, la contemplación es «un conocimiento sin relación alguna con la voluntad, es decir, es conocimiento puro» (WWV 36, 243). De ahí derivan las res-

---

[61] A. Schopenhauer, *Die Welt als Wille und Vorstellung I*, ed. A. Hübscher. Zürich,Diogenes, 1977, 36,240; en lo sucesivo se cita: WWV.

tantes determinaciones de la contemplación. Arranca las cosas de sus ligamentos espaciales, las relaciones desaparecen para ella; sólo lo esencial, la Idea es su objeto» (WWV 36, 239). Supone también otro sujeto de conocimiento, un «sujeto conocedor puro, sin voluntad» (WWV 34, 231).

Ya Moritz había distinguido entre lo útil y lo bello según su eventual relación al sujeto de la contemplación. En lo útil el yo «se instala prácticamente en el centro», pero en la contemplación de lo bello se desplaza el fin desde el yo al objeto mismo: yo lo contemplo como algo que se cumple en sí mismo, no en mí (SÄ, 3). Al concebir Schopenhauer al hombre como un ser dominado por la voluntad, puede entender la contemplación estética como una liberación de la voluntad.

«En tanto que nuestra conciencia esté ocupada por nuestra voluntad, en tanto que estemos entregados al impulso de los deseos con sus permanentes esperanzas y temores, en tanto que seamos sujetos de la voluntad, no habrá nunca para nosotros felicidad duradera ni descanso... Así el sujeto de la voluntad permanece atado a la rueda de Ixión que siempre gira, intenta llenar el tonel de las Danaides y está eternamente sediento como Tántalo.

Pero una ocasión externa o un impulso interno nos saca de la corriente infinita de la voluntad, arranca el conocimiento de la esclavitud de la voluntad, y entonces nuestra atención ya no estará orientada por los motivos de la voluntad, sino que contemplará las cosas libres de su relación con la voluntad, por lo tanto sin interés, sin subjetividad, de modo puramente objetivo; se entregará totalmente a las cosas en tanto son puras representaciones y no motivos; entonces encontraremos de golpe ese descanso, siempre buscado en nuestro primer contacto con la voluntad, pero siempre rehuido, y ya de modo completo. Es el estado sin dolor que Epicuro alabó como el bien supremo de los dioses: pues entonces estamos liberados de la presión humillante de la voluntad, gozamos del sábado que nos exime del trabajo forzado de la voluntad, y la rueda de ixión se detiene.

Pero tal estado es precisamente el antes descrito como el exigido por el conocimiento de la Idea: pura contemplación, inmersión en la intuición, pérdida en el objeto, olvido de toda individualidad; es la supresión del modo de conocimiento que se sigue por el principio de razón y que sólo conoce relaciones; con ello inevitablemente la cosa individual intuida se convierte en Idea de su especie y el individuo conocedor se eleva a sujeto puro de un conocimiento exento de voluntad, escapando sujeto y objeto como tales al torrente del tiempo y de las demás relaciones. Entonces es igual estar en la cárcel o en el palacio para ver la puesta del sol» (WWV 37, 252 s.).

Para Moritz, la necesidad de elevarse por encima de la «existencia limitada» está en conexión con la experiencia de impotencia del sujeto burgués frente a una realidad social mala, que concibe siempre de modo concreto. Por el contrario, para Schopenhauer, la experiencia de la que se libera el sujeto le es dada inmediatamente en tanto que individuo. Ser movido por la voluntad es objeto de experiencia para todo individuo, y también principio abstracto de la conservación de la especie. «Cada individuo cree ser la voluntad que constituye el ser interno del mundo» (WWV 29, 215). La experiencia histórica es pues algo inesencial de lo que se puede prescindir como mera apariencia (ver WWV 35, 236). El sujeto ya no necesita de la experiencia histórica para despegar en el acto de la elevación a la pura contemplación; como ser movido por la voluntad, encuentra ya en sí lo negativo. En esta radicalización del solipsismo ya presente en Moritz, la visión de la contingencia del hombre coincide con una funesta deshistorización. Si para Moritz la recepción del arte superaba la miseria debida a la mala organización de la sociedad, para Schopenhauer lo que se supera es la naturaleza impulsiva e inmodificable del hombre. La contemplación estética se convierte así en paradigma de la liberación, entendida como un estado de tranquilidad perfecta. La actividad aparece más que como «esclavitud de la voluntad», como «trabajo forzado del querer»[62].

Se sabe que Adorno ha concebido la recepción del arte como una recepción tendenciosamente deformada[63]. La recepción auténtica no coincide para él plenamente con la teoría, pero están próximas («la genuina experiencia estética tiene que ser filosofía o no es nada», ÄT, 197). Es esto tanto más notable cuanto que en los pocos pasajes de la *Teoría estética* en los que Adorno trata de la recepción, no sólo aparece el concepto de contemplación, sino que remite, con lejanas resonancias, a temas de Schopenhauer. Cuando interpreta «la actitud contemplativa con las obras de arte... como resistencia a tomar parte en el juego» (ÄT, 25 s.), uno se acuerda del veredicto schopenhaueriano con-

---

[62] Una crítica detallada de la estética contemplativa de Schopenhauer ha sido propuesta por H.D. Bahr, en el sentido de lo que Marcuse llamaba el «carácter afirmativo»: «el hecho de tener realmente necesidad de liberarse de la constricción de los mecanismos de autoconservación se sublima en necesidad estética, porque la necesidad real no encuentra satisfacción alguna en la praxis. Pero precisamente en esta sublimación pierde la utopía su fuerza y recae en simple ayuda para una integración en la existencia genérica», *Das gefesselte Engagement. Zur Ideologie der kontemplativen Ästhetik Schopenhauers* (Abhandlungen zur Philosophie, Psychologie und Pädagogik, 66), Bonn, Bouvier, 1970, 66.

[63] No es casualidad que el trabajo más importante de Adorno sobre el problema de la recepción se refiere a la recepción deformada: *Über den Fetischcharakter in der Musik und die Regression des Hörens*, en: Dissonanzen, Göttingen, 1969, 9-45. Ver también el capítulo *Die Rezeptionsproblematik in der ästhetischen Theorie Adornos* en P.B., *Vermittlung, Rezeption, Funktion. Ästhetische Theorie und Methodologie der Literaturwissenschaft*, Frankfurt, Suhrkamp, 1979, 124-133.

tra la «esclavitud de la voluntad». Y cuando caracteriza la recepción auténtica como un quedar afectado del receptor «que se olvida de sí y desaparece en la obra» (ÄT, 363), parece retomar el tema shopenhaueriano de «perderse en el objeto, olvidado de toda individualidad». Sin duda Adorno era consciente del peligro que acecha en la estética de Schopenhauer de una doctrina de salvación que hace de la obra de arte instrumento de una vaga experiencia de felicidad. Puede ser que por eso son tan escasas sus manifestaciones acerca de la recepción auténtica.

Walter Benjamin en su artículo sobre *La obra de arte...* ha sometido la recepción contemplativa a una acerba crítica, identificando con el concepto de aura el momento pararreligioso que en ella aparece. Es una crítica justificada, pero convence menos el concepto opuesto de recepción dispersa que Benjamin propone, por muchas connotaciones progresistas que en vano le adjudique. El concepto de recepción dispersa está condenado a negar la contemplación de modo abstracto. Un ejemplo: «El que se recoge ante la obra de arte se sumerge en ella; penetra en la obra... Por el contrario, la masa distraída hace que la obra de arte penetre en sí. La arquitectura es un ejemplo significativo» (GS I, 504). Si las observaciones de Benjamin sobre la recepción de la arquitectura «mediante su uso y percepción» (*ibíd.*) es acertada, es sin embargo problemático querer sacar *de ahí* un argumento contra la recepción contemplativa de las obras de arte.

Si se quiere criticar el concepto de contemplación, primero habrá que pensar los momentos que la constituyen. De hecho la contemplación se nos ofrece como un comportamiento unitario. Esto provoca la cuestión: ¿qué es lo que está reunido en tal unidad? Evidentemente el sujeto receptor con la obra. La contemplación es pues el lado que corresponde a la recepción en la unidad idealista sujeto-objeto. Hay que intentar, por tanto, separar ambos aspectos.

(Observemos, entre paréntesis, que también el concepto benjaminiano de recepción distraída reproduce la unidad idealista sujeto-objeto.)

De acuerdo con lo que representa la recepción contemplativa, el sujeto penetra en la obra, se identifica con la obra o con lo que representa; en el límite, desaparece en el acto de la recepción. Es una manera metafísica de representarse la recepción (su modelo es la disolución del místico en Dios) pero, por otra parte, expresa una experiencia real. ¿En qué consiste tal experiencia, una vez sacada del contexto de la unidad metafísica? Consiste en comprometerse con la obra. Esto supone otra vez la disposición a renunciar a la satisfacción inmediata de las necesidades actuales, e implica la capacidad de concentración. En ambos casos el sujeto está presente, y como sujeto activo. Se asigna a sí mismo una finalidad, la captación de la obra, y se comporta como lo exige ese fin. Sujeto y objeto, receptor y obra se encuentran frente a frente. Su meta no es la fusión de ambos, como lo supone la representación tradicional de la recepción contemplativa, sino un proceso de apropiación, en el que el receptor desarrolla sus capacidades, precisamente ante la resistencia que ofrece la obra, y no sólo las facultades receptivas. La recepción es una superación de obstáculos, y, por consiguiente, un trabajo. A la vista de tal determinación parece poco sensato enfrentar una recepción emocional a una racional, o una activa a una pasiva[64]. Tales

---

[64] Schulte-Sasse se vuelve contra la manera como la crítica de la ideología problematiza la recepción como forma de identificación, cuando distingue la función práctica (terapéutica) de identificación del lector con figuras ficticias, subrayando así la importancia de la literatura en la constitución de la experiencia (*Gebrauchswerte der Literatur. Eine Kritik der ästhetischen Kategorien «Identifikation» und «Reflexivität», vor allem im Hinblick auf Adorno*, en: Ch.B./ P.B./ J.Sch-S. (eds.), *Zur dichotomisierung von hoher und niederer Literatur*, 82 s.).

distinciones son sólo momentos de un proceso de apropiación. Lo importante es otra cosa. Como cualquier otro trabajo, la recepción de las obras de arte supone un proceso de aprendizaje. En primer lugar, el receptor debe haber realizado experiencias específicas relativas a un objeto, cuando accede a una obra nueva. Por otra parte, debe haber aprendido a relacionar las experiencias estéticas específicas con experiencias históricas. Sólo cuando esto ocurre, le «dice» algo la obra.

En la *Fenomenología del Espíritu* ha estudiado Hegel el trato con las obras de la cultura griega después de su decadencia. De tal pasaje se puede sacar un modelo de recepción que no hace del receptor ni alguien que se disuelve en la contemplación, desapareciendo como sujeto, ni alguien que produce realmente los significados de la obra.

«A las obras de las musas le falta la fuerza del espíritu, ese espíritu cuya certeza de sí mismo derivaba de la trituración de los dioses y los hombres. Ahora son lo que son para nosotros: hermosos frutos desgajados del árbol; un destino amistoso nos los ofrecía como una muchacha presenta los frutos; no se da la vida real de su existencia, ni el árbol que los llevó ni la tierra y los elementos que hicieron su sustancia ni el clima que los terminó ni el cambio de estaciones que rigió su proceso. Así el destino no nos da con las obras de aquel arte ni su mundo ni la primavera y el verano de la vida moral en la que florecieron y maduraron, sino sólo el recuerdo velado de esa realidad. Por eso nuestra ocupación con su disfrute no procede del culto divino por el que a nuestra conciencia llegaría su perfecta verdad que la colmase: es una actividad externa como limpiar de los frutos las gotas de lluvia o el polvo, y en lugar de los elementos interiores de la realidad moral que los enmarcaba, los engendraba y animaba, forjamos el armazón interminable de los elementos muertos de su existencia externa, el lenguaje, la historia, etc., y no para vivir en ellos, sino sólo para representarlos. Pero igual que la muchacha que ofrece los frutos cogidos es más que la naturaleza misma que, desplegada en sus condiciones y elementos, el árbol, el aire, la luz, los ofrecía inmediatamente, cuando los ofrece de una manera más alta con el brillo de sus ojos conscientes y sus gestos de oferta, así también el espíritu del destino que nos ofrece aquellas obras de arte, es más que la vida moral y la realidad de aquel pueblo, pues es *recuerdo interior (Er-Innerung)* del espíritu que en ellas se *exterioriza* aún, es el espíritu del destino trágico que reúne todos aquellos dioses individuales y atributos de la sustancia en el panteón único, en el espíritu consciente de sí mismo como espíritu» (HW III, 547 s.).

Hegel pone primero de relieve la distancia histórica que nos separa de la cultura griega. Como esta cultura ha pasado, ya no tienen para nosotros las obras el significado que tenían para los griegos. No encontramos ya en ellas la verdad sobre nuestro mundo y no podemos «dejarnos vivir en ellas». Luego caracteriza Hegel nuestro trato con ellas como una «acción externa». Para comprenderlas buscamos asegurar el contexto histórico (forjamos «el armazón interminable de los elementos muertos de su existencia exterior»). Pero la apropiación no está ahí, sino que adquiere la forma del recuerdo interiorizado. Al recordar así, aprehende el receptor el pasado en tanto que constitutivo del propio presente. Hace suyo el elemento extraño sin por ello eliminar su extrañeza. Toma conciencia de sí mismo en tanto que ser histórico.

Hay aquí un concepto de recepción que no hace de la obra pasada ni una sustancia suprahistórica ni un esquema vacío de la productividad del receptor. Hegel inclina más bien nuestra atención hacia un tercer término, «un destino amistoso», que nos entrega las obras. Ese destino, que Hegel personifica en una doncella, es el resultado del trabajo histórico de la especie, del espíritu consciente de sí mismo, en la terminología de Hegel. No nos interesa aquí la filosofía hegeliana del movimiento del espíritu, sino esa importante indicación según la cual toma parte decisiva en la recepción escapando al análisis del dato fáctico: el proceso histórico que hace que el receptor reciba la obra como la recibe. Así como la producción de la obra no es el acto de un individuo aislado (aunque la teoría del genio cree tener la certeza de la tesis opuesta), sino de un sujeto constituido por un trabajo colectivo, tampoco la recepción es asunto de un receptor aislado. Sólo es posible por lo que presupone la apropiación: lo material y lo ideal elaborado en el curso de la historia. También la recepción individual es un acto social[65].

Una segunda observación podríamos añadir al texto de Hegel. Comprender la apropiación como recuerdo interiorizado significa dos cosas. En primer lugar, comprobar que se funda una continuidad. Las obras pasadas no son objetos muertos, sino cristalizaciones de la verdad de una época pasada, verdad con la que tanto el receptor como su propia época están en relación. En segundo lugar, hay al hacer eso, apropiación del contenido de las obras, interiorización. La idea de Hegel es que tal acto (por la mediación del «destino») de interiorización por recuerdo es superior a la inmediatez de la vida pasada de la que da testimonio la obra. Encontramos así los tres momentos que determinan la recepción: la obra pasada como potencial de significación, el receptor como sujeto activo que realiza el proceso de interiorización y recuerdo, y el «destino», el trabajo histórico de la especie que media entre ambos.

---

[65] Lukács en su *Estética* tardía ha dedicado al concepto hegeliano de *Er-Innerung* una importante sección (*Ästhetik II*, 131 s.). Pero como parte de la famosa conclusión de la *Fenomenología* y no del pasaje citado en nuestro texto, no toma en cuenta el momento del trabajo colectivo que posibilita el acto individual de recepción.

Excurso IV: Sobre el antivanguardismo de Adorno

Nada es más fácil hoy día que criticar la teoría estética de Adorno. Se le reprocha una concepción elitista del arte, se censura que haya puesto el arte en una relación de negatividad con la sociedad (Jauss), se descubre el carácter latentemente teológico de su estética, que opone el arte a la realidad como «lo otro» (D. Kliche, H. Scheible), o se descubre que el arte ocupa para Adorno el lugar que a lo largo de cien años asumía el proletariado para la inteligencia de izquierdas (K. M. Michel)[66]. No todo esto es falso, y para una inteligencia, que precisamente ha aprendido a pensar con y por Adorno, tiene la significación, que de ninguna manera hay que infravalorar, de abrir espacios mentales distanciándose de Adorno. Todo esto es sin duda importante con relación a las formulaciones definitivas de la teoría de Adorno (piénsese en su discurso sobre la ceguera universal, el encantamiento, etc.). Sin embargo, hay que reconocer que tales críticas aportan poco a la cuestión de cómo hay que pensar el arte después de Adorno. Es algo que está en relación con su estructura: una crítica que busca descubrir tras la estética de Adorno otra cosa, la revolución proletaria reprimida o el más allá reprimido, no necesita enfrentarse con las cosas mismas; basta con encontrar el punto en el que la teoría «pierde el equilibrio». No es pues raro que, junto a esta crítica más bien global, empiece a desarrollarse una exégesis de Adorno que busca captar la conexión de su pensamiento y exponerlo[67].

---

[66] Ver las contribuciones de los autores citados en: B. Lindner/W. M. Lüdke (eds.), *Materialien zur ästhetischen Theorie Theodor W. Adornos.*

[67] Ver la bibliografía seleccionada y comentada 1969-1979 de P.Ch. Lang, ibid. 509-556.

Sin embargo, la crítica global y la exégesis detallada de la teoría estética de Adorno tienen una cosa en común: no son apropiadas para contestar a la pregunta de cómo hay que pensar hoy el arte y hablar sobre él. Plantear esta pregunta significa sostener la tesis de que la estética de Adorno ya no puede reivindicar la actualidad en el sentido enfático del término. Que ello es así lo confirma, en primer lugar, el hecho de que con ayuda de su teoría no pueden ser discutidos como estéticos todos aquellos fenómenos en los que las necesidades expresivas son relativamente inmediatas (como por ejemplo los textos de información). A ello se añade el estrechamiento del canon de las grandes obras, canon que en la estética de Adorno posee un valor sistemático, y que en la literatura moderna se limita a Proust, Kafka, Joyce y Beckett, y en la música moderna a la escuela de Schönberg. Finalmente está la imposibilidad de resolver el problema del arte comprometido como no sea excluyéndolo del ámbito de lo estético. De ahí surge la pregunta de si hay un común denominador de aquellos elementos de la teoría estética de Adorno que la definen como algo que ya no es actual. Quisiera intentar demostrar que ese término es el de su antivanguardismo.

Con frecuencia ha sido calificado Adorno como el teórico de la vanguardia. Sin embargo, el punto central de su construcción histórica no es el ataque de las vanguardias al status de autonomía del arte, sino la unidad del capitalismo tardío y la modernidad[68]. Adorno transforma y retrotrae, el proyecto vanguardista de superación del arte en otro intraestético. En la medida en la que de este modo se opone a

---

[68] Ver M. Lüdke, *Die Aporien der materialistischen Ästhetik, kein Ausweg? Zur kategorialen Begründung von P. Bürgers Theorie der Avantgarde,* en: ibid. (eds.), *Antworten,* 42 s.

las intenciones radicales de la vanguardia, podemos hablar de un antivanguardismo de Adorno.

Ya hemos visto anteriormente (cap. II, 2) que Adorno se desmarca de las tendencias de la vanguardia que hacen estallar la categoría de obra o que renuncian a la conformación de todas las partes de la obra. Tales tendencias constituyen para él la señal de una superación sin más de la autonomía del arte, y por ello una traición del arte a la sociedad vigente. Tal apartamiento por parte de Adorno lo ha expuesto de modo especialmente tajante en el capítulo sobre Strawinsky en su *Filosofía de la nueva música,* que no se dirige exclusivamente contra el neoclasicismo de Strawinsky, sino también contra su obra temprana, que Adorno pone con razón en la cercanía de los movimientos radicales de vanguardia (ver PhnM, 149 y 161). Lo que sorprende en esta polémica es su proximidad a los planteamientos de Georg Lukács[69]. Con él comparte Adorno no sólo aquel argumento fatal, según el cual la música de Strawinsky «traduce la neurosis obsesiva y aún su intensificación psicótica, la esquizofrenia» (PhnM, 148), sino también el tratamiento normativo de la obra orgánica de la estética idealista. «Sin consideración alguna acepta la *Historia del soldado* en las configuraciones musicales, modos psicóticos de comportamiento. Queda disociada la unidad estética orgánica... El aspecto inorgánico impide cualquier empatía o identificación» (PhnM, 153). Lo que aquí reclama Adorno es el seguimiento de las normas de la estética autónoma tradicional, ante todo las que se refieren a la unidad orgánica de las partes y el todo. Pero tampoco retrocede ante otras categorías problemáticas, que por otra parte acostumbra a desenmascarar como clichés, cuando sin más declara

---

[69] Ver G. Lukács, *Wider den missverstandenen Realismus.* Hamburgo, Claassen, 1958.

la empatía como la actitud adecuada de recepción, o cuando lamenta la falta de las «proporciones de equilibrio habituales» (*ibíd.*).

El hecho de que ejerza su crítica contra los rasgos vanguardistas de la música de Strawinsky se explica porque para Adorno esos son los caracteres esenciales de la obra vanguardista de arte. Critica la «desorganización», aun reconociéndola como un principio de organización (PhnM, 159), la «emancipación de los efectos fuera del sentido del todo» (152). Que precisamente ahí pudiera expresarse el sufrimiento del sujeto por el objeto es algo que Adorno no quiere reconocer. Compara el lenguaje musical de la Historia del soldado con «los montajes oníricos de los surrealistas formados con residuos diurnos» (PhnM, 161) y los valora como regresivos, no obstante su cercanía confesada a Joyce: «según la psicología, el «carácter autoritario» se comporta de modo ambivalente frente a la autoridad. Así la música de Strawinsky deja con un palmo de narices a la de nuestros padres» (*ibíd.*). Es algo más que una polémica contra Strawinsky; se expresa aquí un rechazo de las vanguardias en la medida en la que éstas ponen en cuestión la institución arte. Adorno critica su protesta radical como autoritaria, y se dirige así a un tipo de obra de arte que no sigue el principio de la totalización orgánica. Junto con el montaje somete también a crítica el procedimiento artístico correspondiente de la ruptura: «no se realiza la composición mediante un desarrollo, sino mediante hiatos que se suturan» (PhnM, 164). No es esto una simple descripción, sino una valoración. Explícitamente opone Adorno al «concepto de una forma musical moderna que domina la música occidental desde la escuela de Mannheim hasta la actual escuela de Viena», el rechazo de Strawinsky a la idea de «desarrollo», que califica como regresión (PhnM, 145). También la categoría central de la recepción en la vanguardia, el shock, es rechazado por Adorno. «Así la música de shock de Strawinsky está sometida a la neurosis obsesiva de repetición» (PhnM, 157). También la escuela de Viena, explica Adorno, reconoce una modificación de la conciencia temporal, pero lo hace «en la conexión interna de la música», mientras que el *shock,* que hace estallar la continuidad, asimila sólo externamente el tiempo musical al espacio (PhnM, 171). No excluimos el hecho de que en su valoración negativa del *shock* prosiga Adorno su discusión con Benjamin quien, como se sabe, ha elaborado la significación del *shock* como el efecto buscado por el arte de vanguardias, e incluso ha querido encontrarlo en la modernidad temprana de Baudelaire (GS I, 502 s., 629 s.).

Lo que más extraño resulta en la lectura de *Filosofía de la nueva música* es un difícil decisionismo en la valoración. Se repiten paralelismos entre Schönberg y Strawinsky, pero fenómenos similares son valorados de modo totalmente diferente en ambos compositores. Hemos visto que Adorno interpreta la renuncia de Strawinsky a una forma musical dinámica como una regresión, pero también de la técnica dodecafónica se dice que «en el conjunto de la variación, apenas nada varía» (PhnM, 94), sin que eso suponga un juicio negativo. Se compara la inexpresividad de la música de Strawinsky con la frialdad emotiva de los esquizofrénicos (PhnM, 155); por el contrario, en el capítulo sobre Schönberg su inexpresividad es signo de la música moderna: «el derecho del sujeto a la expresión misma decae» (PhnM, 102). Adorno intenta eliminar esta evidente contradicción con el argumento de que la renuncia a la expresión es reaccionaria sólo cuando «la fuerza que se aplica así a lo individual, aparece inmediatamente como una superación del individualismo» (PhnM, 156). Pero que eso sea así en el caso de Strawinsky y no en el de Schönberg es una posición no analizada. No se podrá menos que comprobar que análisis y valoraciones en la *Filosofía de la nueva música* están laxamente conectados[70].

¿Cómo explicar este decisionismo en la valoración estética de Adorno? Evidentemente es insuficiente querer hacerlo derivar en exclusiva de su estrecha vinculación a la escuela de Schönberg. Lo exacto es más bien que Adorno reacciona con extraordinaria vehemencia contra las tendencias que se dirigen contra la institución autónoma del arte. En la medida en que para él, el arte coincide con el arte autónomo, sólo puede ver en las vanguardias la manifestación de una regresión. Habrá que considerar también una segunda explicación: parece problemático que en el marco acotado por la *Dialéctica de la Ilustración* sea posible, en general, realizar una valoración positiva. Pues cuando no sólo el progreso va acompañado de retrocesos, sino que la razón misma aparece como una desgracia, resulta difícil justificar ya lo positivo en la filosofía de la historia. Las valoraciones sólo podrán en realidad obedecer a un decisionismo en relación con su objeto. Aquí debería estar también la razón de que Adorno nunca haya puesto en duda el canon establecido de las grandes obras de arte, aunque la teoría crítica de la sociedad tendría que despertar la desconfianza hacia tal legitimidad.

No se puede negar de ninguna manera que en la *Filosofía de la nueva música* se encuentran fórmulas con las que Adorno concibe la disolución de la unidad del todo y la partes como el signo de la producción artística moderna Pero también tales formulaciones están casi siempre liga-

---

[70] El intento posterior de Adorno de trazar una «imagen dialéctica» de Strawinsky en contraposición con la anterior descalificación, tropieza con la dificultad de que el autor quisiera mantener sin reserva la antigua postura revisándola al mismo tiempo (Th. W. Adorno, *Strawinsky*, 1962, en: *Musikalische Schriften I-III*... ed. R. Tiedemann, Suhrkamp, Frankfurt, 1978, 382-409.

das, como puede mostrar un análisis de su contexto, a la idea de la obra cerrada, y ligadas a su suerte: «sólo en la obra fragmentaria, desposeída de sí misma, queda libre el contenido crítico. Ciertamente eso sólo ocurre con la destrucción de la obra cerrada, y no en la superposición de doctrina e imagen como pasa en las obras arcaicas de arte» (PhnM, 113)[71].

Ahora bien, puede naturalmente plantearse la cuestión de si el antivanguardismo de Adorno también impregna su *Teoría estética*. La pregunta no es nada fácil de responder, porque Adorno se esfuerza en sus escritos tardíos en corregir sistemáticamente determinados juicios erróneos de anteriores trabajos. Esto ocurre por ejemplo en el caso de la salvación no dialéctica de George en su discurso sobre *Lírica y sociedad*, que compensa mostrando los momentos reaccionarios de la lírica de George en un artículo posterior[72]. También sucede en su intento de deslindar su propia polémica contra el arte comprometido[73] del «mugido contra la tendencia y el compromiso»: «la preocupación ideológica por mantener la cultura pura obedece al deseo según el cual en la cultura fetichizada todo queda realmente como estaba antes» (ÄT, 367). También, finalmente, ocurre en sus explicaciones sobre el montaje y el shock, que pertenecen a lo mejor que se haya escrito sobre el asunto (ÄT, 232

---

[71] Con razón ha llamado la atención N. Rath sobre el hecho de que en *Doktor Faustus* de Thomas Mann, Mefisto-Adorno aparece como el demonio enemigo de las obras (Ver N. Rath, *Adornos kritische Theorie. Vermittlungen und Vermittlungsschwierigkeiten*, Paderborn, Schöning, 1982, 80 s.

[72] Ver la conferencia sobre George de 1967, en: Th.W. Adorno, *Noten zur Literatur IV*, ed. R. Tiedemann, Frankfurt, Suhrkamp, 1974, 45-62.

[73] Ver el artículo *Engagement* (1927), en: Th. W. Adorno, *Noten zur Literatur III*, Frankfurt, Suhrkamp, 1965, 109-135.

s.). Sólo necesitaba Adorno reprimir las valoraciones decisionistas expresadas en la *Filosofía de la nueva música* sobre el modo de proceder vanguardista, para hacer surgir la fuerza iluminadora del análisis dialéctico.

Sin embargo, no queda así resuelto el problema que estamos tratando del antivanguardismo de Adorno. Lo pueden demostrar algunos pasajes en los que puede verse que tampoco en la *Teoría Estética* ha abandonado Adorno el concepto tradicional de la obra lograda de arte; sólo renuncia a una explicitación excesivamente estricta del concepto tradicional de obra. Que se «consiga algo así como la objetividad de la forma» (ÄT, 261) está para él fuera de toda duda, pues ahí confluyen las oportunidades de supervivencia de las obras» (ÄT, 265). Aquí vuelve en el plano de la categoría «obra», la estructura teológica por la que el artista asegura mediante la obra su propia supervivencia. Las afirmaciones siguientes muestran que Adorno no hace suyo finalmente el tipo de obra vanguardista que se basa en el principio de ruptura: «La obra de arte que soporta su dialéctica inmanente, la refleja como si al soportarla se distendiese: esa es la falsedad estética del principio estético» (ÄT, 262). Con ello se eleva la armonía a principio estético (aunque problemático); por otra parte, contiene la *Teoría estética* una crítica del ideal de armonía en cuanto «reconciliación con el mundo administrado» (ÄT, 237). Adorno busca solucionar la antinomia criticando la hipóstasis de la obra en una totalidad (armónica), pero al mismo tiempo se expresa «a favor de la supervivencia del concepto de armonía como un momento» (*ibíd.*). El planteamiento antivanguardista no es puesto así en cuestión, aunque sí se amplían las fronteras de lo permitido. No hay que pasar ciertamente por alto que lo que Adorno concede con una mano, quita con la otra. Lo que reconoce el pasaje sobre el montaje, la incorporación de «los escombros de lo empírico» en la obra de arte (ÄT,

232) es retirado de nuevo cuando en otro lugar se dice de la obra de arte que «no debe tener ningún remiendo en su forma» (ÄST, 263)[74]. El arte de vanguardia se puede precisamente definir como el arte que incluye en sí lo informe gracias al sujeto, y como el arte en el que lo material se hace momento expresivo. Mientras que Adorno conserva ampliamente la categoría tradicional de obra, somete la representación del artista como genio a una acertada crítica dialéctica. Partiendo de la idea de que en el concepto de genio como categoría ideológica se cruzan la verdad y la no verdad, endereza su crítica dialéctica a la tarea de separar ambos momentos. Cuando con el concepto de genio se intenta «atribuir al individuo en el ámbito específico del arte, de modo inmediato, la capacidad de llegar a lo auténtico» (ÄT, 254), hace consistir Adorno lo no verdadero de ese concepto en saltarse las mediaciones. Dicho de otra manera: la estética del genio suprime en las obras de arte el momento del hacer, y así pueden valer para el irracionalismo como productos de un acto creador inconsciente. En la hipóstasis del artista como creador genial reconoce Adorno, cuya estética sigue centrada completamente en el concepto de obra, un rebajamiento de la obra de arte. Cuando la contemplación veneradora se dirige especialmente a la persona del artista (piénsese en el culto a Goethe), la obra de arte aparece como su expresión vital.

---

[74] Al igual que Adorno, D. Henrich defiende la concepción según la cual el arte tiene «que hacer surgir... de la forma y la ruptura de la forma, estructuras que destruyen las asociaciones significativas de la forma y al mismo tiempo sin embargo son forma total» (*Kunst und Kunstphilosophie der Gegenwart,* en: W. Iser, ed., *Immanente Ästhetik. Ästhetische Reflexion,* München, Fink, 1966, 11-32; aquí: 30, subrayado mío).

Sin embargo, no quiere Adorno renunciar simplemente al concepto de genio, pues con ello quedaría eliminado el momento de la espontaneidad, sin el que la producción artística amenazaría con convertirse en «artesanía». Quisiera, en correspondencia con la organización de su estética en torno al concepto de obra, asignar la genialidad no al productor, sino a la obra. «Lo genial es un nudo dialéctico: lo que carece de modelo, lo no repetido y libre, que al mismo tiempo arrastra el sentimiento de lo necesario» (ÄT, 256). Me parece que aquí está Adorno en peligro de restituir al concepto de genio aquellos momentos que él mismo ha criticado. La obra de arte como síntesis de libertad y necesidad supone al artista genial como su productor, y eso lo había visto exactamente el joven Lukács[75]. Otra cosa ocurre cuando Adorno intenta salvar el contenido utópico del concepto de genio: «por otra parte el concepto de genio, tal como apareció en Schwang a fines del siglo XVIII no era todavía en modo alguno carismático; según las ideas de aquella época podía ser genio todo el que se expresase de modo no convencional, como naturaleza» (ÄT, 256). No se trata aquí de la cuestión de si la afirmación de Adorno puede ser confirmada mediante investigaciones históricas; pero sin duda la idea utópica que reconoce potencialmente la espontaneidad a todos los hombres es una salida a la hipóstasis del individuo genial. La utopía, actualmente renovada en el contexto de las vanguardias, de que todo productor libre debe poder desarrollarse, no es reelaborada por Adorno, porque se sigue ateniendo al concepto de la gran obra de arte (genial) que garantiza la supervivencia del artista.

---

[75] «Hemos recibido la obra como un hecho y la idea de genio como supuesto necesario de la posibilidad de su existencia» (G. Lukács, *Heidelberger Philosophie der Kunst* (1912-1914), ed. G. Markus/F. Benseler (Lukács Werke, 16). Darmstadt/Neuwied, Luchterhand, 1974, 76.

6. Segunda consideración intermedia: trabajo, forma, expresión

Si es cierta la tesis de que Adorno no pudo superar el horizonte de la estética idealista porque no estaba dispuesto a aceptar en toda su radicalidad el ataque de las vanguardias históricas a la institución arte, prefiriendo absorberlo en el interior de la estética, no se sigue sin embargo de ahí que el vanguardismo pueda resolver los problemas de una estética actual. Ya hemos examinado tal aporía en la primera consideración intermedia: hemos visto que la desdiferenciación (la reintegración del arte en la praxis cotidiana) y la estética de la autonomía son dos caras de un mismo problema[76]. Cuando los surrealistas exigen que la poesía sea práctica (practicar la poesía) quieren situar las facultades que se han separado de la praxis cotidiana en el curso del desarrollo de la sociedad burguesa, tales como la espontaneidad y la fantasía, en el centro de una organización de la existencia. Pero así asumen involuntariamente las oposiciones que combaten. La disolución del arte en la praxis diaria supone la absolutización esteticista de la autonomía estética. Esta ligazón de la vanguardia con el esteticismo que, pese a la contraposición de ambos movimientos, puede comprobarse históricamente, es una de las razones de su fracaso. En lugar de sacar de ahí la conclusión de volver al arte en tanto que institución regulada por la autonomía estética, como única salida posible (tesis oculta de Adorno y explícita de Habermas), he propuesto intentar, recogiendo el impulso de las vanguardias, una crítica de las categorías de la estética idealista.

---

[76] Ver sobre esto B. Lindner, *Aufhebung der Kunst in Lebenspraxis?...* en: W. M. Lüdke, Antworten, 72-104: aquí: 83 s.

Esto nos ha conducido a esbozar un concepto de trabajo que no coincide con el concepto sociológico propuesto por Habermas cuando distingue entre trabajo e interacción[77]. Un vistazo al empleo habermasiano de tal concepto puede aclarar algunas implicaciones de nuestra crítica de la estética idealista. En Habermas *trabajo* equivale a *actividad racional finalista,* comprendiendo tanto la actividad instrumental que sigue reglas técnicas como la elección racional que sigue estrategias. Por el contrario, la *actividad comunicativa* se define como «interacción mediada por símbolos; se conforma a normas vigentes obligatorias que definen expectativas recíprocas de comportamiento y deben ser comprendidas y reconocidas al menos por dos sujetos activos»[78].

Quisiera discutir las dificultades que suscitan tales definiciones categoriales, mediante el ejemplo de la producción artística y de la apropiación de las objetivaciones culturales. La producción artística no puede concebirse como trabajo (en el sentido de una acción racional finalista), puesto que no es una actividad instrumental ni una actividad estratégica. El artista no sigue reglas técnicas ni estrategias; pueden, en todo caso, aparecer como momentos subordinados en su proceso de producción, pero sin determinarlo globalmente en modo alguno. Pero también la definición de producción artística como acción comunicativa entraña dificultades. Cierto que la obra de arte sirve a la interacción mediada simbólicamente; pero el proceso de fabricación de

---

[77] Th. McCarthy ha llamado la atención sobre el hecho de que Habermas con tal distinción, tanto subraya aspectos relativos a complejo de acción, como describe otros tipos de acción, (*Kritik der Verständigungsverhältnisse. Zur Theorie von Jürgen Habermas.* Frankfurt, Suhrkamp, 1980, 40 s.). Contra la primera utilización del concepto no hay objeciones que formular, lo extraño teóricamente se da en la segunda.

[78] J. Habermas, *Technik und Wissenschaft als Ideologie,* Frankfurt, Suhrkamp, 1968, 62.

la obra no es un proceso de interacción. Y si el proceso de producción artística no puede describirse ni como actividad racional finalista ni como acción comunicativa, entonces escapa a la clasificación de tipos sociales de acción propuesta. El peligro de que tal lugar vacío sea ocupado por el concepto irracional de genio es evidente.

Problemas parecidos surgen con el intento de concebir la apropiación de objetivaciones culturales con ayuda de las categorías de «trabajo» e «interacción». Que no pueda describirse la apropiación de obras de arte como una actividad racional finalista, parece evidente. En todo caso podría hablarse metafóricamente de interacción a propósito de la apropiación de las obras, puesto que se atiene a determinadas reglas vigentes; pero la obra no es un sujeto que pudiera entrar en comunicación con otro sujeto. El problema sólo podría plantearse si se convierte al autor en el punto ideal de referencia de la apropiación[79], pero esto comportaría nuevas dificultades.

No pretendo en este contexto someter a crítica la dicotomía de trabajo e interacción, con cuya ayuda Habermas busca asegurarse la autonomía del marco político, frente al concepto marxista de praxis[80]. Podríamos más bien preguntarnos si Habermas no se ha comprometido en un plano analítico de definiciones que dificultan, si no impiden, una

---

[79] Una propuesta de Habermas en esta dirección en una sección de *Einige Bemerkungen zur soziologischen Handlungstheorie,* 1976; reproducido en McCarthy, *Kritik der Verständigungsverhältnisse,* 405.

[80] Argumenta que «Marx no explica propiamente hablando la conexión entre interacción y trabajo, sino que, bajo el nombre no específico de praxis social, reduce uno al otro, a saber, la acción comunicativa a la instrumental» (*Technik und Wissenschaft als Ideologie,* 45). Ver también J. Habermas, *Erkenntnis und Interesse.* Frankfurt, Suhrkamp, 1968, 59, y A. Wellmer, *Kritische Gesellschaftstheorie und Positivismus* , Frankfurt Suhrkamp, 1969, 67.

comprensión de tipos de acción contradictorios en sí mismos. Al equiparar el trabajo con una actividad racional finalista, queda definido como un tipo alienado de actividad. Actividad racional finalista significa disponibilidad técnica de la naturaleza externa o trato estratégico con hombres. Por el contrario, la interacción, al menos intencionalmente, se basa en la comprensión y el acuerdo. En este marco conceptual se puede, ciertamente, pensar en una comunicación alienada (a saber, como una intrusión de la actividad estratégica en la comunicación), pero no se puede pensar en un trabajo no alienado. No se podría rechazar así totalmente la sospecha de que el trabajo artístico aparece como la actividad no racional del genio, puesto que la racionalidad de nuestro pensamiento tiende a eliminar las contradicciones. Sólo podríamos pensar en una producción artística racional en el momento en que admitamos las contradicciones como racionales, en otras palabras, si dialectizamos nuestras categorías. Es lo que he intentado antes con el concepto de trabajo.

La dialectización de las categorías de la estética idealista pretende tomar en cuenta la constelación en la que ha entrado el arte en la sociedad burguesa, al menos desde las vanguardias históricas. Después del fracaso del ataque de las vanguardias a la institución arte, entre otras cosas porque se volvía a reproducir el concepto idealista de arte como lo otro de la sociedad, incluso en el mismo rechazo del status de autonomía del arte, es imposible volver sin más tanto a la pretensión de disolución de las vanguardias como a la estética idealista. Le queda entonces a la teoría el intento de recobrar, a partir de la pretensión de disolución propuesta por las vanguardias, el impulso hacia la negación determinada. Ésta no destruye las categorías, pero afecta algunos de sus momentos. En lugar de proceder de nuevo a resumir nuestros resultados, voy a pasar revista a dos categorías que sólo han sido discutidas marginalmente: la forma y la expresión.

A la hipóstasis de la obra en tanto que paradigma de reconciliación le corresponde en paralelo la hipóstasis de la forma. Históricamente esto sucede –paradójica, pero comprensiblemente– en un tiempo en el que los estilos en tanto que característicos de una época, empiezan a perder validez. Precisamente entonces se exige del artista que cree algo de absoluta validez a partir de la mera posición de la forma; pero así se carece de un sistema de referencias que garanticen la validez del producto. Hipostasiar la forma es criticable si se toma como punto de referencia esa necesidad vanguardista de una inmediatez de la expresión que Ernst Bloch ha sido el primero en caracterizar en su *Espíritu de la utopía*. Cuando Bloch contrapone la «categoría de la obra cerrada» y la «categoría de la expresión, ligada al yo y abierta hacia arriba», está traduciendo de modo teórico y programático la experiencia de la pintura expresionista[81] con fórmulas que claramente se enfrentan al culto de la forma que constituye el horizonte nostálgico del primer Lukács. Éste añora, en efecto, los tiempos en los que forma y expresión eran uno, «cuando lo que hoy llamamos forma y buscamos con conciencia febril... no era sino el lenguaje natural de la revelación, la ausencia de obstáculos en la irrupción del grito, la energía inmediata de movimientos palpitantes»[82]. Pero precisamente porque «las formas no se han producido a partir de nuestra vida», esa forma conscientemente creada vale para él como el único punto fijo contra la anarquía de la vida. «Así, hoy día sólo hay, o bien

---

[81] E. Bloch, *Geist der Utopie* (Gesamtausgabe, 16). Frankfurt, Suhrkamp, 1977, 42.
[82] G. Lukács, *Die Seele und die Formen*, 1911, Luchterhand, Neuwied/Berlín, 1971, 165.

una forma abstracta, resultado de la reflexión sobre el arte... (pero tal forma no puede incluir las particularidades de nuestra vida y sus bellezas y riquezas cuya verdad es sólo algo actual), o bien no hay forma alguna en absoluto, y todo lo que actúa lo hace sólo en virtud de la fuerza de una vivencia comunitaria, y deviene enseguida incomprensible en cuanto tal comunidad ha desaparecido»[83]. Así la forma es denunciada por Lukács al mismo tiempo como algo limitador, excluyente de las «particularidades de nuestra vida» y considerada como la única oportunidad de perduración. Bloch no se plantea la cuestión de cómo tiene lugar tal supervivencia. Partiendo de la certeza de un yo fuerte, rehabilita la inmediatez de la expresión y, volviéndose contra Lukács, escribe: «dar forma no es el único recurso, ni siquiera es el que necesitamos particularmente para hablar, para acceder a la mirada»[84]. Frente al artista de la forma, pone al diletante, al que «es capaz de producir obras sin técnica, sin estilo, pero expresivas»[85].

Sin duda hoy sabemos que la inmediatez expresiva del expresionismo es algo mediado, condicionado y limitado por aquello contra lo que tal movimiento se dirigía. Pero eso no es ninguna razón para decantarse del lado de la inmanencia estética de la forma. Toda teoría que busca entender el arte como expresión, descuida las mediaciones que, hasta en el mismo material artístico, ligan la obra creada a las que la precedieron. Conversamente, una teoría de la inmanencia formal que persigue la ilusión de asegurar la perduración, descuida el interés que tenemos por el arte, un interés hecho de angustias y esperanzas, en suma, de va-

---

[83] *Ibíd.* 166 y 167.
[84] E. Bloch, *Geist der Utopie*, edición de 1923 (*Gesamtausgabe 3*), Frankfurt, 1977, 41.
[85] *Ibíd.* 26.

lores expresivos. No parece que pueda haber en general una teoría «correcta» que resuelva la antinomia de forma y expresión; sólo puede elaborarse concretamente en la interacción del artista con su material. El contenido expresivo debe llegar a ser forma. Por eso, criticar como hacemos la identidad idealista de forma y contenido equivale a reconocer que la destrucción de la forma es una operación formadora.

III

Estética y moral

1. Observaciones previas

El título «estética y moral» necesita ser explicado, pero sin embargo plantea una cuestión que puede darse por resuelta, puesto que la legitimación del poder no afecta a las imágenes del mundo, y por ello los contenidos de las obras de arte no están ligados a determinaciones normativas previas. Los grandes procesos por inmoralidad del siglo XIX, en los que autores como Baudelaire y Flaubert tuvieron que responder ante tribunales por los presumibles efectos morales negativos de sus obras, son algo pasado. Desde hace mucho tiempo la crítica de arte (en el sentido más amplio de la palabra) ha desarrollado criterios específicos de valoración, por muy inseguros y deformados por los mecanismos del mercado que puedan ser. Uno de estos criterios modernos dice que toda intención moralizadora o didáctica de las obras de arte (pese a los esfuerzos de Brecht a favor de una rehabilitación del didactismo artístico) son signo de pérdida de valor.

Sin embargo, la naturalidad con la que, en el seno de la institución arte regulada por la autonomía estética, no se plantea ya la cuestión de la conexión entre estética y ética, debería estimularnos. Precisamente esa exclusión despierta las sospechas de que ahí podría esconderse un problema nuclear de la estética idealista. Esto lo confirman las contradicciones que se dan en numerosas manifestaciones teóricas acerca de la relación entre arte y moral. Es evidente esa contradicción, por ejemplo, en el concepto de arte de un Victor Cousin, cuyo *Curso de filosofía* influyó notablemente en las ideas burguesas sobre el arte en la Francia del siglo XIX. Cousin insiste con gran decisión en la autonomía por principio del arte: «el arte no está al servicio de la religión y la moral como no la está al servicio de lo agradable y lo útil»; pero al mismo tiempo parte de la tesis de la unidad de lo verdadero, lo bueno y lo bello: «la verdad, el bien y la belleza están íntimamente unidos»[1]. Tal contradicción no afecta sólo a la estética idealista popularizada, sino también a su elaboración teórica más compleja.

Como se sabe, Kant se preguntó si la construcción de palacios no debía ser juzgada moralmente como un despilfarro, de modo expresamente separado de la discusión sobre el juicio de gusto (KdU 2, 280). Sin embargo, se olvida al indicar eso que con su delimitación de lo teórico y lo práctico (moral), Kant no pretende constituir dominios separados de objetos, sino modos diferentes de consideración. Hemos visto antes (cap. II, 3) cómo Kant, con la constitución de un ámbito de objetos estéticos, no establece la separación de la esfera de lo estético y la de lo moral-práctico. La obra de arte necesita para su plenitud, de ideas estéticas (ideas de la razón sensibilizadas como «el reino de los bienaventurados, el infierno», KdU 49, 413) que son inseparables de lo moral-práctico. A esto hay que añadir que las determinaciones del agrado desinteresado y de la finalidad sin fin no afectan, según Kant, a todos los fenómenos estéticos, sino sólo a aquellos a los que es atribuible el predicado «bello». Por el contrario en el ámbito de lo subli-

[1] V. Cousin, *Cours de philosophie...* París, 1836, 224 y 261.

me no tienen validez. Con tal concepto se trata en la estética idealista del placer por lo terrible que no sólo intranquiliza a la naciente psicología, sino también a la ética. Evidentemente se trata aquí de una experiencia en la que la estética (percepción placentera) y la ética (placer referido al sufrimiento de otros) están conexionadas genuinamente. Lo sublime que la estética idealista separa de lo bello como campo propio, evidencia la precariedad de la escisión de los dominios del arte y la moral. Lo consigue sólo al precio de una restricción del arte a lo bello[2]. La crítica de la estética idealista tiene que perseguir esta contradicción; con ello se mostrará que problemas no resueltos de una moral no condicionada religiosamente constituyen un potencial esencial de impulso en la formulación de la estética idealista.

Cuando Kierkegaard determina lo estético como una actitud vital, no elimina la separación de los dominios de lo ético y lo estético. Lo que Kant había escindido analíticamente, aparece ahora como oposición de actitudes vitales. El esteta se define apartándose polémicamente del ético profesional, y sin embargo ambos siguen siendo reconocibles como hijos del mismo padre. Kierkegaard escribe un fragmento de la protohistoria de la subjetividad burguesa, cuya clave radica en que la oposición estética vivida reproduce las estructuras contra las que se dirige. Donde lo esté-

---

[2] Una estética del horror como la que representa K. H. Bohrer de modo consecuente, es una provocación moral y vive de ella. Se funda en el impulso surrealista de una transgresión de fronteras de lo estético (ver K. H. Bohrer, *Die gefährdete Phantasie oder Surrealismus und Terror,* München, Reihe Hanser, 1970) pero no, como ha intentado últimamente Bohrer, en una autonomía estética (ver su *Ästhetik des Schreckens,* München/Wien, Hanser, 1978). Tal intento rompe la punta provocadora de esa estética y la debilita. Una provocación moral que se asegura institucionalmente la posibilidad de ser discutida como fenómeno moral, no es tal.

tico se constituye en centro de la organización de la vida como un dominio separado de la praxis vital, la alienación se inscribe en su contrafigura. Vivir estéticamente no es una alternativa a la autonomía del arte que todavía estuviese hoy abierta para nosotros.

Queda así dirigir la mirada a planteamientos que, sin mezclar turbiamente lo verdadero, bueno y bello, no opongan abstractamente lo estético a los campos de lo teórico y lo moral-práctico, sino que se remitan a ellos de manera articulada. Tal es el caso de algunos textos del Herder tardío, cuya polémica contra la *Crítica del juicio* de Kant se ha malentendido durante mucho tiempo como una tozuda incomprensión. Se trata en Herder no tanto de una formulación teórica acerca de lo que es el arte, sino más bien de propuestas de trato productivo con los géneros literarios concretos. Lo que el romanticismo, con un pathos antiilustrado toma como valioso en tanto que escindido de la razón, Herder lo considera parte de la misma. Así se rectifica, al menos intencionalmente, el acortamiento de la razón entendida como racionalidad de los fines.

El examen de la crítica que el joven Hegel ejercita contra la ética de la razón de Kant, nos interesa en este contexto por una doble razón. Por una parte ilumina los problemas en los que se enreda el proyecto de una moral universal fundada sólo en la razón, y por otra parte, muestra que Hegel se sirve, en el centro de su argumentación, de un modo de pensar que puede llamarse estético. Se trata no sólo de una forma de exposición, revistiendo poéticamente conexiones racionales previamente elaboradas, sino de un pensamiento por medio de configuraciones concretas. En la fase de desarrollo del sistema hegeliano no se revela el arte en modo alguno como algo sobrepasado por la reflexión, según la fórmula posterior de su *Estética,* sino que el pensamiento, en tanto que pensamiento, necesita la concreción de figuras representadas. La filosofía de la época burguesa se ha desarrollado mediante configuraciones concretas, mientras no ha pasado a hacer teoría y metodología de la ciencia: desde el análisis hegeliano del amo y el esclavo a la interpretación de Ulises en la *Dialéctica de la Ilustración*, pasando por la contraposición nietzscheana de Dioniso y Apolo. Este pensamiento tiene una genuina dimensión estética, que no accede a un proyecto teórico, sino que más bien los campos separados analíticamente en virtud de ese tipo de pensamiento, forman una unidad. Aún hoy día la potencia del arte radica en su contribución a la apertura del mundo. La persecución obstinada de una peculiaridad formal, que constituye la ley evolutiva del arte moderno, tiene que ser retrotraída a este núcleo semántico, pues de lo contrario amenaza con caer en la arbitrariedad de leyes meramente subjetivas, totalmente manipulables por los agentes del mercado.

2. La elaboración del terror. Lo sublime en Moritz, Kant y Herder

Por qué Kant hace seguir a las dos grandes críticas una tercera, la *Crítica del juicio,* es algo que resulta del tipo de sistema filosófico por él desarrollado. Kant mismo habla del «abismo infranqueable entre el dominio de la naturaleza, lo sensible, y el dominio de la libertad, lo suprasensible» (KdU, introducción II, 247). Pero de ahí nace el problema de la separación de la realidad en dos mundos que no pueden influirse mutuamente. Dicho de otra manera: la libertad del hombre queda confinada en lo suprasensible sin poder ejercer influjo alguno en el mundo sensible. Pero «el concepto de libertad debe hacer real en el mundo sensible el fin propuesto por sus leyes» (KdU, *ibíd.*). Este problema, surgido en primer lugar a partir de la índole sistemática de su filosofía, lo resuelve Kant introduciendo la crítica del juicio como «mediador entre el entendimiento y la razón» (KdU, introducción III, 249), y la define como «la capacidad de pensar lo especial en cuanto contenido en lo universal» (KdU, introducción IV, 251). La búsqueda del «suelo» específico de tal facultad le conduce al campo de lo estético en el sentido estricto del término. El impulso que lleva a Kant a ocuparse de la estética no es pues la comprensión del status de las obras de arte, sino un problema central de su filosofía. Puede llamarse central a tal problema porque se trata con él nada menos que de la posibilidad de pensar el mundo como uno.

No puede consistir nuestra tarea ahora en mostrar que la filosofía kantiana, y especialmente su distinción entre apariencia y cosa en sí, responde a problemas suscitados por el paso de la sociedad tradicional a la moderna, con la consiguiente pérdida de valor de las imágenes religiosas del mundo. Baste con apuntar que en el prefacio a la segunda edición de la *Crítica de la razón pura* habla Kant de la «utilidad» de su distinción entre apariencia y cosa en sí. Esta propuesta aparece sobre todo porque esa distinción hace posible fundamentar, sin contradicciones la moral fundada sin acudir ya a una imagen religiosa del mundo. «Pero si la crítica no se ha equivocado al enseñarnos a tomar el objeto en dos sentidos, a saber, como apariencia o como cosa en sí... entonces se considera la voluntad misma en la apariencia (en sus acciones visibles) como necesariamente conforme a las leyes naturales y, en ese sentido, como no libre y, sin embargo, por otra parte, se la considera como algo perteneciente a una cosa en sí misma y no sometida a aquellas leyes, y por lo tanto como libre, sin que de ahí se derive contradicción alguna»[3].

---

[3] I. Kant, *Kritik der reinen Vernunft,* ed. Weischeidel (Werke, 3). Darmstadt, Wiss. Buchgesellschaft, 1956, 31.

Cuando la filosofía kantiana pretende eliminar las contradicciones en las que se han enredado los esfuerzos ilustrados en pro de la fundamentación de una moral laica, entonces su ocupación con la estética queda finalmente condicionada por problemas prácticos. Quisiera ahora mostrar que tal cosa no sólo vale (como se ha indicado) para la construcción filosófica como un todo, sino también para teorías concretas como la analítica de lo sublime.

Veamos ahora las ideas de Karl Philipp Moritz, cuyos ensayos revelan la problemática social a la que da respuesta la teoría idealista de lo sublime. En los *Fragmentos del diario de un visionario* de 1787 se formula con gran claridad la crisis de legitimación de una generación de intelectuales burgueses que se han liberado tanto de la dependencia de mecenas principescos como de los lazos de una fe religiosa obligatoria: cómo se puede justificar un mundo en el que hay una miseria interminable, en el que los hombres dominan a los hombres, y en el que el azar del nacimiento decide la pertenencia a los dominadores o a los dominados (Moritz se refiere a los asalariados)[4]. La respuesta que da Moritz a estas preguntas resulta dura por su crudeza y raya en el cinismo. La cuestión de la «finalidad» sólo se la plantea el que está liberado de los afanes del trabajo corporal diario («el asalariado no siente la necesidad de tal interés sublime de la vida porque está obligado a trabajar ininterrumpidamente por el mantenimiento de su vida animal, sin tiempo ni ganas de reflexionar sobre su estado», *Frag-*

---

[4] «Si hay algo indudablemente azaroso, es el nacimiento y el contexto en el que por él es puesto el hombre. El destino de la mayoría de los hombres ya está decidido antes de que nazcan. Y son las organizaciones humanas mismas las que nos rebajan a ser esclavos del azar, por el que una generación pone cadenas a la siguiente, que son tanto más duras cuanto más unen a los hombres» (K. Ph. Moritz, *Fragmente aus dem Tagebuch eines Geistersehers*, Berlín, 1787, 59, ver 69 s.).

mentos, 43). La alternativa a la «vida animal» dice así: «trabajar, elevándose desde el polvo, para dominar sobre los asalariados» (*ibíd.* 44). No la liberación de los jornaleros, sino la ascensión al poder es la perspectiva social que contempla Moritz. Precisamente la claridad con la que predica la huida de su clase y los problemas que resultan, convierte sus ensayos en documentos únicos acerca del origen y formación de la ideología burguesa. El mismo salido del artesanado, Moritz sabe de lo que habla.

Pero, ¿cómo justificar un mundo cuya organización experimenta al mismo tiempo como mala (llena de miseria) e injusta (el azar del nacimiento decide la suerte de los hombres)? Se trata de comprender esta situación por el pensamiento (ver *Fragmentos,* 70 s.). Aunque desgarrado («oh este pensamiento está lleno de amargura...» *ibíd.*), el intelectual burgués hace de su pensamiento la instancia superior de legitimación. Pero la justificación de la miseria no es sólo en Moritz algo intelectual, sino también estético. Lo que justifica la miseria es su aspecto sublime.

«Si todos los hombres hubieran guardado ovejas, hubieran sido ciertamente felices en sí mismos. Pero ¿qué habría sido de nuestra historia? ¿cómo habríamos podido oir y leer acerca de batallas en la tierra y el mar, de ciudades conquistadas, de virtudes guerreras, valor de héroes, de alianzas y constituciones de estados?

Habríamos perdido ese mundo de sucesos que en el teatro y en la historia ejerce un efecto tan agradable en nuestra imaginación.

¿Dónde estaría entonces el material de una Ilíada? ¿de una Eneida?

>¡Pobre mundo el que hubiera así quedado,
>   sin espada y sin yelmo,
>   sin batallas,
>   sin preparativos bélicos,

sin derramamiento de sangre,
sin tragedias,
sin cañones ni bombas,
sin castillos ni bastiones,
sin poder guerrero,
sin reyes, sin príncipes!

Verdaderamente para poder pensar en cosas tan grandes y majestuosas vale la pena ser infeliz.
Todas estas grandes cosas tienen que tener un fin. ¿Qué serían unas bombas que no destrozasen miembros ni espadas que no matasen hombres?
Esto ennoblece incluso los instrumentos de destrucción que en tal medida aniquilan y destruyen lo más noble de la tierra. Que miles caigan un día por la espada no deja de ser algo grande. Y lo grande lo queremos, nuestra alma quiere ensancharse y nuestra imaginación abarcarlo todo. Así pues cuando tal fin se consigue, se revela su fondo que no es sino algo trágico, que conmueve el alma y cuyo espectáculo vemos con gusto con tal de que no nos afecte a nosotros mismos» (*Fragmentos,* 65 s.).

Lo terrible de la historia queda justificado por el «efecto agradable» que se produce en la imaginación del espectador no atrapado por los sucesos. La *Ilíada* es la justificación de la guerra de Troya. En su enumeración de las «grandes cosas» que ocurren en una sociedad de pastores, pone Moritz de modo provocador los instrumentos de guerra («espadas y yelmos», «cañones y bombas») al lado de productos culturales como el drama teatral y el ejercicio del poder. Lo que tienen en común los instrumentos de destrucción, los reyes y los dramas es su momento de «grandeza», es decir, aquello que les hace grandes para el espectador, cuya imaginación se amplía con tales objetos, la búsqueda de una finalidad para la miseria del mundo lleva a Moritz a su justificación estética: «todos nosotros somos en el fondo de nuestro corazón pequeños Nerones, para quienes la vista de Roma ardiendo, el grito de los fugitivos y los lamentos de los niños, resultarían insoportables si no transcurriesen ante nuestros ojos como un espectáculo... Nos hemos hecho un mundo de destrucción, y observamos ahora nuestra obra en historias, dramas y poemas, con agrado» (*Fragmentos,* 68). Debería dar que pensar que el primer teórico de la estética autónoma la conciba como un modo de justificar la abyecta realidad.

Veamos ahora cómo la analítica de lo sublime de Kant tiene como objetivo subsanar el escándalo que constituye la justificación estética de la miseria. No pretendo mostrar «influjos» directos, sino que me interesa más bien reconstruir la problemática a la que responde el pensamiento estético de fines del siglo XVIII.

Que efectivamente Kant se enfrenta al mismo problema que Moritz, se demuestra cuando dice de la guerra que tiene «algo sublime en sí», y la distingue positivamente de la paz que trae consigo el «mero espíritu de la actividad (del negocio, se dice en la tercera edición), aunque también el bajo provecho propio, la cobardía y la malicia, rebajando el modo de pensar del pueblo» (KdU, 28, 351). Se reconoce aquí, en el interior de la filosofía burguesa, un elemento feudal: «la estima del guerrero» es asumida estéticamente en la categoría de lo sublime.

Aparte de esta referencia a la guerra, Kant ha hecho todo lo posible para que su analítica de lo sublime no aparezca como una reelaboración del problema moral formulado por Moritz. Consigue orillarlo realizando dos desplazamientos. Por una parte transfiere lo sublime a la naturaleza, por otra está lo sublime que descansa exclusivamente en el ánimo del espectador: «tiene que buscarse verdadera sublimidad sólo en el ánimo del que juzga, y no en los objetos naturales cuyo enjuiciamiento ocasiona ese estado de ánimo» (KdU 26, 343). Este desplazamiento del problema desde el objeto sublime (Moritz dice «grande») al ánimo del espectador, produce dos efectos: elimina el carácter justificativo de las explicaciones escandalosas de Moritz, y permite aproximar el sentimiento de lo sublime a los aledaños de lo moral.

Así como Kant caracteriza el juicio estético que atribuye belleza a un objeto, como un juego entre la imaginación y el entendimiento, así también el sentimiento de lo sublime es una relación indeterminada entre la imaginación y las Ideas de la razón (KdU 26, 342). Precisamente la inadecuación del objeto a nuestra imaginación despierta en nosotros el sentimiento de un poder sobrenatural (ver KdU 25, 336). «Por lo tanto el sentimiento de lo sublime en la naturaleza expresa la atención a nuestra propia determinación, que nosotros referimos a un objeto de la naturaleza mediante cierta subrepción (cambio de la atención al objeto por la idea de la humanidad en nuestro sujeto), lo que hace intuir la superioridad de la determinación racional de nuestra facultad cognoscitiva sobre la máxima facultad de la sensibilidad» (KdU 27, 344). Como en Moritz, también en Kant, el hombre es consciente de sí mismo como ser racional en el sentimiento de lo sublime. La diferencia con Moritz radica en que para Kant esa conciencia no se confirma en la miseria humana, de la que los hombres son culpables, sino en la relación insuficiente que se experimenta entre la imaginación y el entendimiento y en la conciencia resultante (en realidad paradójica) de nuestra superioridad como seres racionales, que no consiste sino en la capacidad de pensar esa inadecuación, y de no quedarse en ella, sino de elevarse a la idea de lo infinito.

Aún es más clara la relación que hay con el problema formulado por Moritz, cuanto Kant habla no de la grandeza de los objetos naturales (lo sublime matemático en su terminología), sino de su fuerza sobre nosotros (lo sublime dinámico). Así como en Moritz la conmoción del espectador depende al mismo tiempo de la grandeza y terribilidad del suceso y de la seguridad en el que éste se encuentra, también en Kant lo sublime dinámico tiene que ser «representado como algo que suscita temor», pero sin que haya razón real para el temor (KdU 28, 348). Precisamente la experiencia de la «impotencia física» frente a la naturaleza hace descubrir a los hombres que hay en ellos «la capacidad de juzgarse como seres independientes de ella» (*ibíd.* 350). Pero esto no significa otra cosa que: a la vista del sobrepoder físico de la naturaleza, experimenta el hombre «la sublimidad propia de su condición». La objeción que pudiera suscitarse según la cual ese principio «es demasiado lejano y rebuscado», es contestada por Kant apelando a «la observación de los hombres». Ciertamente admite que el sentimiento de lo sublime no puede ser exigido a todos con la misma evidencia que el juicio de lo bello, precisamente porque presupone las Ideas de la razón (KdU 29, 353). Esta observación de Kant es importante porque en ella se reconoce que el sentimiento de lo sublime está ligado a presupuestos culturales. «En realidad, sin desarrollo de las ideas morales, lo que nosotros, preparados por la cultura, llamamos sublime, se presentará al hombre inculto como simplemente atemorizador» (*ibíd.* 354). La contraposición de hombre rudo y hombre cultivado remite a la de hombre común y noble que Moritz reconocía todavía como la oposición asalariado-poderoso. En la formulación kantiana queda eliminada la mala conciencia de los privilegiados, aunque se deba a su propia acción. Con lo que Kant no prosigue analizando históricamente el sentimiento de lo sublime, porque lo ha fundamentado antropológicamente, «en la disposición del sentimiento por las Ideas (prácticas)».

Resumamos: los intelectuales burgueses de la segunda mitad del siglo XVIII se han desligado de la dependencia de las legitimaciones de la desigualdad (tanto religiosas como feudales y absolutistas) y han pasado a lo que los ilustrados llaman con razón, autonomía del pensamiento. Pero de ahí surgen problemas: ni la miseria es superada mediante un plan de salvación ni la desigualdad social se legitima mediante una jerarquía. Ambas cosas constituyen un escándalo moral, frente al que el pensamiento tiene que definirse. Frente a la solución de Moritz, la analítica kantiana de lo sublime es un esfuerzo por dominar estos problemas mediante el pensamiento. El resultado tiene necesariamente que ser contradictorio: pues aunque la realidad perversa permanece, desaparece el escándalo que había anotado Moritz. Este escándalo es orillado efectivamente por Kant, es decir, tanto reelaborado conceptualmente como puesto en trance de desaparición. Lo magnífico de las formulaciones de K. Ph. Moritz consiste en que su cinismo (involuntario) mantiene el horror de que el acto totalizador (dador de sentido), el único capaz de dar a la miseria una finalidad, una determinación, no la cambia; mantiene el horror de que el jornalero permanece desterrado en su sorda e inconsciente existencia, aun cuando el pensador lo contemple. Moritz sufre aún porque su pensamiento sólo reelabora el mundo idealmente. En la filosofía de Kant tal sufrimiento es eliminado, o al menos no es rastreable. El desplazamiento del problema de lo sublime al ánimo del contemplador, proporciona al agente cultural la buena conciencia que con Moritz no tenía. Con el sentimiento de lo sublime puede el hombre cultivado asegurarse placenteramente de su definición como hombre, sin que las condiciones materiales de su disfrute como ser específico molesten su conciencia.

Desde la afirmación de Burke, de que el pueblo prefiere la ejecución de un criminal a la mejor tragedia, está reconocido que lo horrible puede ser objeto de placer[5]. Segu-

---

[5] Sobre tal cuestión en la estética del siglo XVIII, ver H. Dieckmann, *Das Abscheuliche und Schreckliche in der Kunsttheorie des 18. Jahrhun-*

ramente la experiencia misma es más antigua, y pueda ser reconocida en una época en la que no esté recubierta por tabús religiosos y morales. La afirmación de Burke se refiere al lado subjetivo de lo que el siglo XVIII llamaba «la miseria humana»: la medida de opresión y sufrimiento, apenas imaginable, que los hombres se ocasionan entre sí. Hemos intentado mostrar que la estética kantiana de lo sublime interpreta el placer por lo terrible como una experiencia moral del hombre. Con ello el escándalo moral se transforma en su opuesto, y ello únicamente por el esfuerzo del pensador. No puede uno librarse de la impresión de que aquí radica una forma fundamental de la ideología burguesa: es una ideología que cambia la realidad mientras que la piensa de otra manera.

Se plantea la cuestión de si han sido formuladas en esa época otras soluciones al problema esbozado, que lo dominen sin hacerlo desaparecer. Creo que una propuesta alternativa de solución ha sido desarrollada por Herder[6]. En primer lugar hay que constatar, frente a Kant, una importante diferencia en el modo de acceso al problema: para Kant lo sublime es un problema filosófico (estético), para Herder es primariamente una experiencia. En consecuencia, busca explicar las condiciones de esa experiencia.

«La primera visión de Nantes era de aturdimiento. Por todas partes veía lo que después no vi nunca: una distorsión llevada hasta lo grotesco. ¿Es la cosecha de mis ojos y no de mi pensamiento? ¿De dónde procede? Un amigo a quien pregunté acerca de esta primera impresión, se sor-

---

derts, en *Studien zur europäischen Aufklärung*, München, Fink, 1974, 372-424.

[6] Se distingue, no sin razón, entre una obra temprana y una tardía de Herder. Pero es importante recordar que el problema de lo sublime ya se plantea en el *Journal meiner Reise im Jahre*, 1769, y que es retomado en *Kalligone* en 1800.

prendió y dijo que la suya había sido también amplia, pero de una amplia regularidad, de una gran belleza que después nunca había podido encontrar. O bien tiene éste sangre más fría o, si se puede decir así, tiene otro corte de la mirada. ¿Ha sido la primera incursión en el mundo de la sensación, en los míos, algo parecido? ¿Un estremecimiento en lugar de un tranquilo sentimiento de placer? Según los temperamentos de los que a ello contribuyeron, puede muy bien ser así, y así habría sido el primer sonido, el primer estado del alma, el primer impulso de la sensación, que ya no vuelve a menudo. Cuando en ciertos momentos doy a mi sentimiento una novedad y también una intimidad: no es otra cosa que una especie de estremecimiento, que no es precisamente estremecimiento de placer»[7].

Herder busca en el sujeto la explicación de un estremecimiento, el «sentimiento de sublimidad» (*Diario*, 124), que le sobrecoge con la vista de algo nuevo; pero no lo busca en el aparato perceptivo del hombre, sino en el «corte de su mirada». Y busca hacer comprensible esta «cosecha de sus ojos» como resultado de impresiones infantiles. Parte Herder de la experiencia inmediata del «aturdimiento», con la primera vista de Nantes, pero no se queda en esa inmediatez, sino que reconoce que es algo mediado, el resultado de una conformación infantil de su modo de experiencia. La intuición del condicionamiento histórico y vital de su «modo de ver» posibilita a Herder pensar en una modificación del mismo que no fuese simple represión. «Ahora es la obligación de usar estas impresiones tan bien como se pueda, para convertirlas en pensamientos, pero también de contemplar el sol que se quiebra entre las hojas y dibuja encantadoras sombras, de contemplar las praderas

---

[7] J.G. Herder, *Journal meiner Reise im Jahre*, 1769, ed. K. Mommsen, Stuttgart, Reclam, 1976, 122 s.

ruidosas, y no obstante seguir la marcha» (*Diario,* 125). Herder orienta aquí de modo consciente la mirada hacia las apariencias, que se oponen a su modo de experiencia porque caen en el dominio de la belleza natural y no de lo sublime. Sin embargo, no debe una cosa ponerse en el lugar de la otra: se llega más bien a una ampliación planeada de las propias posibilidades de experiencia. Esto se consigue porque Herder logra romper la impenetrabilidad de la experiencia inmediata por medio de la reflexión, y así puede no sólo reconocerla sino también cambiarla. Ha desarrollado de este modo, en el marco de la experiencia subjetiva, un modelo de autoexplicación que está en la base de sus grandes proyectos de filosofía de la historia.

En su enfrentamiento polémico con la estética kantiana, cuya importancia no ha sido hasta ahora reconocida, que Herder concretó con la publicación en 1800 de *Kalligone*[8], retoma el problema de lo sublime, en la forma, entre otras, de una «historia de lo bello y lo sublime».

«En el principio de los tiempos, cuenta la leyenda, no había en la naturaleza más que *la altura y la profundidad,* ύψος και βαθος. La voz de la creación resonó; lo alto bajó, la profundidad se levantó y fue el *orden, kósmos.*

Flujos rodeaban la tierra, *sublime* espectáculo. Las nubes incubaban el pequeño núcleo terrestre en una atmósfera casi ilimitada; en torno a la tierra se arrastraban lagunas de fuego. Corrientes y nubes se desvanecieron, el círculo de bruma se aclaró, se acalló paulatinamente el furor de la tierra, y fue un *mundo habitable (kósmos).*

La vida surgió en la creación; la guerra de todos contra todos tiene el rudo sentido de una salvaje *sublimidad.* Aquí

---

[8] Ver sobre esto el trabajo de O. Frels *Der Literaturbegriff des späten Herder. Eine Studie zur Kritik der Autonomieästhetik um 1800,* Bremen, 1981; con una discusión sobre los trabajos correspondientes sobre Herder.

no de ese modo. Las fronteras de las especies se establecieron; apareció el hombre dotado de razón; sublime criatura, ¿Sublime por qué? por la *razón,* por el orden.

Razas y pueblos se enfrentaron entre sí, hubo acciones terribles y asombrosas; hombres que asesinaron, robaron, opresores como ídolos en los altares; se dice que era el tiempo de lo sublime, Se iluminó la razón del hombre, se despertó la justicia; y los altares de los ídolos se hundieron. Los opresores que encadenaban se encontraron a su vez atados con los lazos del bien común, la justicia y la razón, y con ellos otros, más felices que antes. El tiempo de lo rudo y sublime se hizo tiempo de lo *moral y bello*»[9].

El problema que ocupa a los teóricos de lo sublime lo formula así Mendelssohn: «¿cómo puede lo terrible y temible producirnos placer bajo la figura de lo sublime?»[10]. La singularidad de la solución propuesta por Herder radica en que no accede al problema de modo psicológico como Burke, ni de modo trascendental como Kant, sino históricamente. Al placer por lo terrible que todo hombre puede siempre sentir, se corresponde, según Herder, un «tiempo de lo sublime», que se dio en estadios evolutivos no civilizados. Ahora bien, podríamos preguntar, con esta historización del problema ¿no se le hace desaparecer como ocurre en la analítica kantiana de lo sublime? Quisiera mostrar que no es ese el caso.

---

[9] J. G. Herder, *Kalligone. Vom Erhabenen und vom Ideal. Dritter Teil,* en *Sämtliche Werke,* ed. Suphan vol XXII, Berlín, 1880: reimpresión Hildesheim, Olms, s.a., 231.

[10] M. Mendelssohn, *Philosophische Untersuchung des Ursprungs unserer Ideen vom Erhabenen und Schönen, 1758,* en: *Ästhetische Schriften in Auswähl,* ed. Best (Texte zur Forschung, 14). Darmstadt, Wiss. Buchgesellschaft, 1974, 258; el trabajo de Mendelssohn es una recensión del escrito de Burke: *A Philosophical Inquiry into the Origin of our Ideas of the Sublime and Beautiful,* 1756.

En primer lugar, Herder establece el objeto escandaloso de la experiencia de lo sublime («los hechos terribles»), en coincidencia con Diderot. Es decir, no realiza el desplazamiento de lo sublime a la naturaleza que hace Kant. La conexión de los hechos admirados como sublimes y su represión es puesta explícitamente. Con lo que Herder ejercita una crítica de lo que llama lo rudo-sublime. Este es el punto en el que la consideración histórica muestra su superioridad frente a otras formas de dominación del problema. La posibilidad de ser afectado por lo rudo-sublime no es simplemente negada en el presente (si tal fuera el caso, el problema habría realmente desaparecido), pero se revela como no correspondiente con el nivel de la civilización actual. Moritz lo resumía en una frase: en el fondo de nuestro corazón somos como unos «pequeños Nerones». Es algo que permanece en la inmediatez de la experiencia y que resulta insoportable para el sentimiento moral. Kant orilla la experiencia; en la experiencia de lo sublime no se descubren «pequeños Nerones», sino la superioridad del hombre como ser racional frente al poder aplastante de la naturaleza. Herder mantiene como Moritz lo insoportable de la experiencia, pero rompe su inmediatez situándola históricamente. En la historia de la humanidad entendida como proceso de humanización, se supera la experiencia de lo sublime, en el sentido hegeliano de la expresión. Que Herder piensa efectivamente en tal «superación», se ve en que no restringe de ninguna manera el concepto de lo sublime, sino que lo aplica positivamente al hombre que va siendo racional («la más sublime criatura»). El empleo del mismo término en los dos extremos del comportamiento moral del hombre remite a la unidad de opuestos en la naturaleza del hombre. Los opuestos son mediados por la cultura, es decir, por el proceso que afecta tanto al individuo como a la humanidad.

La significación de las reflexiones de Herder radica, me parece, en lo siguiente: con la decadencia de la sociedad tradicional, las antiguas formas de vida y sus sistemas de legitimación se rompen y sucumben ante la crítica racionalista. A esta situación se dan dos respuestas que, pensadas consecuentemente hasta el final, son igualmente aporéticas: la del racionalismo, cuyo peligro está en explicar la virtualidad de la acción racional como algo real, y así no ve aquellos modos de conducta, de cuya comprensión se trata en el debate sobre lo sublime; y la del irracionalismo que, criticando el momento de dominación del racionalismo, apuesta por la inmediatez de fuertes impulsos sentimentales, esperando de ellos una superación de la escisión. Me parece que Herder evita la alternativa aporética, sin caer en la indecisión de un «tanto esto como también»: tensa los opuestos en una concepción dialéctica de la historia, que con la superación de lo rudo-sublime en lo sublime-bello, constituye el proceso abierto de la cultura humana.

No se trata aquí de reivindicar para Herder un puesto en la historia espiritual alemana que hasta ahora se le hubiese discutido. (Como se sabe se ha hecho de él un enemigo de la Ilustración, lo que no es cierto). Se trata de algo más: en la tradición suprimida se reconocen salidas que podrían sacar de la crisis de la estética autónoma. Intentemos profundizar en el pensamiento de Herder: en el placer por lo terrible de que disfrutamos estéticamente, expresamos aquellas necesidades arcaicas, que, protegidas si no por una racionalización (en sentido freudiano), podrían determinar nuestra acción de modo temible. Pero el placer por lo terrible no debe quedar en la inmediatez de lo estético. Tiene que ser aclarado y hacerse parte de nuestro yo. Lo prerracional no debe ser reprimido (al precio de un retorno destructivo) ni ser opuesto abstractamente a la razón como esfera de lo verdadero o del sentido; más bien tenemos siempre que intentar reapropiárnoslo, reelaborándolo. En esta perspectiva el arte constituye el lugar de una mediación posible, rica en consecuencias prácticas, entre las necesidades prerracionales y el mundo moderno.

3. Acerca del origen de la subjetividad burguesa.
La interpretación de la estética idealista por Kierkegaard

Siguiendo las ideas prerrománticas desarrolladas por Friedrich Schlegel, especialmente en su *Lucinde,* entiende Kierkegaard lo estético como una concepción de la vida opuesta abruptamente a lo ético. A primera vista podría parecer que con ello se ha abandonado el suelo de la estética idealista, y la teoría de Kierkegaard no tendría lugar en nuestro contexto. De hecho rompe con la oposición fundamental arte y vida, característica de la estética idealista, pero el arte retorna sin embargo dentro de la vida misma como oposición entre conducta estética y ética. Cierto que Kierkegaard formula una teoría de la superación del arte en la praxis vital, pero esto no significa en modo alguno que el arte sea un elemento en la praxis diaria de todos, y que lo estético se disuelva en la cotidianidad. Más bien se convierte lo estético en principio rector de la praxis de unos individuos concretos, los estetas (Kierkegaard dice los estéticos), que precisamente se diferencian así de la praxis de los burgueses. La separación entre los dominios de lo ético y de lo estético, que marca el comienzo de la estética idealista, se radicaliza así, pero al mismo tiempo, una oposición de modos de consideración pasa a ser una oposición de actitudes de vida. Así esta oposición adquiere una dimensión que resuena en la estética idealista, en todo caso en Moritz. Otra delimitación esencial en la determinación kantiana de lo estético, la de lo sensible, no es, por el contrario, asumida por Kierkegaard. Lo sensible más bien se convierte en un momento decisivo de la realización de lo estético. Así puede el seductor llegar a ser el compendio del hombre que vive estéticamente[11].

Se puede también interpretar la concepción de lo estético de Kierkegaard en cuanto actitud vital, como parte de su crítica a Hegel[12]. Esta crítica parte de la idea según la cual la filosofía hegeliana no plantea en primer lugar la cuestión que afecta máximamente al individuo: «¿qué debo yo hacer?», porque se atiene siempre a lo histórico y, por lo tanto, a lo pasado. «Yo pregunto lo que tengo que hacer como no filósofo, pues como filósofo yo no tendría más que mediar el tiempo pasado»[13]. Como Kierkegaard cambia la visión desde la historia, que está «bajo la determinación de la necesidad», hacia el individuo que está forzado a decidir, puede criticar la «despreocupación y espíritu de reconciliación con los que la filosofía de Hegel considera la historia y sus héroes: los ve bajo la determinación de la necesidad» (E/O II, 146). A esto opone Kierkegaard el concepto, históricamente individualizado, del arrepentimiento, en el que la acción concreta no se transforma en un momento del proceso histórico (como ocurre en la consideración histórico-filosófica), sino que permanece como resultado de una elección. «El arrepentimiento es una expresión de la reconciliación, sólo que ciertamente una ex-

---

[11] Un examen de la investigación sobre Kierkegaard en M. Th./W.G. (eds), *Materialien zur Philosophie Sören Kierkegaards*, Frankfurt, Suhrkamp, 1979; una reconstrucción de la concepción de lo estético en Kierkegaard en W. Greve (*ibíd*. 177-215), que llega a este resultado: "El análisis de lo estético puede entenderse como una repetición de la crítica tradicional al hedonismo" (*ibíd*. 209).

[12] Una metacrítica de la crítica de Kierkegaard a Hegel en Adorno: *Kierkegaard. Konstruktion des Ästhetischen*, Frankfurt, Suhrkamp, 1974, 159 s. Ver también H. Schweppenhäuser, *Kierkegaards Angriff auf die Spekulation. Eine Verteidigung*. Frankfurt, Suhrkamp, 1967.

[13] S. Kierkegaard, *Entweder/Oder*, trad. W. Pfleiderer/Ch. Schrempf, 2 vol., Jena, Diederichs, en lo sucesivo abreviado: E/O.

presión absolutamente irreconciliable» (E/O II, 147). En la perspectiva de Kierkegaard, orientada a la acción del individuo, el sistema filosófico, «especialmente el de algunos filósofos de la actualidad» es sólo expresión de la distracción, un intento aplicado a velar su situación existencial. «Su pensamiento ha llegado al reposo; de objetivo, como debe ser, se ha objetivado en la forma correspondiente: y sin embargo están desesperados sin darse cuenta, dispersos en su pensamiento objetivo» (E/O II, 180).

A esta crítica del objetivismo de la filosofía idealista corresponde el intento de Kierkegaard de aplicar las categorías elaboradas por el idealismo a la clarificación de las situaciones vitales prácticas. Lo que la filosofía idealista ha desarrollado bajo el concepto de lo estético, se puede, según su concepción, dirigir a lo práctico, aun cuando ello contradiga las intenciones idealistas. Como Kierkegaard define lo estético como una intuición vital, y lo contrapone al designio ético del burgués que gana su mantenimiento vital, invierte la metafísica idealista del arte. No concibe el arte como reconciliación fuera de la vida, sino como principio demoníaco en la vida. Don Juan y la música son igualmente demoníacos; seducen con su mera presencia.

Vamos ahora a perseguir las modificaciones que las categorías de la estética idealista sufren por la interpretación de Kierkegaard. Ya hemos aludido a la modificación decisiva: lo estético entra en la vida, y lo hace con la pretensión de configurarla. Tal pretensión no se eleva en él a un plano universal. El esteta no busca hacer prosélitos; por el contrario, la conciencia de su singularidad es un momento esencial de su propia concepción de la vida. En nuestra discusión acerca de las categorías de la estética idealista hemos podido observar repetidamente que incorpora de modo idealizado formas aristocráticas de vida. Esto ocurre tanto con la categoría de la apariencia como con la del genio (sobre todo con la eliminación del trabajo en la producción cer por la obra maestra es para el esteta que sufre melancólicamente un modo de reconciliación (ciertamente no el único, como veremos), que el ético tachará de incompleta (E/O II, 235). De hecho la reconciliación por la obra de arte está ligada al momento de la recepción, que no puede trascender. De ella no se sigue nada. Esta idea de una reconciliación que no es tal, porque se consume en el instante, tiene un desarrollo peculiar en la estética del joven Lukács: lo luciferino del arte (HÄ, 132). La idea de reconciliación es teológica en último término. Si se la piensa como algo realizado por el hombre mismo sin ayuda alguna de Dios, estaríamos cerca de ver en ella una teología negativa que designa exactamente el concepto de lo luciferino. Dicho de otro modo: si se considera la categoría de la apariencia estética, que es medio de reconciliación, desde una perspectiva existencial, se comprobará en ella la pretensión de rivalizar con Dios. Y esto puede entenderse en términos teológicos como luciferismo. La transformación existencial de lo estético que Kierkegaard acomete, y que el primer Lukács en parte sigue, no supera la función pararreligiosa del arte, sino que la interpreta en el sentido de una contra-teología.

Para el esteta conserva, pues, la categoría de la obra de arte su validez, aunque sólo en la relación de la recepción. El acceso a la producción le está cerrado. Y así la categoría del genio se desplaza hacia la recepción. El esteta es el virtuoso de la recepción, el receptor genial. La plenitud estética tiene para él el carácter de una revelación (E/O I, 27).

El giro de lo estético hacia la praxis vital tiene entonces como consecuencia que el esteta busque las experiencias felices que le proporcionan las obras maestras, también en cualquiera de las manifestaciones diarias. Precisamente el virtuoso se revela como receptor productivo en la capacidad de investir esas manifestaciones diarias con la fuerza y plenitud de la revelación. Dice Kierkegaard de Nerón, ejemplo del hombre que vive estéticamente: «precisamente al mismo hombre al que toda la gloria del mundo no proporciona placer alguno, una cosa insignificante, una palabra accidental, una pequeña curiosidad, la exterioridad de un hombre, le pueden producir una extraordinaria alegría» (E/O II, 158). El ético describe esta afectación súbita del esteta del siguiente modo: «tú dejas pasar todo, sin que te suscite impresión alguna. Pero de repente algo te cautiva, una idea, una situación, la sonrisa de una muchacha... y ya estás en trance» (E/O II, 166).

El giro hacia la vida práctica de lo estético hace aflorar determinaciones que ciertamente estaban contenidas implícitamente en la concepción de la recepción como revelación desarrollada por la estética idealista, pero que habían quedado sin desarrollar. Pienso ante todo en la determinación de la instantaneidad de la que se ha ocupado ya Adorno y que Karl Heinz Bohrer intenta poner de nuevo últimamente en el centro de una estética autónoma restaurada. Para la discusión de este intento deberá tenerse en cuenta la derivación de la instantaneidad desde una filosofía de la vida estética que lleva a cabo Kierkegaard. Si tal derivación es rigurosa, entonces resultará que poner tal categoría en el centro de una estética actual se hará al precio de un esteticismo latente. La derivación kierkegaardiana es convincente como se prueba por la conexión que hay entre melancolía y salvación instantánea. El esteta vive en un momento pleno (E/O II, 170), y éste lo libera de la presión de la melancolía. La experiencia de felicidad está ligada para él al instante. Pero lo que aún le entusiasmaba puede desengañarle en el momento siguiente. Y así la experiencia estética de felicidad queda connotada melancólicamente.

Como el esteta se abandona completamente al instante y al acaso, ocupa como válidas aquellas categorías que en la concepción de la vida del ético, y del burgués trabajador, no tienen ningún lugar decisivo. El trabajo y la producción son las determinaciones vitales de la existencia ética; como tales sólo pueden ser vividas en una conciencia de continuidad de la que carece el esteta (E/O II, 165). Así puede entenderse el esteta como un crítico radical de la actitud vital burguesa, y hay suficientes ejemplos que confirman tal autoconcepción. La crítica del esteticismo ha puesto de relieve los límites de esta concepción (volveremos luego sobre esto)[15].

Hasta ahora hemos caracterizado al esteta como un virtuoso de la recepción. Ciertamente conoce erupciones de productividad en los momentos de entusiasmo, pero tales brotes no suponen nunca la configuración de obras. El trabajo de una obra sería para el esteta una traición a su idea de la vida. En sentido estricto es algo que queda fuera de sus posibilidades. En correspondencia con la transformación de lo estético en un sentido práctico y vital, buscará el esteta en la vida diaria un equivalente de la producción artística. Lo encuentra en el manejo del otro. El esteta resulta productivo como seductor. No trato de interpretar aquí el *Diario del seductor;* baste en nuestro contexto destacar aquellos rasgos de la actividad del seductor que parecen más bien contradecir la actitud vital estética: el dominio de la actuación estratégica y el trato de la mujer como objeto. Es realmente sorprendente la planificación del comportamiento del seductor. Todos sus gestos y su conducta entera están determinados por la meta que se ha puesto. Cierto que también aprovecha el azar pero para el éxito del seductor juega, en último término, sólo un papel subordinado.

---

[15] Sobre la crítica del esteticismo ver Ch.B./ P.B./ J.S-S (eds.), *Naturalismus/Ästhetizismus,* Frankfurt, 1979; también G. Mattenklott, *Bilderdienst. Ästhetische Opposition bei Beardsley und George.* München, Rogner-Bernhard, 1970, así como el amplio estudio de Renate Werner, *Skeptizismus, Ästhtetizismus, Aktivismus. Der frühe Heinrich Mann* (Lit. in der Gesellschaft, 11). Düsseldorf, Bertelsmann, 1972.

Con lo que disfruta es con los «progresos» del sacrificio, calculados por él de antemano con precisión. El esteta, cuya existencia basada en el instante pleno, se autoconcibe como contraproyecto de la continuidad de la vida productiva, actúa, en tanto que seductor, totalmente en la línea de la racionalidad burguesa de los fines. Sería erróneo querer resolver esta contradicción señalando que la meta del seductor es el instante en el que se consuma el sacrificio. Pues este instante se diferencia radicalmente de aquel que le regala el azar: es el resultado de una acción estratégica cuidadosamente calculada. Tendrá por lo tanto que intentarse, o hacer comprensible la contradicción, a partir de la actitud vital estética, o poner en cuestión la oposición entre estético y ético que Kierkegaard construye.

En el esteta de Kierkegaard hay dos dimensiones de la actividad humana que están alteradas: el trabajo que rechaza y la interacción con los otros hombres, que su melancolía hace imposible. Si constatamos que ambos tipos de acción instan a la realización, de manera que el hombre tiene que trabajar e interrelacionarse para vivir, entonces se le plantean al esteta los dos problemas siguientes: ¿cómo llevar a cabo una acción orientada racionalmente a un fin (trabajo) sin que el resultado asuma el carácter de un producto del trabajo?, y ¿cómo comunicarse con otros hombres sin que sea una relación con un socio eventual? La solución radica en hacer desembocar la acción finalística racional en una relación interactiva cuyo carácter es el estar exenta de fines. Esto se da en la seducción. Puede considerarse la actividad del seductor libre de fines, por cuanto que es abstracta la consecución final del sacrificio, pero es concreto el disfrute de la ejecución del proceso. Al final de la acción no hay un resultado de un trabajo que se pudiera poner en la proximidad de la actividad productiva burguesa, ni se ha logrado una relación del tipo que fuere.

El seductor permanece fiel a su concepción estética de la vida.

Hemos interpretado en primer lugar la seducción desde la perspectiva del seductor, como solución de sus problemas. En tal perspectiva desaparece el escándalo: la cosificación de la relación interhumana a que apunta claramente el concepto de experimento de Kierkegaard. Si se reflexiona en que la estética idealista se debe esencialmente a la crítica de la alienación, entonces la praxis estética del seductor aparece precisamente como su inversión; realiza la alienación en lugar de criticarla. La crítica de la alienación se desintegra en sus momentos: la praxis estética del seductor critica ciertamente la del burgués productivo, oponiéndose a ella, pero esto sucede sin relación con el momento de la alienación, que más bien ingresa en la praxis estética.

El hecho de que la acción estratégica caracteriza tanto la praxis del burgués productivo como la del esteta, convertido en seductor, inclina a pensar que la contraposición kierkegaardiana entre estético y ético (más exactamente la del autor ficticio de la segunda parte del *O bien, o bien*) es menos abrupta de lo que parece a primera vista. De hecho en la existencia del ético juega también el instante un papel importante. En el místico, un estadio del comportamiento ético ciertamente criticado por Kierkegaard, alternan momentos de plenitud y momentos vacíos como en la vida del esteta. «Es terrible leer las quejas de los místicos sobre los momentos apagados. Cuando pasa ese momento desvaído viene el luminoso, y así sucesivamente; la vida tiene movimiento, pero no desarrollo. Y ninguna continuidad» (E/O II, 207). Literalmente esas frases se aplican al esteta de Kierkegaard. Pero es más importante aún otra cosa: en la vida del ético el momento es más significativo que en la vida del esteta. El instante del o bien/ o bien, de la «decisión», en el que el ético se elige a sí mismo tiene justamente un significado metafísico: «la elección decide acerca del contenido de la personalidad; por la elección entra la persona en lo elegido, y si no lo hace, se extenúa» (E/O II, 136). Que ambas actitudes vitales no están en modo alguno tan contrapuestas, como parece por la exposición del ético, es algo que se aclara cuando Kierkegaard las concibe como estadios de la vida. El ético es una especie de esteta invertido. La desesperación es al mismo tiempo «la última visión estética de la vida» («saca la personalidad fuera de su inmediatez») y el paso a la existencia ética (E/O II, 174 s.). «Es mi convicción (hace decir Kierkegaard a su ético) que un hombre que no ha saboreado aún la amargura de la desesperación, ha fallado el sentido de la vida, por bella y placentera que pueda ser aún» (E/O II, 176).

Si esteta y ético pueden reducirse a la misma figura (aun cuando en diferentes estados de la vida) y si se comprueba que el análisis de Kierkegaard constituye una especie de protohistoria del individuo burgués (a favor de lo que entre otras cosas habla el hecho de que aun en nuestro siglo el existencialismo de Sartre asume motivos kierkegaardianos), entonces se plantea la cuestión acerca del origen de esa estructura personal. Sin querer tratar ahora de esto exhaustivamente, formulemos una hipótesis interpretativa para aclarar la posición peculiar de lo estético en la sociedad burguesa, desde la dimensión del sujeto.

Desde los estudios iniciados por Max Horkheimer Sobre la autoridad y la familia nos hemos acostumbrado a buscar el origen de las deformaciones del individuo burgués en la estructura familiar autoritaria. Las ideas expuestas en este y en otros trabajos posteriores sobre el mismo círculo de problemas no han perdido nada de su validez, pese a la necesaria crítica de la educación antiautoritaria. Kierkegaard mismo puede ser traído como testigo principal para la conexión entre el tipo de personalidad por él expuesto y la educación autoritaria, pero el ético nos informa acerca de escenas originarias de negra pedagogía[16] (evidentemente en el tono del reconocimiento del padre). Lo que Guillermo debe a su padre es «la impresión total del deber». Es tan fuerte que el joven sobrevive con esa coacción. Incluso la muerte del padre no habría podido cambiar nada, subraya: «me habría perseguido la sombra de mi padre, y no habría podido olvidar nunca que yo le he hecho enfermar» (E/O II, 231). Los principios de esta educación quedan claros en la escena siguiente y la reflexión conexa:

«Cuando fui llevado a la escuela, me entregó mi padre los libros escolares prescritos con las palabras: "Guillermo, cuando pase un mes serás el número tres en tu clase". Y me abandonó a mí mismo. Nunca me preguntó por mi tarea, nunca me oyó hablar de ella ni miró mis cuadernos; nunca me recordó que debía ir al trabajo, o que debía parar, y nunca apeló a mi conciencia escolar, dándome, como otros padres hacen, palmadas en mis mejillas y diciendo: "espero que hayas aprendido la lección". Si quería salir, me preguntaba si tenía tiempo, pero decidía yo, no él, por eso nunca me hacía luego otra pregunta. Por lo demás estoy firmemente convencido de que siempre estaba exactamente informado sobre mis actividades, pero nunca lo hacía notar, para que mi alma madurara bajo la conciencia de la responsabilidad propia» (E/O II, 231).

El padre exige un cumplimiento absoluto del deber, de manera que lo implacable de la exigencia hace ociosa incluso la mención de sanciones. El padre, que se propone como modelo absoluto (todavía el adulto Guillermo lo ve así), adopta al mismo tiempo una actitud poco sincera: no

---

[16] Empleo este concepto en el sentido de Alice Miller, en cuyo libro *Am Anfang war Erziehung*, Frankfurt, Suhrkamp, 1980, se inspiran las siguientes reflexiones.

aparenta que observa con exactitud el trabajo del hijo. La educación no es sólo cumplimiento del deber, en el que el deber no tiene otro fundamento que la actitud del padre; es también una educación que fuerza al hijo a pasar por alto la ambigüedad de la conducta paterna, con lo que el mandato de la sinceridad ha de ser al mismo tiempo cumplido e incumplido. El objetivo interiorizado por él es abstracto (el deber) y además dependiente de la figura del padre profundamente ambigua. La melancolía del adulto es la consecuencia evolutiva lógica. El esteta y el ético no la superan nunca en último término. La desesperación por la vida es el fundamento de ambas actitudes vitales. Como el esteta lleva a cabo sólo una oposición desesperada contra la existencia productiva del ético, y reproduce en la figura del seductor los mecanismos de la alienación, contra los que había protestado la estética idealista, el ético permanece adherido a la melancolía del esteta.

Si intentamos sacar una conclusión de nuestro análisis, no podemos contentarnos con una crítica de la oposición esteticista contra la sociedad burguesa. Se trata más bien de comprender el momento de verdad de la conducta estética. Si es cierto que el esteta y el ético son una y la misma persona, cuya conducta, expuesta por Kierkegaard, se ha de remitir a las mismas deformaciones típicas de la socialización burguesa, entonces no es de asombrar que finalmente reproduzca el esteta los mecanismos de alienación que determinan el trato de los individuos burgueses entre sí. Sin embargo, permanece la diferencia entre el esteta y el ético. El burgués productivo no se presenta como un seductor, sino como alguien que cumple con su deber en la profesión y en la familia. Se esforzará en ser para sus hijos un padre tan bueno como el de Guillermo... Así prosigue la cadena de individuos sufrientes, sin que los sujetos sean conscientes de lo monstruoso de tal continuidad. Aquí radica la justificación histórica de la existencia estética. El esteta, convertido en monstruo como seductor, muestra al burgués productivo su propia monstruosidad, que éste oculta a sí mismo bajo la máscara del deber. Actúa en virtud de algo que el ético ha reprimido en sí mismo de una vez para siempre: el sufrimiento de su propia niñez. Como él mismo ha sido objeto de medidas educativas que manipularon su mundo de sentimientos, él manipula ahora los sentimientos de sus víctimas. Repite en los otros sus experiencias de socialización; solo que no sabe que lo hace (interpretación posible sólo por el psicoanálisis). Pero sobre la justificación histórica de su actividad no decide su conciencia, sino la del ético. Este tiene que reconocerse en él. Hemos visto que el análisis de Kierkegaard sugiere esta idea. Su crítica de la conducta estética es al mismo tiempo su legitimación.

Si hablo de la justificación histórica del comportamiento estético, hay que señalar también que, según mi concepción, esa justificación no se debe sólo a la existencia de la sociedad burguesa. Sin duda persiste el tipo de socialización que, según hemos visto, constituye el fundamento tanto de la conducta ética como de la estética; pero sería equivocado querer derivar de ahí la justificación actual del comportamiento estético. Las deformaciones de una socialización autoritaria y empobrecedora de los sentimientos las sufre una generación entera de jóvenes dependientes de las drogas, en la que padres y maestros se niegan a reconocerse. Frente al hecho de que ahora la melancolía (por aplicar el concepto kierkegaardiano) se desarrolla en forma de autodestrucción, palidece la fuerza expresiva del esteta cínico. Se convierte finalmente en una figura histórica. Si, no obstante, el esteticismo ejerce una fuerza renovada de atracción sobre el intelectual burgués, es algo que una vez más señala el peligro (nuestro peligro) de que el intelectual se equivoque acerca de lo que es su verdadera relación con la sociedad de su tiempo. Los modelos son conocidos y hace tiempo que se los reconoce como ilusorios, pero siguen sirviendo para una autocomprensión intelectual que, mientras que reclama para sí la actualidad, se evade de su propio tiempo.

4. Del imperativo categórico a la «tragedia en lo ético». La crítica kantiana del joven Hegel y sus implicaciones estéticas

Es conocida la tesis de Mandeville de que los vicios privados se convierten en virtudes públicas o, con otras palabras, que las fuerzas impulsoras de la economía burguesa se mueven en el vicio y no en la virtud[17]. Gottsched sostiene, por el contrario, la tesis de que la sociedad burguesa necesitaría de los virtuosos, porque economía y mercado dependen del cumplimiento de acuerdos y de determinados comportamientos de los individuos[18]. Ambas argumentaciones son en sí mismas convincentes; pero, coordinadas, resulta una contradicción. Antes de aplicarnos a la contradicción misma, aclaremos lo que básicamente tienen en común ambas posturas. Consiste en el reconocimiento del hecho de que la ética es un campo problemático con relevancia económica. No es ni una ley dada por Dios (Bossuet) ni unas reglas provisionales de vida para el individuo (Descartes), sino un complejo de prescripciones cuya significación radica en que intervienen en la actividad económica. Tal consideración renuncia no sólo a legitimar máximas de comportamiento interpersonal mediante interpretacio-

---

[17] Ver B. Mandeville, *Die Bienenfabel oder private Laster, öffentliche Vorteile,* Frankfurt, Suhrkamp, 1968; y la introducción de W. Euchner.
[18] Ver J. Schulte-Sasse, explicaciones sobre *Gesamter Weltweisheit de Gottsched,* en: *Deutsche Aufklärung bis zur Französischen Revolution, 1680-1789,* ed R. Grimminger, München, Hanser, 1980, 426 s.

nes religiosas del mundo (cosa que hicieron ya Maquiavelo y Descartes), sino que se pregunta por su provecho para la economía, reconocida como el motor de la sociedad.

Por otra parte, no hay que pasar por alto que con este tipo de consideración se pierde la sustancialidad de la ética. Una ética así funcionalizada no puede establecer ya máximas directoras que pudieran reclamar para sí evidencia inmediata. Diderot ha expresado en el Sobrino de Rameau, con una radicalidad difícil de superar, este dilema del ético. El ético del diálogo de Diderot apenas tiene nada que oponer argumentativamente a las máximas educadoras del sobrino, quien propone a su hijo la riqueza como único bien digno de ambicionar[19]. La perspectiva es ahora distinta de la tenida en cuenta por Mandeville y Gottsched, porque no se trata de la función social de la ética, sino de las consecuencias para el sujeto actuante de un comportamiento moral o amoral; pero el dilema es, en último término, el mismo. En ambos casos no se indica plano alguno desde el que pudiera legitimarse un comportamiento moral como mejor que uno amoral. A la oposición de los puntos de vista individuales de los interlocutores de Diderot (placer sensible *versus* acción moral) corresponde en Mandeville y Gottsched la oposición de provecho del vicio y provecho de la virtud. Pero, mientras que la primera oposición es realmente insoluble, la segunda no lo es de la misma manera. Pues pudiera argumentarse que el mercado no supone de ninguna manera la realización sino sólo la atribución de comportamientos virtuosos. La contradicción existente

---

[19] Sobre esto y el problema de la legitimación e imposición de una moral no condicionada religiosamente, ver mi artículo *Moral und Gesellschaft bei Diderot und Sade*, en: P. B., *Aktualität und Geschichtlichkeit. Studien zum gesellschaftlichen Funktionwandel der Literatur*, Frankfurt, Suhrkamp, 1977, 48-79.

entre las posturas de Mandeville y de Gottsched, se «resolvería» entonces si se supone un comportamiento virtuoso y al mismo tiempo se toman las medidas para evitar desviaciones arriesgadas. Es evidente que tal solución pragmática no es apropiada para volver a dar a la ética la sustancialidad que la legitimaba en la perspectiva religiosa.

Y en este punto tercia Kant. En el prefacio a la segunda edición de la *Crítica de la razón pura* dice claramente que, en último término, establece la famosa distinción entre fenómeno y cosa en sí para poder pensar sin contradicciones la acción moral (es decir la acción libre). Sin esa distinción, explica, la ley de la causalidad, al actuar sobre todas las cosas, lo haría también en el alma humana. «Por lo tanto, no podríamos decir de un mismo ser, por ejemplo del alma humana, que su voluntad es libre y que al mismo tiempo está sometida a la necesidad natural, es decir, que no es libre, sin incurrir en una evidente contradicción; porque en ambas proposiciones se habría tomado el alma con la misma significación, a saber, como cosa en general (como cosa en sí misma)»[20]. Según la distinción kantiana es, sin embargo, posible «tomar el objeto en una doble significación»: en tanto que fenómeno, la voluntad está sometida a la ley de la causalidad, y por lo tanto no es libre, pero como cosa en sí, puede ser pensada como libre. La limitación de la razón teórica (entendimiento) al campo de la experiencia (el mundo de las apariencias dado a los sentidos) tiene, como dice Kant, «la positiva e importantísima utilidad» de desligar a «la razón práctica de los lazos limitados a la sensibilidad»[21]. De acuerdo con esta autointerpretación kantiana, su crítica de la facultad de conocer sirve en último término para fundamentar la moral.

---

[20] I. Kant, *Kritik der reinen Vernunft*, 31.
[21] *Ibíd.* 30 s.

La solución kantiana del problema moral tras la ruptura de la fundamentación de legitimación religiosa, plantea, sin embargo, nuevos problemas. El más grave es la coexistencia sin nexo de dos mundos, el reino de la necesidad y el de la libertad. La misma fisura pasa por el hombre que, en cuanto ser sensible, está sometido a la causalidad natural, pero en cuanto ser inteligible, es libre. Hemos visto que Kant se dirige a la estética para resolver este problema. Mientras que en el prefacio a la segunda edición de la *Crítica de la razón pura* subraya aún expresamente que no se puede atribuir a la libertad en cuanto propiedad de un ser, ningún efecto en el mundo sensible, eso mismo constituye el problema de la *Crítica del juicio*. Se dice ahora: «el concepto de libertad *debe* realizar en el mundo sensible el fin propuesto por sus leyes» (KdU intr. II, 247). Pero precisamente esto es extraordinariamente difícil por el «abismo entre el territorio del concepto de naturaleza, sensible, y el del concepto de libertad, suprasensible» (*ibíd.*). Kant cree haber encontrado en el juicio, en cuanto «facultad de pensar lo específico como contenido en lo universal» (KdU, intr. IV, 251), una conexión que reintegre en un todo a la filosofía escindida en dos partes.

El interés de Kant por la estética procede, pues, de que el placer estético parece indicarle «la concordancia de la naturaleza con nuestra facultad de conocer». El juicio de gusto, que se basa en el mero placer por la representación de un objeto, no toma éste ni como objeto de conocimiento ni de deseo, pero es signo de que hay un principio de unidad en el fondo de la multiplicidad de las leyes singulares, con el que se superaría también el abismo abierto entre los dominios de la naturaleza y de la libertad. Ya empieza por lo tanto con Kant la estética a asumir ese lugar sistemático que en la sociedad tradicional correspondía a la religión como garante de la unidad del mundo. Hemos visto ya que tal dirección de pensamiento se da en la filosofía de la identidad.

Resumiendo: la separación del fenómeno y la cosa en sí, de la naturaleza y la libertad, ha sido introducida por Kant para asegurar la autonomía de la acción moral en una sociedad caracterizada por la pérdida del valor de una cosmovisión religiosa y la promoción de modelos causales de explicación. El problema subsecuente de la carencia de unidad del mundo, del que depende también la posibilidad del efecto de las acciones libres en el campo de la sensibilidad, sólo se puede solucionar en el marco del sistema kantiano mediante la introducción de una esfera de mediación (la del juicio reflexionante), en cuya efectividad radican el placer estético y el juicio de gusto que se basa en él. ¿Qué significa esta constelación de problemas para la relación entre arte y moral? Por una parte, el juicio de gusto tiene que ser tan independiente del juicio moral como del juicio de conocimiento, porque sólo su autonomía frente a ambas esferas posibilita que lo estético actúe de mediador entre ambas. Por otra parte, la belleza amoral es impensable para Kant, sería algo contradictorio tanto con su filosofía de la historia como con su concepción de la sociedad ilustrada. No es por lo tanto de admirar que la contradicción de querer pensar la voluntad humana al mismo tiempo como determinada (sometida a leyes naturales) y como libre, retorne en la relación de las esferas estética y moral-práctica.

En su crítica a Kant ha llamado Solger la atención sobre el hecho de que éste ha desarrollado para el fenómeno de lo estético no una propuesta explicativa unitaria, sino dos divergentes entre sí. Según una, la belleza radicaría en el sujeto, según otra, en el objeto. «La belleza descansa pues, según él, no en los objetos, sino en la relación de las fuerzas humanas del ánimo» (VÄ, 1). Como Kant no ha podido explicar a partir de esta propuesta «por qué, sin embargo, pueden llamarse bellos los objetos mismos» (*ibíd.*), ha dirigido su consideración hacia otro lado. Llega así a la suposición de que en el fondo de todo objeto bello tiene que haber una idea o un ideal» (VÄ; 34). Solger llega a este resultado: «Hay aquí dos elementos contrapuestos en conflicto insoluble. Lo bello debe tener su fundamento en la disposición de la facultad de conocimiento que capacita al hombre para relacionar lo múltiple con la forma universal, y debe al mismo tiempo ser una manifestación de lo ético. Ambas cosas se contradicen por completo» (VÄ, 35).

Esta contradicción no es externa a la estética kantiana. Kant tiene, por una parte, que separar el juicio estético del moral-práctico, para asegurar la autonomía de la esfera de mediación entre naturaleza y libertad. Consecuentemente caracteriza como belleza libre los adornos que no significan nada por sí mismos. «No representan nada, ningún objeto bajo un concepto determinado» (KdU 16, 310). Por el contrario, objetos como una iglesia, y también el hombre, que suponen el concepto de lo que deben ser, pueden participar sólo de una belleza adherente». Y añade Kant: «así el enlace del bien (para el que lo diverso es bueno a la cosa misma según su fin) con la belleza daña a la pureza de éste (a saber, del juicio de gusto)» (*ibíd.* 311). Con esta argumentación se pueden conectar las interpretaciones esteticistas de Kant. Por otra parte, no puede Kant mantener la radicalidad abstracta de su propuesta, y desarrolla el pensamiento según el cual el ideal de la belleza «consiste en la expresión de lo moral en la figura humana» (KdU 17, 318). En este lugar se introduce de nuevo también el concepto de interés, separado antes en la determinación del juicio de gusto. «La exactitud de tal ideal de belleza se demuestra en que no permite que se mezcle encanto sensible alguno con la satisfacción por su objeto y, sin embargo, hace tomar por él un gran interés; lo cual demuestra entonces que el juicio según tal regla no puede ser nunca puramente estético, y que el juicio según un ideal de belleza no es un mero juicio de gusto» (*ibíd.*). Con la última constatación evita ciertamente Kant una contradicción abierta en su argumentación, pero al precio de que la inmensa mayoría de las obras importantes de arte no pueden someterse al juicio de gusto, precisamente por su contenido significativo. Por lo tanto, la contradicción entre la estética y la moral no queda en modo alguno eliminada sino sólo aplazada.

Lo irresoluble de esta contradicción se acentúa aún más por el hecho de que Kant no se manifiesta acerca del tipo de cooperación existente entre el juicio moral y el juicio estético, cuando se juzga según el ideal de belleza. Tal cooperación de juicios es en todo caso difícilmente representable mediante la determinación del juicio de gusto como exento de interés. Evidentemente la contradicción en la relación de estética y moral se convierte en la vacilante concepción kantiana a la hora de definir las ideas estéticas y las ideas de la razón. En primer lugar, se introducen las ideas estéticas como ideas de la razón configuradas sensiblemente: «el poeta se atreve a hacer sensibles ideas de la razón de seres invisibles: el reino de los bienaventurados, el infierno, la eternidad, la creación, etc..., y es propiamente en la poesía en donde se puede mostrar en toda su medida la facultad de las ideas estéticas» (KdU 49, 414 s.). Se conciben aquí las ideas estéticas como ideas de la razón hechas sensibles. Hay pues una transición de las unas a las otras. Pero precisamente es esto lo que excluye Kant en una observación posterior, en la que opone a ambas entre sí, atribuyéndolas a diferentes facultades (intuición y concepto): «Una idea estética no puede llegar a ser un conocimiento porque es una intuición (de la imaginación), para la que nunca puede hallarse un concepto adecuado. Una idea de la razón no puede llegar a ser nunca un conocimiento, porque contiene un concepto (de lo suprasensible) al que no se puede dar nunca una intuición adecuada» (KdU 56, 447 s.).

El joven Hegel ha utilizado este pasaje kantiano a partir de un punto de vista próximo a la filosofía de la identidad de Schelling, y ha definido la idea estética como representación de la idea de la razón en la intuición. La crítica hegeliana se dirige contra el principio de oposición característico del pensamiento kantiano: «como en la belleza en cuanto idea experimentada, o mejor, intuida, no existe la forma de oposición de la intuición y del concepto, Kant reconoce esta falta de oposición como algo negativo en el concepto de lo suprasensible en general» (HW II, 323). Ciertamente no aborda aquí Hegel el contenido de la contradicción, que más bien ya ha resuelto desde la filosofía de la identidad. Más detallada es su crítica de la ética kantiana en su escrito sobre Derecho natural publicado en 1802-1803. Vamos a discutir esta crítica con más detalle porque en ese escrito, si bien Hegel no desarrolla un concepto de lo estético, sí trata de la cuestión que permite una superación de la oposición kantiana sin el recurso al absoluto de la filosofía de la identidad.

Kant pretende en la *Crítica de la razón práctica* decidir, a partir de la mera forma de las máximas, si tal forma es adecuada a la ley moral universal. Discute la cuestión de si la máxima de aumentar su fortuna por todos los medios seguros, puede ser una ley práctica universal, con el ejemplo de un depósito, cuyo propietario ha muerto sin dejar manuscrito alguno sobre su disposición. Kant argumenta que el ejemplo muestra la incapacidad de dicha máxima como ley moral universal: «Enseguida me doy cuenta de que tal principio (que cualquiera podría negar un depósito cuya disposición nadie puede probar) se destruiría a sí mismo, porque haría que no hubiese depósito alguno»[22]. Hegel im-

---

[22] I. Kant, *Kritik der praktischen Vernunft*, ed. W. Weischedel (Werke, 6). Darmstadt, Wiss. Buchgesellschaft, 1956, 4, 136.

pugna la posibilidad de poder derivar la validez universal de una norma moral a partir de su forma, remitiendo a la cuestión de que, si hay un depósito o no, depende de otros datos (Hegel habla de determinantes) como, por ejemplo, de si hay propiedad o no. Pero si hay propiedad, es algo que no puede decidir la razón práctica operando sólo formalmente. Con otras palabras: la razón práctica kantiana supone ya siempre determinaciones materiales, que entonces afirma tautológicamente.

Pero Hegel da un paso más y hace a Kant un reproche de inmoralidad, en la medida en la que eleva una determinación singular a algo en sí o, como diríamos hoy, convierte una norma condicionada histórica y socialmente, en universal: «pero mediante la mezcla de la forma absoluta con la materia condicionada, se somete descuidadamente lo absoluto de la forma a lo no real y condicionado del contenido, y en tal equivocación y prestidigitación radica el nervio de la legislación práctica de la razón pura. A la afirmación "la propiedad es la propiedad" se atribuye, en lugar de su verdadero significado (la identidad que tal enunciado expresa en su forma es absoluta), este otro significado: 'la materia de la misma, a saber, la propiedad, es absoluta', y enseguida toda determinación se convierte en deber» (HW II, 464).

La crítica hegeliana desvela la debilidad argumentadora de una ética racionalista fundada en la autonomía del sujeto, que ya el marqués de Sade había acometido. Sus figuras amorales fundamentan siempre su acción con argumentos que toman de la filosofía de la Ilustración. Hegel procede de modo igualmente mefistofélico cuando aporta la prueba de que la aplicación del principio kantiano de la autocontradicción, hace que la máxima de ayudar a los pobres sea inmoral; pues practicada como ley universal, conduciría a la superación de la pobreza (HW II, 465). La crítica hegeliana de la ética kantiana revela claramente que tampoco ésta es capaz de legitimar la validez necesaria y universal de las normas morales. El problema formulado inicialmente de la fundamentación de una ética sustantiva tras la pérdida de la legitimación mediante cosmovisiones religiosas, tampoco ha sido resuelto por Kant.

El ensayo kantiano de fundamentación de la moral puede llamarse radical en la medida en que la desconecta totalmente del deseo de felicidad de los hombres y la basa sólo en el cumplimiento abstracto del deber. Ya Schiller protestó contra la abrupta oposición de deber e inclinación: Hegel recoge la crítica: «la razón práctica de Kant o el concepto vacío en su firme contraposición con la naturaleza no puede producir sino un sistema de tiranía y desgarramiento de la moralidad y la belleza» (HW II, 383). La yuxtaposición de belleza y moralidad muestra que Hegel no concibe ambas esferas separadas tajantemente, sino que las entiende como momentos de la misma realidad vital. En la misma dirección va su propuesta de solución del problema moral. En lugar de oponer la naturaleza interior del hombre y el concepto de deber, parte del hecho de que la moralidad está ya siempre dada en la costumbre vivida: «así pues suponemos lo positivo en que la absoluta totalidad moral no es otra cosa que un pueblo» (HW II, 481). Contra el formalismo kantiano, que escinde los opuestos, define lo moral como la individualidad o configuración viva en la que se unifican lo universal y lo particular (HW II, 520 s.). Desde sus primeros estudios sobre *La positividad de la religión cristiana*, ha visto Hegel realizada la imagen idealizada de la moralidad colectiva en las antiguas democracias de las *polis*. Se caracterizan, según él, porque el individuo es libre en su acción, pero, sin embargo, se sabe en su individualidad parte de un todo popular, y vive de ese saber. El hombre no se ha aislado todavía en el moderno individuo que está unido con otros hombres sólo por la satisfacción de las necesidades recíprocas, pero no por lo sustantivo de una idea común. «En la vida pública, como en la privada y doméstica, todos eran hombres libres, viviendo cada uno según leyes propias. La idea de su patria, de su estado, era lo invisible, lo elevado, por lo que él trabajaba, y que le impulsaba... Ante esa idea desaparecía su individualidad» (HW I, 205). La moralidad colectiva en cuanto configuración tiene al mismo tiempo para Hegel carácter estético. Es moralidad bella. Todavía en las tardías *Lecciones sobre filosofía de la historia* evoca Hegel la unidad de arte y vida realizada en la antigua Grecia, de manera que trata la educación de los hombres, el mundo de los dioses y el estado, bajo los títulos de obras de arte subjetivas, objetivas y políticas (HW XII, 295 s.).

A partir de una posición que asienta la moralidad en la individualidad de un pueblo históricamente maduro, en sus costumbres, se ve Hegel llevado a la tarea de discutir las prescripciones concretas del derecho. Donde, sin embargo, lo hace, como en la reconsideración del ejemplo de Kant, se limita a la indicación de que hay que evitar la contraposición y asegurar la «confianza de un depósito» (HW II, 468). Hegel no sólo tiene por imposible deducir las normas del derecho a partir de las máximas de la razón práctica, sino que lo considera precisamente una destrucción de la moralidad, porque una determinación planteada en el nivel conceptual del entendimiento podría muy bien ser sustituida por otra determinación contrapuesta. «Por el contrario, la expresión de la intuición contiene un esto, una relación viva y un presente absoluto» (HW II, 468). Mientras que para Kant es el sujeto autónomo el fundamento de la ley moral, Hegel lo formula así: «la moralidad absoluta es... la moralidad de todos» (HW II, 504).La búsqueda de una moralidad particular, propia del sujeto, le parece por ello «algo inútil e imposible en sí mismo» (HW II, 508).

La exposición que hemos hecho del concepto de moralidad desarrollado por Hegel en su período de Jena, podría despertar la impresión de que se trata simplemente de la oposición fundamental de espíritu y naturaleza impulsiva, o de libertad y determinación, como si la moralidad, convertida en fenómeno vital, se naturalizase. Pero no es ese el caso. En el apartado sobre «la tragedia en lo moral», del que dice Lukács que es uno de los más oscuros de los escritos de juventud de Hegel, retoma el problema. En nuestro contexto es ante todo significativo el hecho de que la aplicación de denominaciones referidas al género «no ha de entenderse metafóricamente» en modo alguno, pues: «la vida misma está organizada según una lógica dramática»[23]. Pero esbocemos primero el proceso del pensamiento de Hegel.

La moralidad se constituye según esto en dos estados, el estado de los libres, cuyo «trabajo... no se dirige al aniquilamiento de las determinaciones concretas, sino a la muerte, y cuyo producto por tanto no es lo particular, sino el ser y el mantenimiento del todo de la organización moral, y un estado de no libres, que radica en la diferencia de las necesidades y del trabajo, y en el derecho y la justicia de la posesión y la propiedad, y cuyo trabajo se dirige a lo particular y por lo tanto no encierra en sí el peligro de la muerte» (HW II, 489 s.). Mientras que la primera clase tiene la virtud heroica del valor, según Hegel la virtud política por excelencia, le corresponde a la segunda la tarea de asegurar la reproducción de la existencia por el trabajo. La moralidad supone así tanto la unidad de ambas clases en el todo de la sociedad, como también su separación. El desarrollo histórico desde la antigüedad a la modernidad la en-

---

[23] B. Lypp, *Ästhetischer Absolutismus und politische Vernunft. Zum Widerstreit von Reflexion und Sittlichkeit im deutschen Idealismus*. Framnkfurt, Suhrkamp, 1972,188.

tiende Hegel en conexión con el historiador inglés Gibbon como la destrucción de la moralidad gracias a una paz duradera, el bienestar y el lujo (sobre el último motivo ver HW I, 205 s.). El resultado de este proceso es la desaparición de la primera clase y, con ello, el hundimiento de la sociedad «en la opaca indiferencia de la vida privada». Así aparece «de modo inmediato la relación formal del derecho que fija y pone absolutamente el ser individual, y se forma y desarrolla la completa configuración de la legislación que le afecta, a partir de tal corrupción y rebajamiento universal» (HW II, 492). Apelando a ideas de Platón, que había concebido la economía monetaria como fermento de destrucción de la moralidad (*República,* 550 d-e)[24], concibe también el joven Hegel como decadencia el desarrollo hacia la modernidad, que discurre bajo el primado de la economía, y ligado a la regulación contractual de las relaciones privadas de propiedad[25].

Surge entonces el problema de cómo puede pensarse una restauración o renovación de la moralidad. Desde un punto de vista formal el problema es fácil de resolver relativamente. Si la decadencia de la moralidad radica en que la primera clase que ha distinguido desaparece en la segunda, entonces sólo puede verse su renovación mediante una re-

---

[24] Ver R. W. Müller, *Geist und Geld...* Frankfurt, 1977.
[25] Cuando Lukács en el capítulo sobre la «tragedia en lo ético», extraordinariamente importante para la comprensión del texto de Hegel, subraya que Hegel «afirma la necesidad y progresividad del desarrollo económico que conduce al capitalismo, con todas sus temibles consecuencias» (*Der junge Hegel,* 625), me parece que está proyectando la concepción tardía de Hegel sobre su período de Jena. Pero sin duda es acertado que Hegel ya en esa época concede «al sistema de intercambio de los ciudadanos privados un derecho relativo» (J. Habermas, Hegel: *Politische Schriften,* en: Arbeit, *Erkenntnis, Fortschritt. Aufsätze 1954-1970,* Amsterdam, Verlag de Munter, 1970, 325).

novada escisión de los dos estadios: «este sistema de propiedad y de derecho... tiene que constituirse como clase propia, separado y escindido realmente del estadio noble» (HW II, 492). Es evidente que así no se resuelve de modo histórico y concreto el problema de una renovación de la eticidad. En este punto de su argumentación pasa Hegel a una consideración suprahistórica, con la que se oculta la imposibilidad de pensar concretamente el paso de la decadencia de la moralidad a su restauración. La nueva división de las dos clases («esa mezcla de principios superada») es supuesta como ya realizada e interpretada como una reconciliación: «reconciliación que consiste precisamente en el conocimiento de la necesidad y en el derecho que la eticidad da a su naturaleza inorgánica y a los poderes subterráneos, al entregarles y sacrificar una parte de sí misma, pues la fuerza del sacrificio radica en la intuición y objetivación de ese enredo con lo inorgánico, mediante cuya intuición ese enredo se resuelve, se separa lo inorgánico y, reconocido como tal, se asume en la indiferencia, mientras que lo vivo, sabiendo que es una parte de sí mismo, lo pone y sacrifica entregándolo a la muerte, reconociendo su derecho y purificándose de ello al mismo tiempo» (HW II, 494 s.).

Con la transición de la cuestión histórica de la renovación de la moralidad a la cuestión suprahistórica de la «tragedia de lo ético» ha llevado a cabo Hegel un desplazamiento del problema. Ya no se debate cómo puede restaurarse la moralidad, sino la cuestión de hasta qué punto puede tener validez con derecho el sistema social designado por Hegel como eticidad (un sistema de dos clases). No es algo evidente por sí mismo porque la segunda clase del sistema no participa de la eticidad, en todo caso no directamente. La segunda clase queda abandonada a los poderes subterráneos. Ocupada con la satisfacción de las necesidades, no participa de modo inmediato en la eticidad. Por otra parte, el trabajo de la segunda clase es necesario para la existencia del sistema completo. El dilema que se presenta, que algunos *necesariamente* son excluidos de la participación inmediata en la moralidad (que ya era el problema de Karl Philipp Moritz), lo entiende Hegel como el sacrificio a los poderes subterráneos. Define el sacrificio como un acto consciente por el que se reconoce y resuelve al mismo tiempo la dependencia del destinatario del sacrificio. El hombre no es sólo ser espiritual, sino también naturaleza impulsiva. Al reconocer la propia naturaleza impulsiva se libera de ella. Aquí está la respuesta de Hegel a la contraposición kantiana del deber y la inclinación. En el lugar del dominio tiránico de la razón práctica sobre la naturaleza impulsiva (ver HW II, 383), concibe Hegel una situación en la que la reconciliación del espíritu y la naturaleza es pensada como un proceso trágico. Pues persiste la necesidad de entregar a los poderes subterráneos, como sacrificio, una parte de los hombres (o del hombre). Su participación en lo moral permanece siendo indirecta, mediada por el reconocimiento de la necesidad de su exclusión, de su sacrificio.

Hemos interpretado la oscuridad del texto hegeliano, que en el pasaje que sigue a los textos citados es aún mayor, como una alusión a un problema irresuelto. El joven Hegel mantiene como imagen ideal de moralidad colectiva, la que se realiza en la polis griega. (La igualdad burguesa de derechos no tiene en esta perspectiva el *status* de la eticidad, sino de la regulación de la satisfacción de las necesidades). La dificultad surge con el problema de pensar en su restauración tras el hundimiento de la antigua moralidad. La transición a la «tragedia en lo ético» concibe lo que sería históricamente decadencia y renovación de lo ético, como un proceso inmanente de la moralidad, como tragedia. Este término estético es el concepto clave de toda la ética de Hegel en la época de Jena. Con ello se atribuye a lo estético una significación que más tarde Hegel le negó. Pero al mismo tiempo se acomete una determinación del lugar de lo estético que se diferencia radicalmente tanto del punto de vista ilustrado como del de la estética autónoma, y que podría ser extraordinariamente útil en los esfuerzos por conseguir una solución a la crisis actual de la autonomía estética.

La mayoría de los ilustrados conciben el arte de modo instrumental, como es sabido. El arte debe servir para impregnar la disposición y comportamiento de los sujetos con visiones filosóficas (especialmente morales), utilizando figuras y conflictos incorporados a la obra de arte que suscitan su participación sentimental, y para someter a discusión alternativas ejemplares de acción. Está así el arte en una relación de dependencia de la moral, con lo que hay que guardarse de concebir esta última de modo restringido. En la estética de Kant, como hemos visto, la relación de estética y moral es contradictoria: por una parte se separa tan tajantemente el ámbito de lo estético del de lo moral-práctico, como del de lo teórico y, por otra parte, se define el ideal de belleza como expresión de la moralidad en la forma humana. Hemos intentado comprender esta contradicción a partir del hecho de que Kant intenta resolver con la ayuda de la estética los problemas subsecuentes a una fundamentación no resuelta de una moral universal. La posición autónoma del arte y las contradicciones en las que, por ella, se enreda Kant, se deben también al problema no resuelto de la formulación de una moral que ya no está garantizada por cosmovisiones religiosas. Si Hegel quería resolver este problema, tenía que deshacer la posición autónoma de lo estético en Kant, no sólo por contradictoria en sí misma, sino también y ante todo porque está acoplada a la solución del problema moral criticada por él. Efectivamente Hegel piensa los problemas fundamentales de la vida humana con la ayuda de conceptos estéticos. El pensamiento filosófico no se revela en primer término como algo abstracto, que después es comunicado a la obra de arte (la concepción ilustrada), sino que el pensamiento se expresa estéticamente. Lo estético no es la concordancia (no conceptual) del entendimiento y la imaginación, que Kant definió, sino un modo del concepto (y de la comprensión) que no deja la intuición tras de sí. Hegel no compara la vida de la moralidad con una tragedia, sino que la comprende como tragedia. Lo estético no es una manera de juzgar que haya que separar de otros modos de juicio de la manera más pura posible, sino una manera de poder entender y experimentar, al mismo tiempo, la vida.

5. *Sueño y razón. Propuestas de una estética alternativa en el último Herder*

«Vosotros poetas, sentís vuestra profesión.
Llenos del espíritu de los santos dioses
soñais felices. Pero para soñar,
sed sobrios» (Herder)[26]

Hemos visto que la autonomía estética es una respuesta a los problemas que surgen en la transición de la sociedad feudal a la burguesa (cuestiones claves: pérdida de validez de las cosmovisiones religiosas, conmoción del modelo ilustrado de una discusión pública, por el desarrollo del mercado literario, experiencia de la alienación). Nos podemos preguntar si esa autonomía es la única respuesta coherente a esos problemas. De hecho se comprueba, por ejemplo, que los ilustrados tardíos reconocen ciertamente el desmoronamiento de la discusión pública, pero no propo-

---

[26] J. G. Herder, *Adrastea*, en *Sämtliche Werke*, ed. Suphan, vol. XXIII, 297. Las citas de Herder en este capítulo se refieren a esta edición.

nen una nueva estrategia. Quisiera mostrar que en los escritos últimos de Herder se desarrolla, o al menos hay un esbozo, de una estética alternativa, cuya importancia no ha sido hasta ahora reconocida, precisamente porque en la sociedad burguesa el arte se ha institucionalizado como un ámbito autónomo. En todo caso podría situarse la estética de Ernst Bloch en la tradición de Herder.

La agudeza con la que Herder polemiza en su *Kalligone* contra la estética kantiana y especialmente contra el postulado del desinterés del agrado estético, pudiera insinuar la idea de que retrocede a la estética ilustrada. De hecho contiene su escrito una serie de reflexiones que van en esa dirección. Continuamente reprocha a la *Crítica* kantiana del *juicio* y a sus adeptos la ruptura radical con la tradición poetológica que va de Aristóteles a Lessing. En consecuencia se atiene también a la fórmula horaciana de la conexión de lo agradable con lo útil, y trata en la *Adrastea* extensamente, entre los géneros literarios del siglo XVIII, del poema didáctico y de la fábulas, dos géneros que se oponen al postulado de la ausencia de finalidad. Sin embargo, sería erróneo no ver en la estética del Herder tardío más que un regreso a las concepciones artísticas de la Ilustración, por indudable que sea su conexión con la tradición ilustrada[27].

El desarrollo que hace Herder de la estética de la Ilustración puede explorarse en su discusión con la teoría de la fábula de Lessing. Para Lessing el punto de partida de la fábula es «una proposición moral universal», que se visualiza en un «caso concreto». Herder no se alza contra la universalidad de una doctrina moral, sino contra una ordenación de la naturaleza en la que siempre estuviera ya relacionado

---

[27] Que el Herder tardío recoge el concepto ilustrado de un ámbito público literario-político, es algo que subraya O. Frels en su *Literatur und Öffentlichkeit bei Herder,* ed. cit. 208-231.

lo universal y lo particular. «Si la ordenación de la naturaleza no estuviese ahí, yo no podría poetizarla, ni menos hacerla reconocible por mi poesía, en cuanto conexión arbitraria de proposiciones generales» (XXIII, 260). En verdad, para Herder la fábula enseña, pero no enseña proposiciones universales de la moral, sino la ordenación de la naturaleza. En consecuencia renuncia en su teoría a la moral de las fábulas: «la supuesta moral de las fábulas desaparece completamente como una apariencia seductora. ¿De qué animal debemos aprender moral?... Por qué el poeta expuso la fábula, es una enseñanza de la que luego, tras cada nuevo giro, cada uno puede formarse su moral» (XXIII, 271).

Más claros son los contornos de la estética de Herder en el capítulo Cuentos y novelas de la *Adrastea*. En primer lugar, hay que constatar que Herder no propone, frente a la estética autónoma, un arte que exponga la realidad diaria. En el centro de su teoría sobre el cuento (hay que observar que cuento y novela forman para él un género) está el sueño. «El ideal del cuento y de la novela es el sueño: dibuja su contorno con su corona y su cetro. Se llama Morfeo, creador de figuras» (XXIII, 295).

»Sobre la gran confusión de la vida diurna nos levanta el sueño, que dibuja *con más finura*. Así la novela y el cuento nos elevan sobre el mundo común. Vemos y oímos diariamente cosas corrientes; ¿para qué, poeta, llevas cetro y corona mágicos cuando nos transportas a otro mundo, nos alegras mágicamente y nos instruyes? ¿quieres con historias triviales, con figuras grotescas aplastarnos como en una pesadilla, matarnos? Danos mejor con tu libro la flor de la adormidera o el opio para que te adormezcamos, para tener ensueños por tí» (XXIII, 296).

Parece que aquí Herder asume un teorema central de la estética autónoma, al separar claramente el mundo diario y el arte, el estado de vigilia y el sueño. Pero hay que pensar que de ninguna manera ofrece aquí una definición general del arte, ni siquiera de la poesía, sino que caracteriza un género literario frente a otros: memorias, máximas, fábulas, poesía didáctica. Más importante aún: el sueño, aunque separado de la «confusión de la vida diurna», tiene para Herder una función vital práctica; posibilita al hombre asegurarse imaginativamente de su propia subjetividad. En la discusión mantenida en su Conversación con el sueño, contesta éste a la pregunta del ensoñador («dime, oh dime, ¿estoy contigo en un mundo más alto?»):

> «De tí tomé colores y sonidos,
> y figuras de las cosas;
> ¿las estimas menos
> porque las produje en tí?
> Desparramado, perdido
> en la confusión de los sentidos,
> te recojo en tí, y ¡tú
> despertaste... a ti!» (XXIII, 290 s.)

Así pues, el sueño no viene de un mundo más alto, sino del mundo del que sueña; son sus esperanzas, deseos y nostalgias las que adquieren forma en el sueño. Soñar es la actividad espiritual y sensible por la que el hombre vuelve a sí. Herder lo expresa con una imagen dialéctica: «¡y tú despertaste... a ti!»

El sueño, tal como lo entiende Herder, no se contrapone a la razón. Menos aún el cuento, el «sueño de la verdad»: «y como en sueños sentimos también en ellos nuestro doble yo, el que sueña y el espíritu soñado, el narrador y el oyente. Este escucha con juicio severo y ordena las figuras que aparecen» (XXIII, 289). El poeta de los cuentos, como el soñador, tienen razón, porque juzga siempre las figuras que brotan de su fantasía. Parece que Herder somete así a las configuraciones de la fantasía a una censura. Lo confirma el hecho de que a los sueños angustiosos (y a las novelas de Ann Radcliffe que buscan provocar angustia en el lector) los llama «sueños enfermos, quebradizos» (XXIII, 295). Hay que pensar por cierto que Herder comparte el convencimiento ilustrado de Locke, según el cual los miedos y terrores no son reacciones primarias ante lo inconcebible, sino que se deben a un influjo de «formas engañosas y terribles» sobre el alma infantil. Advierte que no reciban los niños «fantasmas de temor y de horror».

«Pues de modo maravilloso queda nuestra más íntima fantasía pegada a esos sueños infantiles; forman o deforman más que todos vuestros secos sistemas docentes. Quien pudiera dar cuenta de las propiedades de su pensamiento, de las creencias y supersticiones ocultas, del tesoro escondido de sus sueños y especulaciones, encontrará la razón de casi todo en impresiones juveniles, cuando todo se nos ofrece como un cuento. Muchos continúan este sueño de cuento hasta su última hora» (XXIII, 287).

Este pasaje nos da a conocer otra cosa: la importancia de los sueños para la formación (y deformación) del hombre. Ciertamente el sueño nos eleva sobre la vida diaria, «la gran confusión de la vida diurna», pero no es, sin embargo, otro mundo separado de ella. Por el contrario, es el lugar en el que el hombre se proyecta a sí mismo y a su vida. ¿Qué podría ser más práctico e importante?

Se debería reconocer tanto lo que es común como lo divergente entre la estética ilustrada y la del Herder tardío. Para ambas el arte no es algo carente de finalidad, no es un juego libre de la imaginación, sino que persigue más bien fines. Sin embargo, Herder se diferencia de los ilustrados en la definición de esos fines. Para la Ilustración los fines son independientes de su exposición artística, a la que compete primordialmente la tarea de incorporar a la voluntad fines (morales) conocidos racionalmente. Por el contrario, para Herder el arte es el lugar en el que son conocidos ante todo los fines. Dicho de otra manera: resuelve la contraposición de arte autónomo y arte heterónomo al conservar la determinación ilustrada de los fines del arte, pero no poniendo como fin la educación moral, sino la comprensión de la ordenación de la naturaleza y de la determinación individual y colectiva del hombre.

Otra diferencia esencial entre la concepción de Herder y la estética ilustrada merece ser destacada: su confianza en la posibilidad de una síntesis entre razón y sentimiento. La mayoría de los ilustrados, aunque no todos (piénsese, por ejemplo, en Rousseau, pero también en Diderot), buscan someter las fuerzas no racionales del hombre a la razón. De ahí muchas veces ese desasosiego contra el arte, en la medida en la que actúa con ayuda de esas fuerzas[28]. De modo distinto procede Herder quien confía en el sueño como el lugar de un posible encontrarse a sí mismo por parte del hombre. Cuando el que sueña es racional, se justifica efectivamente la confianza en las fuerzas no racionales del hombre.

Aquí, en esa insistencia ilustrada en la sobriedad y la claridad de la cabeza, radica la línea divisoria que separa poderosamente el pensamiento de Herder del del primer romanticismo. «Sobriedad prosaica» es un insulto romántico[29]. «Precisamente en la oscuridad en la que se pierden las raíces de nuestra existencia, en el misterio inextinguible, descansa el encanto de la vida y el alma de toda poesía. Pero la Ilustración que no aprecia la oscuridad es entonces adversaria deci-

---

[28] Los ilustrados descubren en el arte un potencial irracional, y se esfuerzan por eliminar las, en su opinión, consecuencias peligrosas, mediante una política cultural restrictiva. Ver sobre esto mi trabajo: *Zum Problem des Funktionswandels von Kunst und Literatur...*, en Lili 32 (1978), 11-27.

[29] A. W. Schlegel, *Allgemeine Übersicht des gegenwärtigen Zustandes der deutschen Literatur (1802)*, en: *Über Literatur, Kunst und Geist des Zeitalters...* ed F. Finke, Stuttgart, Reclams, 1974, 14.

dida de ella y busca su derribo»[30]. Herder exige, por el contrario, la sobriedad del poeta. Uno de los conceptos centrales de su estética es la luz que, como luego Bloch, liga a la crítica de los mitos de la Ilustración. El romántico busca un lado positivo en los «terrores de la superstición»: «yo no veo que sean tan malos, encuentro más bien que a todo temor se contrapone una seguridad que restablece el equilibrio y de la que obtiene su valor»[31]. Herder se vuelve contra cualquier forma de superstición, y en su *Adrastea* señala al visionario Swedenborg como ejemplo y advertencia de que «a ninguna imaginación se concede el espacio ilimitado de revestir las ideas más puras de lo verdadero y bello con imágenes, como si fueran éstas la verdad misma» (XXIII, 583). Otra vez se da aquí la apelación a la sobriedad y lucidez: «Nada actúa tan poderosamente contra los sueños anhelantes de los viejos tiempos como lo diurno. En la vigilia no se sueña y se ve que lo anterior era un sueño. Quien bloquea la iluminación continua de los pueblos los precipita de nuevo a los tiempos oscuros, donde, al igual que en la oscuridad se atiende a cualquier ruido, se escuchan todos los presagios» (XXIII, 489 s,). Esto no es contradictorio con el enaltecimiento del sueño en el capítulo sobre el cuento, puesto que éste se hace, según Herder, en la vigilia.

6. Consideración final

> «La necesidad general por el arte es pues racional, que el hombre eleve el mundo interno y externo a la conciencia espiritual como un objeto en el que reconozca su propio yo» (Hegel, *Estética* I, 42).

---

[30] *Ibid.*, 65.
[31] *Ibid.*, 69.

Hemos encontrado en el escrito sobre el Derecho natural de Hegel un concepto de lo estético que se diferencia fundamentalmente, tanto del ilustrado como del sostenido por la teoría de la estética autónoma. Lo estético no es un instrumento al servicio de la moral ni es un agrado subjetivo por la forma del objeto, sino un medio intuitivo y conceptual de experiencia e interpretación del mundo. La significación de ese modo intuitivo de pensamiento para la filosofía del joven Hegel es notable. Hasta la *Fenomenología del espíritu* (1806) su pensamiento está orientado por configuraciones concretas. En el famoso capítulo sobre el amo y el esclavo, se ocupa de una situación representada concretamente (HW III, 145 s.). Gran parte del capítulo de la *Fenomenología* que se ocupa de la historia se basa en el conflicto de *Antígona* (HW III, 342 s.). Sin embargo, no se trata de una interpretación del drama en su acepción ahora habitual de análisis de la forma y contenido; el conflicto de la tragedia es más bien objeto de un pensamiento que se constituye por él mismo. En la fase de elaboración de su sistema, en los puntos cruciales de su pensamiento, sigue Hegel una lógica intuitiva y conceptual que puede caracterizarse como estética.

Hemos visto antes que Hegel, por oposición a Schelling, subraya la yuxtaposición de cultura del entendimiento y arte. ¿Cómo se relaciona la diferencia teórica de arte y filosofía en su escrito sobre la *Diferencia...* con su incorporación práctica en el escrito sobre *Derecho natural*? Hegel observa un proceso histórico de diferenciación, y critica implícitamente las expectativas excesivas que Schelling atribuye al arte en el *Sistema del idealismo trascendental*. El arte ya no puede ser en la argumentación hegeliana manifestación del absoluto y por ello garante del sentido del mundo, después de que se ha producido una escisión en el mundo con la «cultura» (es decir, con el entendimiento que piensa según opuestos). Dicho de otra manera: la sociedad moderna no puede, como esperaba el autor del *Más antiguo programa sistemático...* recuperar la unidad con una nueva mitología.

El reconocimiento de la yuxtaposición de la cultura del entendimiento y del arte, no es, sin embargo, para Hegel un obstáculo para practicar un tipo de pensamiento concreto en el que participan ambos dominios. De ese modo el arte no es el lugar de la revelación, sino un procedimiento artificioso por el que el pensar figurativo se pone al servicio de la verdad. la yuxtaposición de filosofía y arte que reconoce la reflexión teórica, y su imbricación que acuña el pensamiento concreto, no constituyen necesariamente una contradicción. Para ello tienen ciertamente que cumplirse al menos dos condiciones: 1.º, que no se mantenga un concepto de verdad recortado de modo empirista, y 2.º, que no se piense el arte según las determinaciones kantianas del juicio puro de gusto.

El hecho de la diferenciación social del ámbito del arte no se puede ni negar ni hacer retroceder por una decisión; se trata de someter a debate las normas que regulan la institución del arte. El interés por la estética idealista y su crítica, lo es por las normas (la mayoría implícitas) que determinan la producción y la recepción de las obras. Donde el arte, siguiendo el esteticismo, pretenda purificarse de los contenidos teóricos y práctico-morales, queda amenazada la obra concreta con precipitarse en una arbitrariedad de excitaciones; lo que implica la interpretación del contenido que la obra ha excluido[32]. No significa restringir los logros históricos del esteticismo, su valor en el desarrollo obstinado de las técnicas artísticas, si al mismo tiempo se niega a sus obras el más alto rango. La cuestión de si quizás muchos

---

[32] A la necesidad de interpretación del arte moderno se ha referido Arnold Gehlen en: *Zeit-Bilder. Zur Soziologie und Ästhetik der modernen Malerei*, Frankfurt/Bonn, Athenäum, 1960, 54.

poemas herméticos de Mallarmé no son sino artesanía, es decir, configuraciones con escaso contenido de verdad, es algo que tiene que ser planteado y discutido. Lo podemos hacer en el momento en el que cesen determinadas evidencias, ya hace tiempo quebradizas, de la metafísica vigente del arte, y se rehabilite la categoría de la significación.

«La expresión más fuerte y más pura de la verdad es por doquier, según su naturaleza, arte poético»[33]. Esta afirmación de Herder en su *Adrastea* parece igual a la concepción romántica según la filosofía de la identidad que defiende la unidad de poesía y ciencia, pero significa algo distinto. No tiende a la unidad de arte y ciencia, sino a salvar el contenido de verdad en tanto que momento decisivo de la poesía. «Es el arte poético la exposición de la verdad más pura y más plena: así tiene que poder exponer toda verdad... Vosotros creéis que el canto de Orfeo es una fábula» (*ibíd.* 244 s.). La poesía no es ficción para Herder (pues tal determinación implica un concepto de verdad reducido a facticidad), sino un medio de expresión y de conocimiento. Lo que tiene ante la vista es un «arte poético filosófico» (*ibíd.*). Esta concepción se desmarca del concepto romántico de una nueva mitología por un incontestable rasgo moderno. No se pretende la unidad de la cosmovisión, sino un proceso interminable de discusión que Herder caracteriza recordando las lecturas de Séneca por Diderot como una «conversación de espíritus» (*ibíd.* 238): la recepción no como contemplación, sino como conversación.

Al «arte poético filosófico», entendido como algo cerrado con el carácter de obra, se contrapone en Herder el género de las memorias, abierto a la praxis de la vida de modo múltiple, que concibe como autoexplicación del escritor y fuente de experiencia del lector. Expresamente

---

[33] J. G. Herder, *Sämtliche Werke*, vol. XXIII, 245.

exige Herder a «todo el que haya vivido o realizado hechos memorables» que los narre (*ibíd.* 224), superando así al menos parcialmente la separación de productor y receptor. Un concepto surge continuamente en ese contexto, que indudablemente contiene una punta polémica contra Kant, el del uso. Con ello no se alude a una aplicación práctica abreviada, sino a un proceso cultural intencionalmente inacabable, tanto del autor como del receptor. Y ello vale también para la tradición: «nos toca ahora seleccionar entre esa riqueza, poner nuevo sentido en viejas narraciones, y usar las mejores con recto entendimiento» (*ibíd.* 289).

No nos interesan aquí otras cuestiones de la estética de Herder (ni la exagerada polémica con Kant ni su apego a la representación clásica de la armonía), sino su actualidad. Se fundamenta en que, por oposición a la mayoría de los románticos, se atiene a conceptos ilustrados, pero los rompe siempre mediante una experiencia subjetiva. El individuo concreto no es sacrificado a lo universal, pero tampoco se endiosa como centro del mundo. Evita las malas alternativas de la moderna intelectualidad.

Nuestro retorno a Herder y el joven Hegel se malentendería si se leyese como una despotenciación del arte. Pensar el arte según el modelo de la teología, aunque sea negativa o luciferina, significa ocultar su verdadera potencia. Por el contrario, la crítica de las expectativas exageradas deja el camino libre para esperanzas fundadas. Sobriedad no es despotenciación, sino lo contrario: delimitación de un espacio de posibilidades[34]. Aludimos a la función del

---

[34] Esto sería aún más claro si se sigue la línea que va desde las propuestas de una estética alternativa de Herder a los esfuerzos comparables de Ernst Bloch y Siegfried Kracauer en los años 20. Es lo que hace Ch. Bürger en su trabajo *Umrisse einer neuen Ästhetik: Konstruktion statt Totalität*, en: W. Oelmüller (ed.), *Kolloquium Kunst und Philosophie II: Probleme des ästhetischen Scheins*. Paderborn, Schöningh, 1982.

arte en nuestra sociedad. Hans Sanders ha llamado con razón la atención sobre el hecho de que la ausencia de función, implícita en el concepto marcusiano de afirmación, sólo se refiere a impulsos activos de transformación social. La carencia de función en este sentido no excluye, sin embargo, que el arte asuma al mismo tiempo otra función para el «sistema de la personalidad», a saber, la «producción de placer subliminar». Sanders habla en este contexto de función compensadora[35]. La crítica de la estética idealista que hemos realizado, nos permite plantear de otra manera la cuestión de la función del arte, liberándole del círculo encantado de afirmación y compensación mostrado por Marcuse. La modificación mediante la producción y la recepción del arte no se situaría ya en el plano de la sociedad (en la acción que interviene o en su ausencia), sino en el plano de los sujetos, quienes ante todo se apropian del mundo por medio del arte[36]. Pero esto es sólo posible si se procede a una resemantización del arte. Sólo así puede la tenacidad de las estructuras formales desplegar sus potencialidades.

No es nuestro problema la especificidad de lo estético, o, más exactamente, ya no es ese nuestro problema. La crítica de la estética idealista nos ha conducido al punto en el que podemos pensar la intención vanguardista de reconducir el arte a la praxis vital como un proyecto que no sea la repetición de las vanguardias. Lo que históricamente se ha separado como lo estético no puede ser el centro organizador de una praxis de la vida liberadora y liberada; pues lo

---

[35] H. Sanders, *Institution Literatur und Roman. Zur Rekonstrukion der Literatursoziologie*, Frankfurt, Suhrkamp, 1981, 20-26.

[36] En esta dirección están las reflexiones de Jochen Schulte-Sasse, en la introducción a la traducción americana de *Theorie der Avantgarde (Theory of Modernism vs. Theory of the Avant-Garde*, en: P. B., *Theory of the Avantgarde*, Minneapolis, Uni. Minnesota Press 1983), cuando subraya la formulación de experiencias primarias sobre la apropiación del mundo.

que se contrapone abstractamente a la alienación, sólo puede reproducirla. La comprobación de que no se han cumplido las inmensas esperanzas que, bajo el influjo de mayo del 68, puso Marcuse en la fuerza modificadora de una nueva sensibilidad, no es un argumento para regresar a la institución autónoma del arte. La crítica de las vanguardias a la institución arte no es por eso falsa, aunque las expectativas de una praxis estética no se hayan realizado[37]. Realidad diaria transformada o trascendencia del arte[38] –los polos opuestos de una reflexión estética que se mueve entre el movimiento de mayo y la estética de Adorno– constituye así una falsa alternativa, porque no logra modificar el concepto de arte que está en la base de ambas concepciones. La necesaria modificación del concepto de arte que, institucionalizado, impregna nuestras experiencias artísticas, es algo que la crítica sola no puede llevar a cabo, pero sí puede contribuir a ello. Si se completa la crítica, presumiblemente la alternativa que aún hoy atenaza la reflexión estética, apenas tendrá sentido. En una obra como la Estética de la oposición de Peter Weiss, ha sido superada. Ni se opone a lo diario como lo completamente otro, ni queda por lo diario absorbida. Precisamente porque en la novela de Peter Weiss quedan incorporadas, aunque modificadas, las intenciones vanguardistas, puede ser usada como un medio, intuitivo y conceptual, de experiencia e interpretación del mundo.

---

[37] En mi artículo *Probleme gegenwärtiger Ästhetik*, en: W. Oelmüller (ed.), *Kolloquium Kunst und Philosophie I: Ästhetische Erfahrung*, Paderborn, 1981, he discutido los argumentos contra la pretensión de superación de las vanguardias (p. 200-210).

[38] Así reza el título de *Ausgewählten Schriften II* de Peter Gorsen, Frankfurt, Europäische Verlagsanstalt, 1981. En la imposibilidad de decidirse por uno de los dos polos de la alternativa, los trabajos de Gorsen representan una situación aporética.

Siglas de las obras citadas con más frecuencia

Ä   Hegel, G.W.F.: *Ästhetik,* ed. F. Bassenge. 2 vol., Berlin-Weimar, Aufbau-Verlag, 1965. (*Estética,* Buenos Aires, Ediciones Siglo XX, 1985, 8 vol.)

ÄT   Adorno, Th. W.: *Ästhetische Theorie,* ed.G. Adorno-R. Tiedemann (Ges. Schriften, 7). Frankfurt, Suhrkamp, 1970. (*Teoría estética,* Madrid, Taurus, 1980.)

E/O   Kierkegaard, S.: *Entweder/Oder,* trad. W. Pfleiderer-Ch. Schrempf. 2 vol., Jena, Diederichs, s.a. (Traducción parcial: *Obras y papeles de Søren Kierkegaard,* Madrid, Guadarrama, 1969.)

GS   Benjamin, W.: *Gesammelte Schriften.* 4 vol., ed. R. Tiedemann-H. Schweppenhäuser, Frankfurt, Suhrkamp, 1972-1977

HÄ˙   Lukács, G.: *Heidelberger Ästhetik* (1916-1918), ed. G. Markus-F. Benseler (Werke, 17). Darmstadt-Neuwied, 1974.

HW   Hegel, G. W. F.: Werke (Theorie-Werkasgabe). 20 vol., Frankfurt, Suhrkamp, 1970.

KdU   Kant, I.: *Kritik der Urteilskraft,* en *Werke,* ed. W. Weischedel. vol VIII, Darmstadt, Wiss. Buchgesellschaft, 1968. (*Crítica del juicio,* Madrid, Espasa Calpe, 1977.)

KS   Schlegel, F.: *Kritische schriften,* ed. W. Rasch. München, Hanser, 1964. (*Poesía y filosofía,* Madrid, Alianza, 1994.)

NW   Novalis: Werke, *Tagebücher und Briefe,* ed. H. J. Mähl-R. Samuel. 2 vol., Darmstadt, Wiss. Buchgesellschaft, 1978.
PhdK   Schelling, F. W. J.: *Philosophie der Kunst* (ed. de 1859). Darmstadt, Wiss. Buchgesellschaft, 1974.
PhnM   Adorno, Th. W.: *Philosophie der neuen Musik* (Ullstein Buch 2866). Frankfurt, 1972.
SÄ   Moritz, K. Ph.: *Schriften zur Ästhetik,* ed. H. J. Schrimpf Tübingen, Niemeyer, 1962.
StI   Schelling, F. W. J.: *System des transzendentalen Idealismus* ed. St. Dietzsch, Leipzig, 1979. (*Sistema del idealismo trascendental,* Barcelona, Antropos, 1988.)
VÄ   Solger, K. W. F.: *Vorlesungen über Ästhetik,* ed. K. W. L. Heyse, Leipzig, 1829. Reimpresión: Darmstadt,1973.
WWV   Schopenhauer, A.: *Die Welt als Wille und Vorstellung I* ed. A. Hübscher; Zürich, Diogenes, 1977. (*El mundo como voluntad y representación,* México, Porrúa, 1983.)

Bibliografía

Adorno, Th. W.: *Engagement*, en *Noten zur Literatur III*, Frankfurt, Suhrkamp, 1965, 109-135.
Adorno, Th. W.: *Kierkegaard. Konstruktion des Ästhetischen*, Frankfurt, Suhrkamp, 1974. (*Kierkegaard. Constitución de lo estético*, Caracas, Monte Avila, 1969.)
Adorno, Th. W.: *über den Fetischcharakter in der Musik und die Regression des hörens*, en: *Dissonanzen*. Göttingen 1969, 9-45. («Sobre el carácter fetichista en la música y la regresión del oído», en *Disonancias*, Madrid, Rialp, 1966.)
Adorno, Th. W.: *Über Walter Benjamin*, ed. R. Tiedemann, Frankfurt, Suhrkamp, 1970. (*Sobre Walter Benjamin*, Madrid, Cátedra, 1995.)
Adorno, Th. W.: *Versuch über Wagner*, München-Zürich, Knaur, 1964.
Adorno, Th. W.: *Zum Klassizismus von Goethes Iphigenie*, en: *Noten zur Literatur IV*, ed. R. Tiedemann, Frankfurt, Suhrkamp, 1974, 7-33.
Ästhetik Heute. Berlin/DDR (Dietz Verlag) 1978.

Bahr, H. D.: *Das gefesselte Engagement. Zur Ideologie der kontemplativen Ästhetik Schopenhauers*, Bonn, Bouvier, 1970.
Barck, K./Schlenstedt, D./ Thierse, W. (eds.): *Künstlerische Avantgarde. Annäherungen an ein unabgeshlossenes Kapitel*, Berlin, 1979.
Bittner, R./ Pfaff, P. (eds): *Das ästhetische Urteil. Beiträge zur sprachanalytischen Ästhetik*, Köln, Kiepenheuer-Witsch, 1977.

Bloch, E.: *Erbschaft dieser Zeit* (Gesamtausgabe, 4), Frankfurt, Suhrkamp, 1977.
Bloch, E.: *Geist der Utopie* (Gesamtausgabe, 3). Frankfurt, Suhrkamp, 1977.
Bloch, E.: *Zerstörung, Rettung des Mythos durch Licht,* en: *Verfremdungen I,* Frankfurt, Suhrkamp, 1962, 152-162.
Bohrer, K. H.: *Ästetik des Schrekens. Die pessimistische Romantik und Ernst Jüngers Frühwerk.* München/Wien, Hanser, 1978.
Bohrer, K.H.: *Die drei Kulturen,* en J. Habermas (ed.): *Stichworte zur «geistigen Situation der Zeit»,* Frankfurt, Suhrkamp, 1979, 636-669.
Bohrer, K. H.: *Die gefährderte Phantasie oder Surrealismus und Terror,* München, Hanser, 1970.
Bohrer, K. H.: *Plötzlichkeit. Zum Augenblick des ästhetishen Scheins,* Frankfurt, Suhrkamp, 1981.
Bolz, N. W.: *Die Öffnung der Geshichte. Zur Subjekt-Objekt Beziehung in der Frühromantik,* en G. Dieschner/R.Faber (eds.): *Romantische Utopie. Utopische Romantik,* Hildesheim, Gerstenberg, 1979, 119-134.
Bourdieu, P.: *La distinction. Critique sociale du jugement.* Paris, Minuit, 1979. (*La distinción: criterios y bases sociales del gusto,* Madrid, Taurus, 1988.)
Bourdieu, P.: *Elemente zu einer soziologischen Tneorie der Kunstwahrnehmung,* en: *Seminar: Literatur und Kunstsoziologie,* ed. P. Bürger, Frankfurt, Suhrkamp, 1978, 418-457.
Bourdieu, P./Darbel, A.: *L'amour de l'art. Les Musées et leur public,* Paris, Minuit, 1966.
Bubner, R.: *Kann Theorie ästhetisch werden?,* en: B. Lindner/ M. Lüdke (eds.): *Materialien zur ästhetischen Theorie Theodor W. Adornos,* Frankfurt, Suhrkamp, 1980, 108-137.
Bubner, R.: *Über einige Bedingungen Gegenwärtiger Ästhetik* en: *Neue Hefte für Philosophie 5* (1973), 38-73.
Bürger, Ch.: *Philosophische Ästhetik und Populärästhetik,* en: *Zum Funktionswandel der Literatur,* ed. P. Bürger, Frankfurt, Suhrkamp, 1983.
Bürger, Ch.: *Rezeptionästhetik oder die Erlösung von der Geschichte,* en: *Tradition und Subjektivität,* Frankfurt, Suhrkamp, 1980, 24-44.

Bürger, Ch.: *Umrisse einer neuen Ästhetik: Konstruktion statt Totalität,* en: W. Oelmüller (ed.): *Kolloquium Kunst und Philosophie 2: Probleme des ästhetischens Scheins,* Paderborn, Schöningh, 1982, 13-33.

Bürger, Ch.: *Der Ursprung der bürgerlichen Institution Kunst im höfischen Weimar,* Frankfurt, Suhrkamp, 1977.

Bürger, Ch./ Bürger, P./ Schulte-Sasse, J. (eds.): *Aufklärung und literarische Öffentlichkeit,* Frankfurt, Suhrkamp, 1980.

Bürger, Ch./ Bürger, P./ Schulte-Sasse, J.: (eds,): *Zur Dichotomisierung von hoherer und niederer Literatur,* Frankfurt, Suhrkamp, 1982.

Bürger, P.: *Zur Geschichtlichkeit von Anschauung/ Anschaulichkeit als ästhetischer Kategorie,* en: Oelmüller (ed.): *Kolloquium Kunst und Philosophie I: Ästhetische Erfahrung,* Paderborn, Schöningh, 1981, 41-49.

Bürger, P.: *Institution Literatur und Modernisierungsprozess,* en: *Zum Funktionswandel der Literatur,* Frankfurt, Suhrkamp, 1983.

Bürger, P.: *Moral und Gesellschaft bei Diderot und Sade,* en: *Aktualität und Geschichtlichkeit. Studien zum gesellschaftlichen Funktionwandel der Literatur,* Frankfurt, Suhrkamp, 1977, 49-79.

Bürger, P.: *Probleme gegenwärtiger Ästhetik,* en: W. Oelmüller (ed.): *Kolloquium Kunst und Philosophie I: Ästhetische Erfahrung.* Paderborn, Schöningh, 1981, 200-210.

Bürger, P.: *Die Rezeptionsproblematik in der ästhetischen Theorie Adornos,* en: *Vermittlung, Rezeption, Funktion. Ästhetische Theorie und Methodologie der Literaturwissenschaft,* Frankfurt, Suhrkamp, 1979, 124-133.

Bürger, P.: *Das Vermittlungsproblem in der Kunstsoziologie Adornos,* en: *Vermittlung, Rezeption, Funktion,* 79-92.

Bürger, P.: *The significance of the Avantgarde for Contemporary Aesthetics: a reply to Jürgen Habermas,* en: *New German Critique 22 (1981),* 19-22.

Bürger, P.: *Theorie de Avantgarde,* Frankfurt, Suhrkamp, 1974, 1982. (*Teoría de la vanguardia,* Madrid, Península, 1987.)

Della Volpe, G.: *Crítica del Gusto*, Milán, Feltrinelli, 1966. (*Crítica del gusto*, Barcelona, Seix Barral, 1966.)
Diderot, D.: *Oeuvres esthétiques*, ed. P. Vernière, París, Garnier, 1959. (Traducción parcial: *Escritos sobre arte*, Madrid, Siruela, 1994.)
Dieckmann, H.: *Das Abscheuliche und Schreckliche in der Kunsttheorie des 18. Jahrhunderts*, en: *Studien zur europäischen Aufklärung*, München, Fink, 1974, 372-424.
Dieckmann, H.: *Diderot's Conception of Genius*, en: *Studien zur europäishen Aufklärung*, 7-33.
Eberhard, J. A.: *Handbuch der Ästhetik für gebildete Leser aus allen Ständen*, 4 vol. (1807-1820); reimpresión: Frankfurt, Athenäum, 1972.
Ewers, H. H.: *Die schöne Individualität. Zur Genesis des bügerlichen Kunstideals*, Stuttgart, Metzler, 1978.

Faber, R.: *Novalis. Die Phantasie an die Macht*, Stuttgart, Metzler, 1970.
Figal, G./ Flickinger, H. G.: *Die Aufhebung des schönen Scheins. Schöne und nicht mehr schöne Kunst im Anschluss an Hegel und Adorno*, en *Hegel-Studien 14* (1979), 197-224.
Foucault, M.: *L'archéologie du savoir*, París, Gallimard, 1969. (*La arqueología del saber*, México, Siglo XXI, 1970.)
Frank, M.: *Der unendliche Mangel an Sein. Schellings Hegelkritik und die Anfänge der Marxschen Dialektik*, Frankfurt, Suhrkamp, 1975.
Frank, M.: *Die Dichtung als neue Mithologie. Motive und Konsequenzen einer frühromantischen Idee*, en: *Recherches germaniques 9* (1979), 122-140.
Frank, M./Kurz, G. (ed.): *Materialien zu Schellings philosophischen Anfängen*, Frankfurt, Suhrkamp, 1975.
Freier, H.: *Die Rückkehr der Götter. Von der ästhetischen Überschreitung der Wissensgrenze zur Mythologie der Moderne. Eine Untersuchung zur systematischen Rolle der Kunst in der Philosophie Kants und Schellings*, Stuttgart, Metzler, 1976.
Frels, O.: *Der Literaturbegriff des späten Herder. Eine Studie zur Kritik der Autonomieästhetik um 1800*, Bremen, 1981.

Frels, O.: *Literatur und Öffentlichkeit bei Herder*, en: Ch. B./ P. B./ J. Sch.-S. (eds.): *Zur Dichotomisierung von hoher und niederer Literatur*, 208-231.

Gadamer, H. G.: *Wahrheit und Methode*, Tübingen, Mohr, 1965. (*Verdad y método*, Salamanca, Sígueme, 1977.)
Gehlen, A.: *Zeit-Bilder. Zur Soziologie und Ästhetik der modernen Malerei*, Frankfurt-Bonn, Athenäum, 1960.
Gethmann-Siefert, A.: *Eine diskssion ohne Ende: Zu Hegelsthese vom Ende der Kunst*, en: *Hegel-Studien 16 (1981)*, 230-243.
Gorsen, P.: *Transformierte Alltäglichkeit oder Transzendenz der Kunst*, Frankfurt, Europäische Verlaganstalt, 1981.
Greve, V.: *Das erste Stadium der Existenz und seine Kritik. Zur Analyse des Ästhetischen in Kierkegaards Entweder/Oder*, en: Theunissen (ed.): *Materialien zur Philosophie Sören Kierkegaards*, Frankfurt, Suhrkamp, 1979, 177-215.

Habermas, J.: *Bewusstmachende oder rettende Kritik. Die Aktualität Walter Benjamins*, en: *Kultur und Kritik*, Frankfurt, Suhrkamp, 1973, 302-344.
Habermas, J.: *Können komplexe Gessellschaften eine vernünftige Identität ausbilden?*, en : *Zue Rekonstruktion des historischen Mterialismus*, Frankfurt, Suhrkamp, 1976, 92-126.
Habermas, J.: *Die Moderne, ein unvollendetes Projekt*, en: *Die Zeit 9* (1980), 47 s.
Habermas, J.: *Technik und Wissenschaft als Ideologie*, Frankfurt, Suhrkamp, 1968. (*Ciencia y técnica como ideología*, Madrid, Taurus, 1984.)
Habermas, J.: *Theorie des kommunikativen Handelns*, 2 vol., Frankfurt, Suhrkamp, 1981. (*Teoría de la acción comunicativa*, Madrid, Taurus, 1988.)
Hamburger, K.: *Wahrheit und ästhetische Wahrheit*, Stuttgart, Klett-Cotta, 1979.
Heise, W.: *Weltanshauliche Aspekte der Frühromantik*, en: *Weimarer Beiträge 24 (1978)*, 4, 21-46.
Heise, W.: *Zur Fragestellungen*: J. Kuczynski/W. Heise: *Bild und Begriff. Studien über die Beziehungen zwischen Kunst und*

Wissenschaft, Berlin/Weimar, Aufbau-Verlag, 1975, 424-446.

Heller, A.: *Die Seele und das Leben. Studien zum frühen Lukács*, Frankfurt, Suhrkamp, 1977.

Henrich, D.: *Kunst und Kunstphilosophie der Gegenwart*, en: Iser, W.: (ed.) *Immanente Ästhetik. Ästhetische Reflexion. Lyrik als Paradigma der Moderne*, München, Fink, 1966, 11-32.

Herder, J. G.: *Journal meiner Reise im Jahre 1769*, ed. K. Mommsen (Reclam Univ.), Stuttgart, 1976. («Diario de mi viaje al año 1769», en *Obra selecta*, Madrid, Alfaguara, 1982.)

Herder, J. G.: *Sämtliche Werke*, ed. Suphan. 33 vol. Berlin, 1877-1913, reimpresión Hildesheim, Olms, 1967/68.

Hörisch, J.: *Die fröhliche Wissenschaft der Poesie. Der Universalitätsanspruch von Dichtung in der frühromantischen Poetologie*, Frankfurt, Suhrkamp, 1976.

Holz, H. H.: *Kritische Theorie des ästhetischen Zeichens*, en: Documenta 5, Kassel, Bertelsmann, 1972, 1.1-1.86.

Horkheimer, M./Adorno, Th. W.: *Dialektik der Aurklärung*, Amsterdam, Querido, 1955. (*Dialéctica de la Ilustración*, Madrid, Trotta, 1994.)

Jakobson, R.: *Hölderlin, Klee, Brecht. Zur Wortkunst dreier Gedichte*, Frankfurt, Suhrkamp, 1976.

Jakobson, R.: *Linguistique et poétique*, en: *Essais de linguistique générale*, París, Minuit, 1963, 209-248. (*Ensayos de lingüística general*, Barcelona, Seix Barral, 1975.)

Jimenez, M.: *Vers une esthétique negative. L'esthétique de l'École de Francfort*, París, 1982.

Kaiser, W./ Mattenklott, G.: *Ästhetik als Geschichtsphilosophie*, Kronberg, 1974, 243-271.

Koepsel, W.: *Die Rezeption der Hegelschen Ästhetik im 20. Jahrhundert*, Bonn, Bouvier, 1975.

Koppe, F.: *Kunst und Bedürfnis*, en: Oelmüller, W. (ed.): *Kolloquium Kunst und Philosophie I: ästhetische Erfahrung*, Paderborn, Schöningh, 1981, 74-93.

Kühne, L.: *Gegenstand und Raum. über die Historizität des Ästhetischen*, Dresde, VEB Verlag der Kunst, 1981.

Kulenkampf, J.: (ed.): *Materialien zu Kants Kritik der Urteilskraft*, Frankfurt, Suhrkamp, 1974.

Leihäuser, G.: *Kunstwerk und Warenform*, en: Bürger, P. (ed.): *Seminar. Literatur und Kunstsoziologie*, Frankfurt, Suhrkamp, 1978, 21-36.

Lepenies, W.: *Melancholie und Gesellschaft*, Frankfurt, Suhrkamp, 1972.

Lindner, B.: *Aufhebung der Kunst in Lebenspraxis?*, en: Lüdke, W. M. (ed.): *Theorie der Avantgarde. Antworten auf Peter Bürgers Bestimmung von Kunst und bürgerlicher Gesellschaft*, Frankfurt, Suhrkamp, 1976, 72-104.

Lorenzer, A.: *Das Konzil der Buchhalter*, Frankfurt , Europäische Verlaganstalt, 1981.

Lüdke, W. M. (eds.): *Theorie der Avantgarde. Antworten auf Peter Bürgers Bestimmung von Kunst und bürgerlicher Gesellschaft*, Frankfurt, Suhrkamp, 1976.

Lukács, G.: *Ästhetik (Luchterhand)*. 4 vol. Darmstadt/Neuwied, 1972. (*Estética*, Madrid, Grijalbo, 1966.)

Lukács, G.: *Einführung in die ästhetischen Schriften von Marx und Engels*, en: *Schriften zur Literatursoziologie*, ed. P. Ludz, Neuwied/Berlin, Luchterhand, 1962, 213-240.

Lukács, G.: *Heidelberger Philosophie der Kunst (1912-1914)*, ed.G. Markus/F. Benseler, Darmstadt/Neuwied, Luchterhand, 1974.

Lukács, G.: *Der junge Hegel*, Frankfurt, Suhrkamp, 1973. (*El joven Hegel*, México, Grijalbo, 1963.)

Lukács, G.: *Die Seele und die Formen* (1911) (Luchterhand). Neuwied/Berlin, 1971.

Lypp, B.: *Ästhetischer Absolutismus und politische Vernunft. Zum Widerstreit von Reflexion und Sittlichkeit im deutschen Idealismus*, Frankfurt, Suhrkamp, 1972.

Marcuse, H.: *Über den affirmativen Charakter der Kultur (1937)*, en: *Kultur und Gesellschaft I* (Suhrkamp), Frankfurt, 1965, 55-101. (*Cultura y sociedad*, Buenos Aires, Sur, 1967.)

Marcuse, H.: *Konterrevolution und Revolte*, Frankfurt, Suhrkamp, 1973.

Marcuse, H.: *Versuch über die Befreiung*, Frankfurt, Suhrkamp, 1969.
Marx, K.: *Grundrisse der Kritik der politischen Ökonomie*. Frankfurt/Wien (Europäische Verlaganstalt) s.a. (*Elementos fundamentales para la crítica de la economía política*, Madrid, Siglo XXI, 1976.)
Mattenklott, G.: *Bilderdienst. Ästhetische Opposition bei Beardsley und George*. München, Rogner und Bernhard,) 1970.
Meier, U.: *Neuere Aspekte der Montage in den Künsten*, en: *Zeitschrift für Literaturwissenschaft und Linguistik* 46 (1982), 19-32.
Mendelssohn, M.: *Philosophische Untersuchung des Ursprungs unserer Ideen vom Erhabenen und Schönen* (1758), en: *Ästhetishe Schriften in Auswahl*, ed. O. F. Best, Darmstadt, Wiss. Buchgesellschaft, 1974.
Moritz, K. Ph.: *Fragmente aus dem Tagebuch eines Geistersehers*. Berlin 1787, ed. H. J. Schrimpf, Stuttgart, Metzler, 1968.
Mukarovský, J.: *Kapitel aus der Ästhetik*, Frankfurt, Suhrkamp, 1970. (*Escritos de estética y semiótica del arte*, Barcelona, G. Gili, 1977.)
Müller, R. W.: *Geist und Geld. Zur Entstehungsgeschichte von Identitätsbewusstsein und Rationalität seit der Antike*, Frankfurt, Campus, 1977.

Nietzsche, F.: *Werke*, ed. K. Schlechta, 3 vol., München, Hanser, 1973.

Oelmüller, W.: *Einleitung*, en: Vischer, F. Th.: *Über das Erhabene und Komische*, Frankfurt, Suhrkamp, 1967, 7-36.
Oelmüller, W.: *Der Satz vom Ende der Kunst*, en: *Die unbefriedigte Aufklärung. Beiträge zu einer Theorie der Moderne von Lessing, Kant und Hegel*, Frankfurt, Suhrkamp, 1969, 240-264.
Oelmüller, W. (ed.): *Kolloquium Kunst und Philosophie 2: Das Problem des ästhetischen Scheins*, Paderborn, Schöningh, 1982.

Oesterle, G.: *Entwurf einer Monographie des ästhetisch Hässlichen,* en: *Zur Modernität der Romantik,* ed. D. Bänsch, Stuttgart, Metzler, 1977, 217-297.

Paetzold, H.: *Neomarxistische Ästhetik.* 2 vol., Düsseldorf, Schwann, 1974.

Rath, N.: *Adornos kritische Theorie,* Paderborn, Schöningh, 1982.

Ritter, J.: *Subjektivität,* Frankfurt, Suhrkamp, 1974.

Sanders, H.: *Institution Literatur und Roman. Zur Rekonstruktion der Literatursoziologie,* Frankfurt, Suhrkamp, 1981.

Sautermeister, G.: *Zur Grundlegung des Ästhetizismus bei Nietzsche. Dialektik, Metaphysik und Politik in der Geburt der Tragödie,* en: Ch. B./P. B./B. J. Schulte-Sasse (ed.): *Naturalismus/ Ästhetizismus,* Frankfurt, Suhrkamp, 1979, 224-243.

Scheible, H.: *Die Kunst im Garten Gethsemane. Ästhetik zwischen Konstruktion und Theologie,* en: B. Linder/W. M. Lüdke (ed.): *Materialien zur ästhetischen Theorie Th. W. Adornos,* 348-365.

Schiller, F.: *Sämtliche Werke,* ed. G. Fricke/H. G. Göpfert, München, Hauser, 1965-67.

Schlaffer, H.: *Der Bürger als Held,* Frankfurt, Suhrkamp, 1973.

Schlegel, A. W.: *Allgemeine Übersicht des gegenwärtigen Zustandes der deutschen Literatur,* en: *Über Literatur, Kunst und Geist des Zeitalters,* ed. F. Finke, Stuttgart, Reclams, 1974, 3-94.

Schleiermacher, F.: *Über die Religion. Reden an die Gebildeten unter ihren Verächtern,* Berlín, Reimer, 1831.

Schmitt, C.: *Politische Romantik.,* Berlin, Dunker und Humblot, 1919, 1969 (3).

Schulte- Sasse, J.: *Gebrauchswerte der Literatur. Eine Kritik der ästhetischen Kategorien Identifikation und Reflexivität, vor allem in Hinblick auf Adorno,* en: Ch. B./B. J./J. Sch-S.(eds.): *Zur Dichotomisierung von hoher und niederer Literatur,* 62-107.

Schulte-Sasse, J.: *Literarische Wertung,* Stuttgart, Metzler, 1976.

Schulte-Sasse, J.: *Theory of Modernism vs. Theory of Avantgarde,* en: P. Bürger: *Theory of the Avantgarde,* Minneapolis, Univ. Minnesota Press, 1983. Frankfurt, 1979.
Schweppenhäuser, H.: *Kierkegaards Angriff auf die Spekulation. Eine Verteidigung,* Frankfurt, Suhrkamp, 1967.
Simmel, G.: *Der Konflikt der modernen Kultur,* en: *Das individuelle Gesetz,* ed. Landmann, Frankfurt, Suhrkamp, 1968, 148-173.
Sohn-Rethel, A.: *Warenform und Denkform,* Frankfurt, Suhrkamp, 1978.
Szondi, P.: *Poetik und Geschichtsphilosophie II,* ed. W. Fietkau, Frankfurt, Suhrkamp, 1974.

Tertulian, N.: *Georges Lukács. Etapes de sa pensée esthétique.* París (Le sycomore) 1980. Timm, H.: *Die heilige Revolution. Das religiöse Totalitätskonzept der Frühromantik,* Frankfurt,Syndikat, 1978.

Warneken, B.: *Literarische Produktion. Grundzüge einer materialistischen Theorie der Kunstliteratur,* Frankfurt, Suhrkamp, 1979.
Weimann, R.: *New Criticism und die Entwicklung bürgerlicher Literaturwissenschaft,* München, Beck, 1974.
Werckmeister, O.K.: *Ende der Ästhetik,* Frankfurt, Fischer, 1972.

Indice de nombres

Adorno, Th. W., 11, 12, 15-18, 23, 57, 77, 78, 81, 82, 92-98, 104, 107-110, 119, 120, 136, 147, 151, 152, 167, 168, 173-183, 252, *136**, *211*.
Aristóteles, 241.
Auerbach, E., *134*.

Bahr, H. D., *167*.
Baudelaire, Ch., 129, 177, 191.
Beckett, S., 174.
Benjamin, W., 15, 17-20, 94-96, 168, 177.
Beuys, J., 13, 123.
Bittner, R., *12*.
Bloch, E., 75, 187, 188, 241, 246, *59, 75, 187, 188, 250*.
Bohrer, K. H., 99, 102-104, 216, *193*.
Boileau, P. L., 157.
Bolz, N. W., *57*.
Bossuet, J. B., 224.
Bourdieu, P., *11, 84*.
Brecht, B., 129, 131, 132, 191.
Bubner, R., 105, 106, *23, 105*.
Bürger, Ch., *12, 30, 91, 140, 162, 250*.
Bürger, G. A., *30*.
Bürger, P., *20, 78*.
Burke, E., 203, 204, 207.

Cotta, H. von, 38.
Cousin, V., 192, *192*.
Croce, B., *80*.

D'Alembert, J., 35, 157, *158*.
Darbel, A., *11*.
Descartes, R., 224, 225.
Diderot, D., 49, 158, 159, 208, 225, 245, 249, *159*.
Dieckmann, H., *141, 203*.
Dilthey, W., 127.

Eberhard, J. A., *118*.
Eisenhower, D. D., 129.
Epicuro, 165.
Espinosa, B., 24.
Euchner, W., *224*.
Ewer, H. H., *81*.

Faber, R., *57*.
Fetscher, I., *160*.
Fichte, J. G., 32, 52.
Figal, G., *81*.
Flaubert, G., 191.
Flickinger, H. G., *81*.
Fontenelle, 157.
Forster, G., 41, 54, *41*.
Foucault, M., 125-127, 139.
Frank, M., 58, *43, 58*.
Freier, H., *42*.

---

* Los números en cursiva remiten a nota en las páginas mencionadas.

265

Frels, O., *206, 241.*

Gadamer, H. G., 15, 20-22, 106, *106.*
Gehlen, A., *248.*
George, S., 179, *179.*
Gibbon, E., 236.
Goethe, J. W., 34-40, 52, 56, 93, 122, 136, 181.
Gorsen, P., *252.*
Gottsched, J., 224-226.

Habermas, J., 20 58, 72, 183-185, *20, 29, 72, 73, 109, 111.*
Hamburger, K., *107.*
Havemann, F., 103.
Hegel, G. W. F., 23, 27, 32-35, 43, 44, 67, 78, 89-92, 99, 105, 109, 146, 147, 155, 170, 171, 194, 211, 224, 231-240, 246-248, 250, *13, 27, 43, 44, 66, 97, 107, 155, 156, 211.*
Heidegger, M., 57, 107.
Heise, W., *57, 80.*
Heller, A., *60.*
Henrich, D., *181.*
Herder, J. G., 50, 51, 53, 58, 141, 194, 195, 204-209, 240-246, 249, 250, *51, 249.*
Hjelmslev, L. T., *80.*
Holz, H. H., *66.*
Hörisch, J., *58.*
Horkheimer, M., 136, 220.
Husselrl, E., 61.

Jähnig, D., *46.*
Jakobson, R., 120, 128-130, 132, 133, *120.*
Jauss, H. R., 173, *42.*
Jiménez, M., *109.*
Joyce, J., 174, 176.

Kafka, F., 174.
Kaiser, W., *162.*
Kant, I., 11, 20, 21, 23-27, 39, 42, 60, 61, 78, 82, 85, 105, 112-118, 142-147, 161, 192-196, 200-204, 207, 208, 226-234, 239, 240, 250, *12.*
Kierkegaard, S., 101, 193, 210-216, 218-220, 222, 223.
Klee, P., 120.
Kliche, D., *173.*
Koepsel, W., *66.*
Koppe, F., *111.*
Kracauer, S., *250.*
Kröger, K., 13.
Kuczynski, J., *80.*
Kühne, L., *81.*

La Motte, 157.
Lang, P. Ch., *173.*
Leithäuser, G., *150.*
Lepenies, W., *214.*
Lessing, G. E., 241.
Lethen, H., *18.*
Levy-Strauss, 129.
Lindner, B., *183.*
Locke, J., 244.
Lorenzer, A., *59.*
Lüdke, M., *174, 183.*
Luis XIX, 157.
Lukács, G., 12, 23, 60-70, 74, 80, 107, 147, 150, 175, 182, 187, 188, 215, 235, *43, 122, 172, 175, 182, 236.*
Lypp, B., *235.*

Mallarmé, S., 135, 249.
Mandeville, B., 224-226.
Mann, Th., *179.*
Maquiavelo, 225.
Marcuse, H., 73, 252, *73, 87, 167.*
Marx, K., 57, 68, 105, 148, 149, *57, 81, 149, 185.*
Mattenklott, G., *162, 217.*
McCarthy, Th., *184.*
Meier, U., *153.*
Mendelssohn, M., 207, *207.*
Mercier, A., 159.
Michel, K. M., 173.
Miller, A., *221.*

Moritz, K. Ph., 79, 122, 158, 162-166, 195, 197-203, 198, 208, 238, *120.*
Mukarowsky, J., *13.*
Müller, R. W., *236.*

Napoleón, 116, 117.
Nerón, 103, 200, 215.
Newton, A., 35.
Nietzsche, F., 59, 99-104.
Novalis (F. von Hardenberg), 47-50, 59, *57.*

Oelmüller, W., 77, 146.
Oesterle, G., *77.*

Paul, L., *138.*
Platón, 236.
Pöggeler, O., *44.*
Pracht, E., *81.*
Proust, M., 174.

Racine, J. B., 157.
Rafael, 100.
Rainer, A., 13.
Randcliffe, A., 244.
Rath, N., *179.*
Ritter, J., *77, 156.*
Rousseau, J., 48, 49, 56, 58, 74, 159, 160, 245, *113.*

Saint-Lambert, J. F., marqués de, 158.
Salzmann, S., 163.
Sanders, H., 14, 251, *14, 251.*
Sartre, J. P., 12, 220.
Sautemeister, G., 101, *102.*
Savigny, E. von, *134.*
Scheible, H., 173, *92.*
Schelling, F. W. J., 23, 24, 26-34, 39, 40, 42-44, 64, 70, 97, 107, 118-120, 143, 146, 147, 160, 231, 247, *13, 46, 63.*
Schiller, F., 79, 82-89, 91-93, 99, 101, 110, 158, 233, *30, 82.*
Schlaffer, H., *92.*

Schlegel, A. W., *245.*
Schlegel, F., 46, 50-56, 116, 143, 210.
Schleiermacher, F., 50, *50, 54.*
Schmitt, C., *55.*
Schönberg, A., 15, 177, 178.
Schopenhauer, A., 100, 164-167.
Schulte-Sasse, J., 116, *116, 169, 224, 251.*
Schweppenhäuser, H., *211.*
Seiffert, J. E., *57.*
Séneca, 249.
Shakespeare, W., 157.
Sibley, *12.*
Simmel, G., 18, *18, 69.*
Smith, A., 148, 149.
Sohn-Rethel, A., *138.*
Solger, K. W. F., 143-147, 161, 228.
Steiger, E., *133.*
Strawinsky, I., 175-177, *178.*
Swedenborg, E., 246.
Szondi, P., *13.*

Tertulian, N., *66.*
Tieck, L., 137.
Tilliettes, X., *44.*
Timm, H., *50.*

Vischer, F. Th., *77.*
Volpe, G. della, *80.*
Voltaire (F. M. Arouet), 35, 141, 156-159.

Wagner, R., 93, 94.
Wankmüller, R., *35.*
Warneken, B. J., *149.*
Weber, M., 56.
Weimann, R., *125.*
Weiss, P., 14, 252.
Wellmer, A., *185.*
Werckmeister, O. K., *79.*
Werner, R., *217.*
Wieland, W., *24.*
Winckelmann, J. J., 50.

Zola, E., 12.

Índice de conceptos

Alienación, 29, 61 ss., 69, 74, 79, 160, 194, 219, 222, 252.
Análisis del discurso, 125, 126.
Apariencia, 81-104, 114, 212, 215, *92**.
Aristocrático/Feudal, 115, 200, 212-214, 235-237, *92*.
Aura, 18, 19, 94-97, *20, 94*.
Autonomía, 14, 17, 60 ss., 65, 75, 83, 84, 87, 97, 102, 104, 106, 119, 178, 183, 191 ss., 214, 228, 229, 239, 240, 245, 252, *72*.

Bello/Lo bello, 45, 61, 82, 84, 90, 99, 115, 116, 144, 162, 165, 191 ss., 202, 205-207, 209, 228-234, 239, 246, *120*.
bello versus útil, 162, 165.

Canon, 16, 107, 127, 140, 174, 178.
Ciencia y arte, 29-32, 34-40, 246-248.
Compensación, 70, 251.
Compromiso/Arte comprometido, 12, 16, 174, 179.
Concepto/Crítica del concepto, 54-56, 104-106, 109, 110, 238.
Configuración/Pensamiento con figuraciones concretas, 109, 117, 172, 194, 195, 233, 239, 240, 247-249.

Contemplación, 37, 61, 161-170, 181, *167*.
Cultura griega, 50, 51, 53, 100, 170 ss., 234, 235, 238.

Desesperación, 212, 213, 220 ss.
Desinterés, 113, 241.
Dicotomía, 30, *12, 30*.

Entusiasmo, 49, 50, 158, 216, 217.
Escisión/Aislamiento, 28, 29, 32, 33, 40-43, 233, 247.
Espontaneidad, 148, 159, 182, 183.
Estética de la recepción, 65, 90, 91, 108, 248.
Esteticismo, 65, 66, 88, 98, 99, 106-108, 129, 130, 133, 183, 184, 216, 217, 223, 224, 248.
Experiencia/Experiencia estética, 36-38, 78, 93, 94, 97, 103, 105 ss., 122, 130, 166, 170, 205, 206, 208, 216, 249-251, *79, 169, 251*.
Expresión/Inexpresividad, 16, 101, 174, 177, 181, 187 ss., 223, 249.
Fantasía/Imaginación, 48, 49, 86, 146, 158, 183, 199, 201, 243.
Fantasmagoría, 92 ss., 96-98, *94*.
Fin/Finalidad (ver teleología), 24-26, 114, 144, 145, 149, 192, 197, 199, 203, 244, 245.

* Los números en cursiva remiten a nota en las páginas mencionadas.

Forma, 50, 62, 63, 121, 128 ss., 150, 187 ss.
Función (del arte), 34, 40, 68, 69, 71, 72, 87, 215, 250-252.

Genio, 28, 62, 118, 119, 127, 141-148, 159, 160, 172, 181, 182, 185, 186, 212, 215.

Idea, 25, 90, 143 ss., 202, 229, 246.
    estética, 115, 116, 161, 192, 201, 202, 230, 231.
    de la razón, 25, 26, 161, 192, 201, 202, 230, 231.
Idealización, 91.
Ilustración, 33-35, 41-45, 48, 49, 54, 124, 142, 157, 158, 161, 162, 224, 239 ss., *245*.
Inmediate, 11, 18, 84, 85, 141, 146, 187, 188, 205, 206, 208, 209, 220.
Instantaneidad/Estética del instante, 83, 99, 100, 103, 104, 215-219, *193*.
Institución arte, 11 ss., 60, 70-73, 84, 95, 98, 106, 120, 123, 139, 178, 186, 192, 248, 251, 252, *14, 157.*
Intepretación, 120, 121, 123-140.
Intuición, 39.
    intelectual, 23-26, 119.
    estética, 26, 28, 30, 31.

Juicio de gusto, 112 ss., 117-119, 1611, 192, 201, 228 ss.

Legitimación/Justificación estética, 157, 161 ss., 197, 198, 202, 204, 223, 227, 228.
Luciferino, 215, 250.

Material, 15-17, 148, 188, 189.
Mediación, 11, 20, 26, 37, 66, 80, 85, 87, 88, 97, 121, 139, 156, 172, 181, 188, 205, 208, 210, 228, 229, 241.

Mímesis, 151, 152.
Mitología/Nueva mitología, 33, 44-59, 248, *46, 47.*
Modernidad artística, 16, 21, 85, 174, 175, 178, 195, *72.*
Moderno/Sociedad moderna/proceso de modernización, 41, 53-55, 69-72, 160, 208-210, 213, 235, 236, *157.*
Montaje, 85, 152, 153, 156, 176, 179, 180.
Moral/Eticidad, 41, 46, 61, 103, 116, 159, 191-194, 196, 201, 203, 210-223, 224-242.

Naturaleza
    dominación de la naturaleza, 36-40, 56-58, 62, 155, 156.
    salvación de la naturaleza, 56-58.
Neovanguardia, 95,, 123.

Obra de arte/Concepto de obra, 17, 29, 30, 33, 60 ss., 70, 71, 79, 80, 97, 98, 107, 108, 114 ss., 124-128, 175, 178 ss., 187, 214, 217, 234, 248.

Particularidad/Lo particular, 153 ss., 188, 195.
Placer/Sensibilidad, 45, 89, 90, 102, 103, 114, 117, 158, 159, 193, 203-205, 209, 227, 252.
Polivalencia, 116, 117.

Racionalidad/Racionalización/Racionalidad de los fines, 33-35, 56, 58, 69, 96, 141, 142, 156 ss., 163, 183 ss., 194, 209, 218, 232.
Racionalidad (estética), 151, 152.
Razón, 31, 186, 194, 201, 207 ss., 243 ss.
Realismo/Neorrealismo, 15, 16.
Recepción, 64, 65, 108, 111, 161-172, 176, 215, 216, 248-250, *167.*
    dispersa, 19, 168.

contemplativa, 19, 161-170.
como trabajo de apropiación, 85, 170 ss., 185, 213, *172.*
Reconciliación, 28, 29, 33, 48, 68, 79, 91, 121, 187, 211, 212, 215, 237, 238.
Recuerdo, 170-172, *172.*
Regla/Poética de reglas, 84, 114, 115, 118, 124, 141-144, 147, 157.
Religión, 33, 46, 47, 50 ss., 68, 145, 163, 215, 225-228.
Romanticismo, 41-59, 112, 194, 210, 245, 246, 249, *46.*
Ruptura, 21, 79, 91, 94, 123, 176, 241.

Salvación, 56, 100, 101, 165, 167, 168, 216.
Sentimiento versus entendimiento, 48, 49, 169, 245.
Shock, 176, 177, 179.
Significación/Constitución de significado, 111, 112, 135-137, 249.
Sociedad tradicional, 27, 47, 53, 160, 209.
Sublime/Lo sublime, 193, 194, 197-210.
Sujeto/Subjetividad, 36, 38, 53, 59, 61 ss., 71, 82, 142, 154 ss., 160, 163, 166, 172, 177, 193, 205, 206, 220-224, 243, 250, 251.

Sujeto-objeto/Lo absoluto, 26-31, 62, 63, 67, 68, 121-123, 146, 147, 153.
Superación (de la autonomía del arte), 13-19, 70 ss., 98, 174, 175, 183, 186.

Teleología, 23 ss., 153, 154.
Terrible/Terribilidad, 100 ss., 193, 199, 202-210, 244, *193.*
Totalidad, 27, 33, 36-40, 42, 45 ss., 63, 175, 176, 203, 227, 233, 235.
Trabajo/Ocultación trabajo, 62, 66-68, 85, 93, 142-145, 148-156, 159, 172, 173, 183 ss., 212, *150, 151.*
Tradición/Crisis de la tradición, 20, 21, 107, 127, 128, 140, 241, *250.*

Universal y particular, 39, 64-66, 71, 80, 121, 122, 144, 147, 196, 250.
Uso, 80, 168, 250, *80, 81.*
Utopía, 45 ss., 53, 56, 182, 187.

Valoración, 116, 117, 119, 121, 123, 177-179, 191.
Vanguardia, 12 ss., 60, 70, 72-74, 78, 96-98, 104, 174-176, 183, 251, 252.
Verdad (del arte), 20, 22, 31, 88-91, 95, 101, 105-112, 119, 122, 243, 246, 248, *107.*
Vivencia/Vivencia estética (ver experiencia), 61 ss.

271